凱爾特・最初的歐洲

被羅馬與基督教覆蓋的文化水脈

ケルトの水脈

原　聖（女子美術大學教授）————著

古代凱爾特人的居住地

關於古代的凱爾特人住在哪裡，至今仍沒有定論。考古學的成果與歷史資料所能確定的凱爾特人居住地，以及一般認知的愛爾蘭與不列顛島等等，與近代語言學中認定的「凱爾特語文化圈」並不一致，因此仍然有很多值得爭議的地區。

（本圖參考John Collis, *The Celts*, 2003繪製而成）

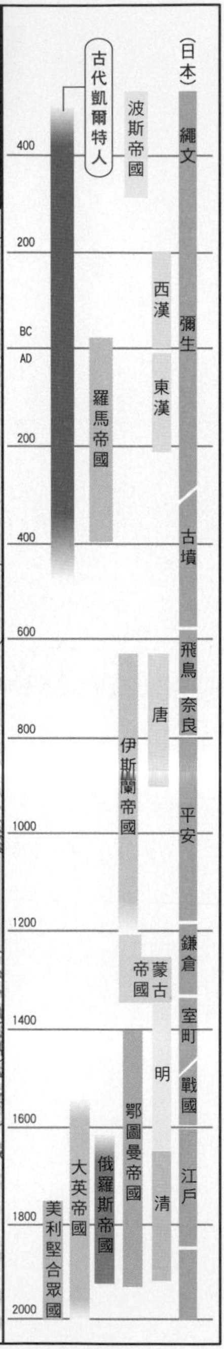

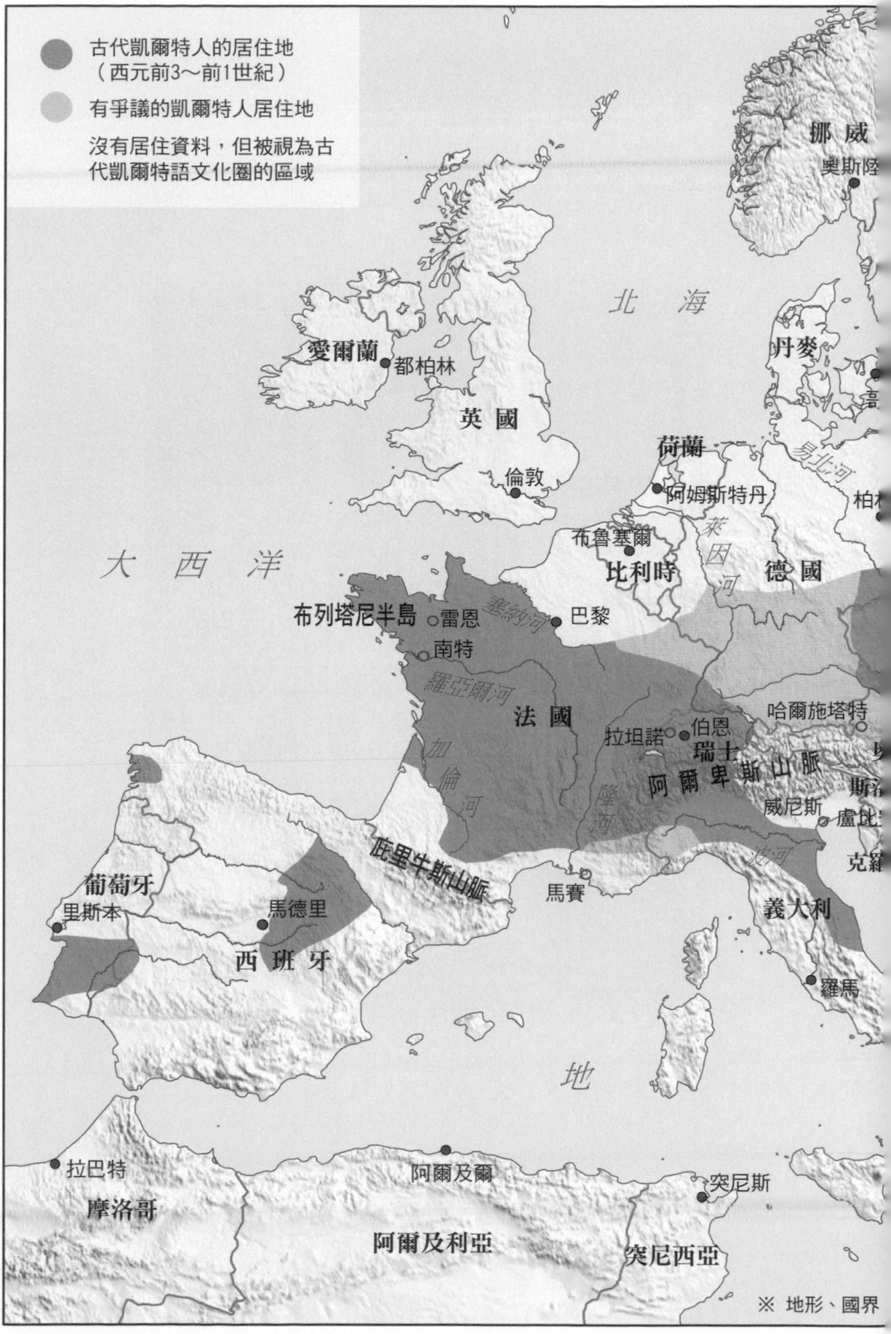
古代凱爾特人的居住地
（西元前3～前1世紀）
有爭議的凱爾特人居住地
沒有居住資料，但被視為古代凱爾特語文化圈的區域
挪威
奧斯陸
北海
丹麥
愛爾蘭
都柏林
英國
荷蘭
阿姆斯特丹
倫敦
易北河
柏林
布魯塞爾
萊因河
大西洋
比利時
德國
布列塔尼半島
雷恩
塞納河
巴黎
南特
羅亞爾河
法國
哈爾施塔特
拉坦諾
伯恩
瑞士
加倫河
阿爾卑斯山脈
隆河
威尼斯
盧比
庇里牛斯山脈
波河
葡萄牙
馬賽
克羅
里斯本
馬德里
義大利
西班牙
羅馬
地
拉巴特
阿爾及爾
突尼斯
摩洛哥
阿爾及利亞
突尼西亞
※ 地形、國界

目錄

序言

話說從頭

——凱爾特是什麼？

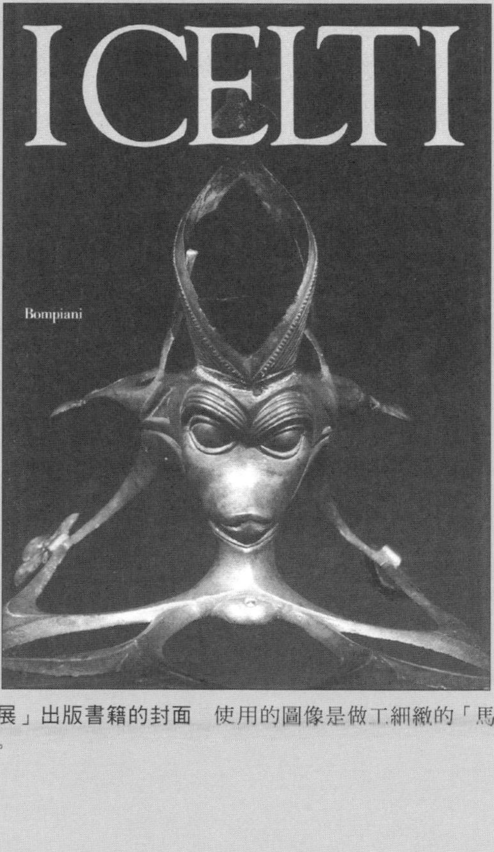

「凱爾特大型展」出版書籍的封面　使用的圖像是做工細緻的「馬羅梅吉耶紅酒壺」（音譯）。

◎最初的歐洲——凱爾特人

一九九一年，義大利威尼斯舉辦了一場名為「最初的歐洲——凱爾特人」（The Celts——the First Europe）的大型展覽會。正如標題所示，這是一項把凱爾特人當成歐洲最早的民族集團，並試圖驗證其文化的企劃。在為期半年的展覽期間，進場參觀的人數據說超過一百萬人。透過視覺的呈現，這場展覽向一般大眾展示了古代凱爾特文化的豐富多彩。

根據主辦者在展覽圖鑑的序文中所述：「這場展覽會的核心概念，正是『最初的歐洲』。雖然歐洲的範圍究竟到哪裡，並沒有一個明確的界線可循，不過追本溯源，它一方面可以回溯到羅馬文明與基督教，另一方面則可以回溯到凱爾特人；因此，凱爾特文化是歐洲留下的遺產，這點是任誰都無法否定的事實。這場展覽，就是對繼承了這項文化、邁向新生的歐洲，所致上的最高讚詞。」（費里西安諾．班維奴帝〔Feliciano Benvenuti〕，格拉西宮美術館〔Palazzo Grassi〕館長）

令人感到相當有意思的是，包含舊東歐地區在內，幾乎全歐洲的所有國家（二十四國），都參與了這項企畫。一九八九年，象徵歐洲東西分裂的柏林圍牆倒塌；一九九三年，代表歐洲邁入嶄新統合階段的《馬斯垂克條約》生效，隨著歐盟的誕生，時代明顯朝向歐洲的大團結邁進。凱爾特人作為歷史上的重要附註，其意義正與這一趨勢不謀而合。

班維奴帝館長指出，歐洲的基礎乃是羅馬文明與基督教，這確實是至今為止形塑歐洲認同的象徵。希臘羅馬文明的體現，不只在哲學、科學、戲劇等學術與藝術方面，也呈現在書寫文字與語言上。至於基督教的體現，則是如同《約翰福音》第一節中的名句「太初有道」（logos）所形容般，是一種嚴謹整齊的「道」之文化。以這兩者當成西歐的起源，的確有充分的正統性，然而，它也是現今普世文明的整體基礎，所以並不能說是歐洲獨占的事物。因此，凱爾特文化作為歐洲獨有的認同基礎，便受到眾人所矚目。

◎用來療癒的凱爾特

凱爾特所呈現出的另一種「歐洲」，是被羅馬文明與基督教所壓抑，視之為野蠻、雜亂無章，甚至連書寫和語言都沒有的文化。

一九八八年，愛爾蘭歌手恩雅（Enya）發行了她的個人專輯《水印》（*Watermark*）；這張CD很快便成為了百萬暢銷經典。雖然愛爾蘭流行樂早在一九七〇年代，就因為瑪莉・布萊克（Mary Black）以及克蘭納德合唱團（Clannad）的關係而廣受矚目，但恩雅的音樂之所以大受歡迎，其實是因為它對日益與疲勞、疲憊畫上等號的現代文明提出批判，並提供了某種療癒的功用。這種治癒疲憊、充滿幻想氛圍的音樂，正是與一絲不苟之「道」的極端對比。它讓人深深感受到西歐文明中的異國風情所具有的異質性。同樣在九〇年代，凱爾特神話、民間傳說以及亞瑟王傳奇這些文學作品，也因其所蘊含的神祕及魔法氛圍而大受歡迎。英國等地的書店，雖然將這種超自然（occultic）文學歸類成「新世紀運動」（New Age Movement）潮流的一部分，但當中有很多其實都是源於「凱爾特式」的題材。這些文學作為一種手段，也強烈反映出想從喧囂現代文明中逃脫的涵義。

◎凱爾特別緻的文化水脈

一九八六年，BBC製播了一部六集的電視系列節目：《夢幻之民——凱爾特人》。直到一九八〇年代後半為止，凱爾特人對一般大眾來說，一直都是不甚熟悉的「夢幻之民」。這部影集強調的是，我們必須認識道，如同華麗絢爛的《凱爾經》（*Book of Kells*）（見頁二二九圖）所象徵的，這個古代曾經繁榮一時的民族，即使在經過歷史洪流的擺弄後，仍然堅強地一直存續到現在。雖然正如本書第六章指出的，《凱爾經》是否屬於凱爾特文化頗有疑義，不過它確實是展現出中世紀不列顛群島基督教的獨特性與成熟度的重要書籍；對現代愛爾蘭而言，它也是足以與隸屬日耳曼系統的英國對抗的寶物，更是都柏林最具權威的三一學院圖書館的鎮館之寶。雖然收藏在大英博物館內、中世紀初期的泥金裝飾手抄本《林迪斯法恩福音書》（*Lindisfarne Gospels*），以書籍本身的重要性來說並不遜於《凱爾經》，但因為它對英國在文化上的認同只有附加的意義，因此展示的方式也就沒有那麼慎重。

一九九一年，《凱爾經》以連蛀蝕狀態都忠實呈現的方式複製出版。雖然這是和威尼斯的大型凱爾特展幾乎同時進行的企劃，但並不具有為歐洲整合背書的意義，只是單純展現凱爾特文化的優美之處。這項再版計畫旨在恢復凱爾特過去的榮耀，並以現在的角度進行重新評價，這點與強調凱爾特的文化水脈自古便連綿不斷的《夢幻之民》系列節目是共通的；雖然擁有飽受折磨的歷史，卻還是頑強地生存下來，並且

青網祭（Filets Bleus）　一九〇五年以來，在孔卡爾諾[29]（Konk-Kerne）舉辦的一項民俗慶典，每年都會選出一位「青網女王」（照片正中央）。一九九七年，筆者攝影。

在現代迎接重新復甦的時刻到來，光是這樣的故事主軸，就足以打動人心了。

◎歐洲的凱爾特旋風

一九七一年，由布列塔尼地區洛里昂市（Lorient）首創的「凱爾特文化交流節」（Interceltic Festival），是凱爾特文化圈各地區音樂家齊聚一堂的慶典。特別是自一九九〇年代以後，更成長為每年有五千名音樂家聚集、觀眾超過四十萬人的盛大活動。一九八九年，在巴黎北部近郊開幕的「阿斯特克遊樂園」（Parc Asterix Theme Park），以大陸凱爾特人、同時也被認為是法國人祖先的高盧人為主題，入園人數很快就凌駕了歐洲迪士尼。一九九五年，經過現代編舞的愛爾蘭舞蹈《大河之舞》

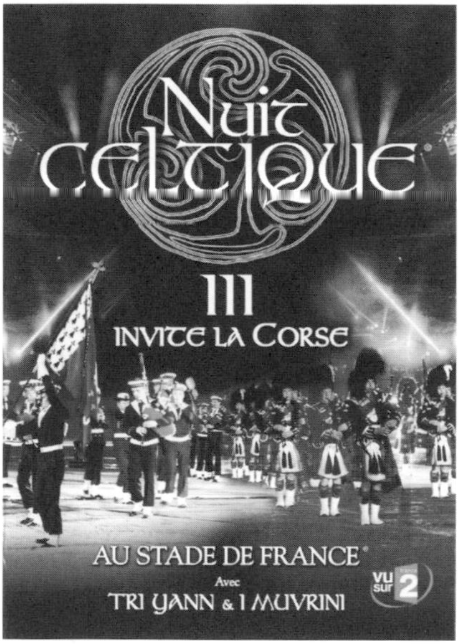

「凱爾特之夜」的 DVD　二〇〇四年於巴黎舉辦的第三屆凱爾特之夜（Nuit Celtique），因為人氣旺盛，發行了 DVD。

（*Riverdance*）在都柏林首演；之後，在紐約與倫敦都造成轟動，光是第一年就吸引了一百萬以上的觀眾前來觀賞。同樣在一九九五年，布列塔尼搖滾歌手，丹・阿爾・布萊斯（Dan Ar Braz）發行的ＣＤ《凱爾特的遺產》（*Héritage des Celtes*），創下了爆炸性的銷售紀錄。每到愛爾蘭的主保聖人「聖派翠克」（Saint Patrick）的紀念日時，世界各地都會舉辦盛大的遊行活動。不過二〇〇二年的聖派翠克日，巴黎的國立足球場則是舉辦了一場以「凱爾特之夜」（nuit celtique）為名的凱爾特文化圈音樂節；這項活動此後每年定期舉行，直到現在。

不只是愛爾蘭、威爾斯、蘇格蘭，法國的布列塔尼也因為是擔負起凱爾特文化的地域之一，受到的關注正在增加。

◎日本的凱爾特旋風

一九八〇年代後半以降，日本也同樣掀起了重新評價凱爾特文化的風潮。最早陳述凱爾特遺緒對歐洲之重要性的，是井上幸治編著的《歐洲文明的原型》（ヨーロッパ文明の原型，山川出版社，一九八五年），以及樺山紘一《歐洲的出現》（ヨーロッパの出現，講談社，一九八五年）。在樺山的著作中，凱爾特文化被稱為「歐洲文明的基礎」、「眼下所知的創始者」。一九八九年，ＮＨＫ播映了ＢＢＣ的《夢幻之民——凱爾特人》節目，配上恩雅的主題音樂，讓神秘且華麗的凱爾特文化一時蔚為話題。同年，鶴岡真弓《凱爾特／裝飾的思考》（ケルト／装飾的思考，筑摩書房）一書的出版，更是加速了這一趨勢的發展。

一九九一年，馬康納（Proinsias Mac-Cana）的《凱爾特神話》（*Celtic Mythology*）翻譯成日文（ケルト神話，松田幸雄譯，青土社），以及中央大學人文科學研究所編著的《凱爾特：傳統與民俗的想像力》（ケルト、伝統と民俗の想像力）出版，使得凱爾特神話及其想像力成為眾人注目的焦點。一九九三年，Fujita Vente展覽館舉辦了「凱爾特藝術與今日愛爾蘭特展」；接著於一九九八年，在朝日新聞社的贊助下，「凱爾特美術展」於東京都美術館舉行。自此，凱爾特文化作為「另一種古代西洋」（《「凱爾特美術展」圖鑑》，柳宗玄），成為大多數日本民眾的共同認知。在這之後，有關凱爾特的出版品數量也很豐富。（請見本書參考文獻）

◎凱爾特是什麼？

在此，我想就本書的立場，解釋一下本書主角凱爾特人、以及凱爾特文化究竟是什麼。

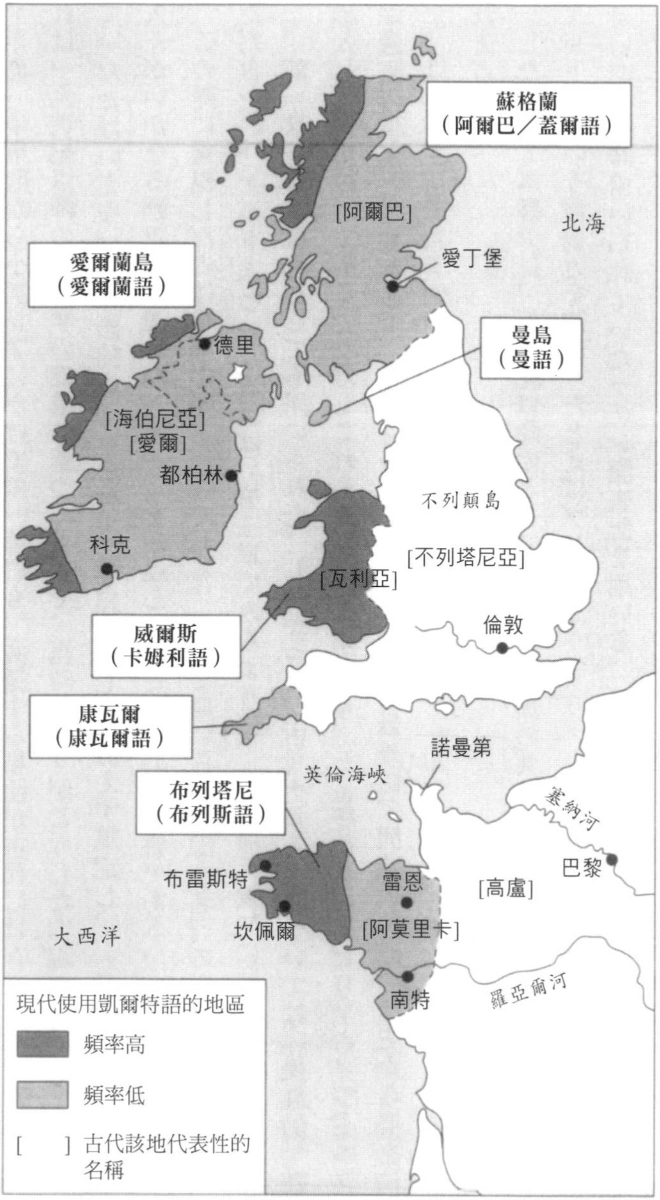
蘇格蘭
（阿爾巴／蓋爾語）
[阿爾巴]
北海
愛丁堡
愛爾蘭島
（愛爾蘭語）
德里
曼島
（曼語）
[海伯尼亞]
[愛爾]
都柏林
不列顛島
科克
[不列塔尼亞]
[瓦利亞]
倫敦
威爾斯
（卡姆利語）
康瓦爾
（康瓦爾語）
諾曼第
英倫海峽
布列塔尼
（布列斯語）
塞納河
巴黎
布雷斯特
雷恩
[高盧]
大西洋
坎佩爾
[阿莫里卡]
南特
羅亞爾河
現代使用凱爾特語的地區
頻率高
頻率低
[　　] 古代該地代表性的名稱

凱爾特語文化圈的各個地區

首先，基本前提是語言的共通性。正如本書中所見，在凱撒的時代，所謂凱爾特人這個稱呼，是以高盧為中心而構成的。在古代，從不列顛群島、伊比利半島、乃至中東歐到小亞細亞的一部分，都存在著與高盧人語言相通的集團。不過，這是基於十九世紀以後語言學成果所得出的結論，當時的人們並沒有這種廣域共通性的認知。因此，姑且以語言範圍定義凱爾特文化圈，並闡述這一文化圈的人們遭遇了何種歷史變遷，這樣出來的產物便是本書。

這時候，應該要重視的就是同時代的稱呼方式。請注意本書對於專有名詞的用法。正如第三章所述，凱爾特人這個稱呼，最早是出現在西元前五世紀，並於前一世紀成為該族群的自稱。故此，古代凱爾特人確實有可能以此當作「民族性」的稱呼。只是，這樣的稱呼也只用到五世紀為止；七世紀的聖伊西多祿（Saint Isidore of Seville）在闡述過去的歷史事實時，還曾提及伊比利半島的凱爾特人，但在同時代的歷史記載中，這個民族的蹤影已然消失不見。之後，雖然偶爾還會提及高盧人，但凱爾特這個稱呼，在中世紀後期已被遺忘殆盡。

所以在提及五世紀以降，在不列顛群島說著共同語言的人們時，本書都會特別盡量避免使用「凱爾特人」（Celts）這個說法，而是使用不列塔尼亞（Britannia，不列顛尼亞）或是海柏尼亞（Hibernia，愛爾蘭）等當時通用的拉丁語稱呼。至於布列塔尼和威爾斯等稱呼，相較於這些專有名詞尚不存在的史前時代，本書也是在該稱呼出現的時代以後，才做限定性的使用。

十六世紀以降，作為自己民族的起源，以及文化認同的展現，凱爾特人再次開始使用「凱爾特」這個稱呼。因此從這個時代以後，「凱爾特」一詞的使用在本書中也重新復活了。

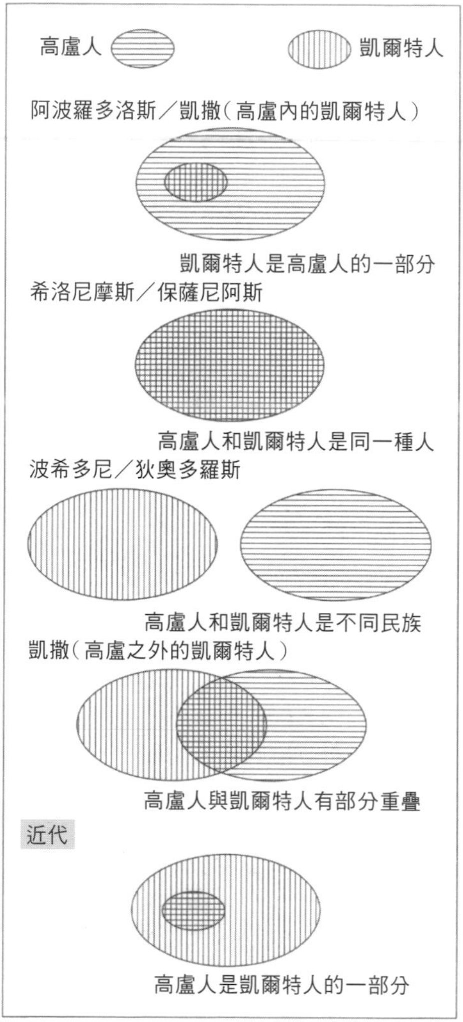
高盧人
凱爾特人
阿波羅多洛斯／凱撒（高盧內的凱爾特人）
凱爾特人是高盧人的一部分
希洛尼摩斯／保薩尼阿斯
高盧人和凱爾特人是同一種人
波希多尼／狄奧多羅斯
高盧人和凱爾特人是不同民族
凱撒（高盧之外的凱爾特人）
高盧人與凱爾特人有部分重疊
近代
高盧人是凱爾特人的一部分

多樣的凱爾特與高盧的概念　在近代概念中，凱爾特人包含了高盧人，不過古代也有觀點認為高盧人包含了凱爾特人，種種說法莫衷一是。參照 *The Celts,* 2003 繪成。

◎凱爾特與高盧

以下試著整理使用類似凱爾特的名詞時，在許多情況下，與高盧在概念上的涵涉關係。西元二世紀希臘的地理學者保薩尼阿斯（Pausanias），在引用西元前四至前三世紀的歷史學家——卡迪亞的希洛尼摩斯（Hieronymus of Cardia）之論述時，就把凱爾多（Keltoi，凱爾特）和加拉太（Galatía，高盧）當成是同義語。而當西西里島的史學家狄奧多羅斯（Diodorus Siculus）引用西元前一世紀上半葉的哲學家——阿巴馬的波希多尼（Posidonius of Apameia）的論述時，則是寫道：凱爾泰（Keltai）是歐洲西部（亦即高盧），加拉太則是歐洲東部，但羅馬人一律稱之為高盧。換言之，他已經有了這兩者乃是不同民族的認知。

在凱撒的《高盧戰記》（*Commentarii de Bello Gallico*）中，凱爾特族是高盧人當中的一支；不過在伊比利半島的凱爾特人並非高盧人。（參照第三章）雖然凱撒等羅馬人將居住在高盧的人們統稱為「高盧人」，但這應該和他們自認為自己是「凱爾塔耶」（Celtae）人有關。

前一世紀至一世紀的地理學家斯特拉波（Strabo），在他的《地理學》（*Geographica*）中說道：「過去人們將那旁（Narbōnēnsis）地區（高盧南部）稱為『凱爾泰』，後來以此為基礎，遂將整個高盧都稱為凱爾多。」

到了十六世紀以降的近代，不只法國將凱爾特與高盧當成同義詞來使用，英國也認為凱爾特是高盧人的一支。比方說，十六世紀在英國首先開始進行語系分類的喬治．布坎南（George Buchanan），就在高盧語中分出了比爾及語（大陸北部，即今日的比利時地區）、凱爾特語（西班牙及愛爾蘭）、不列顛語（威爾斯）等支系。在十八世紀初期，波伊夫．培松（Paul-Yves Pezron）提出凱爾特語是一種綜合性的概念之後，認定高盧是凱爾特一部分的想法便逐漸普及化，持續至今。

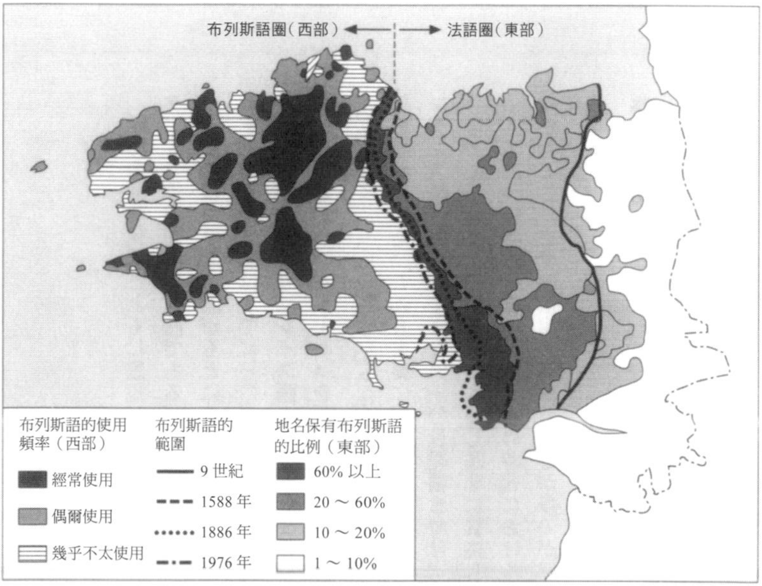

布列塔尼的凱爾特語使用分布及範圍變遷

◎與鄰近集團的差異化

比較容易理解的是，有關與鄰近集團之間差異化的記述。這一點即使在古代，也能追溯出其歷史變遷。

前七百年左右的海希奧德（Hesiod），以及前六世紀的埃斯庫羅斯（Aischylos），都使用「Hyperboreios」（住在北風那頭的人們），來形容對抗地中海人的北方人。前五世紀希羅多德的《歷史》中，在描述北方人時，出現了西方的凱爾多、以及東方的斯基泰等民族的名稱；之後，這些名稱也為前四世紀的埃福羅斯（Ephoros）與前二世紀初的埃拉托斯特尼（Eratosthenes）所沿用。前一世紀上半葉的保薩尼阿斯，又在其中加上了加拉太。接著同一世紀後半，凱撒、斯特拉波、塔西陀（Tacitus）對各個部族做了詳細的分類，於是凱爾塔耶人與阿奎丹尼人（Aquitani）、不列顛人、比爾及人（Belgae）、日耳曼人並列，在歷史上出現。

◎專有名詞的自稱

和名稱的時代性一樣值得重視的，是他們怎樣稱呼自己的語言以及人名。好比說，布列塔尼地方專屬的語言「布列斯語」（Breizh），現在是以「布列吞語」（Breton）的稱呼為人所知，但這是法語的稱呼方式，而「布列斯」才是他們對地區、民族的自稱，所以本書中也採用此種稱呼。我在一九九〇年代就已提及，上網一搜尋，我們便可以發現比起布列吞語，布列斯語的名稱才是主流。雖然該地區整體的名稱是使用法語的「布列塔尼」（Bretagne），但維持布列斯語圈的西部地方，仍然稱為「布列斯・伊賽爾」（Breizh Izel，現今慣稱「下布列塔尼」）；在這個地區的地名，也都是以布列斯語發音為標準。在這裡，我也是以主要使用的語言作為大致的基準。因此，直到英語、法語尚未確立的十世紀左右，我也是依據同樣的基準，稱不列顛島為不列塔尼亞島，並且稱布列塔尼為阿莫里卡（Armorica）。

關於人名，我也是一樣盡力按照當時的時間、地點來進行稱呼。所以，我的稱呼方式與慣用的稱呼多有差異，對此還請參照本書的「主要人物一覽」。

◎本書的意圖

本書之目的，並非是站在前述的凱爾特熱潮延長線上，針對批判西歐文明的凱爾特文化之復興進行重新評價，並進行概論式的描述。相反地，我想做的是重新回到歷史脈絡當中，思考凱爾特文化在當時代所象徵的意義。從這樣的觀點出發，本書可說是以批判性的態度，重新檢討當作「歷史記憶」的「凱爾特熱潮」。換句話說，我的目標就是要解構這個熱潮。在本書中也可以看到，一九九〇年代後半出現了所謂的「凱爾特懷疑論」，認為就歷史時期來說，凱爾特是多餘的存在；特別是在英國，這種聲浪更是高漲。本書雖然不走這種取向，不過還是以冷靜的目光，將之納入參考，並結合進書中的論述之中。

接著，談談本書的架構。本書首先從布列塔尼地區殘存「異教」民俗的現象開始探討；之所以這樣做，是因為有一種看法認為，基督教以前的習俗就等於凱爾特文化，而且表現在現今布列塔尼地區具有的凱爾特性質上。不過，我對這種看法持否定意見。就算基督教以前的風俗確實毫無疑問地存續下來，也不能說就是凱爾特文化的特徵，只能說是民間信仰會有的、到處都存在的普遍性而已。

因此值得注意的是，有許多人像這樣把異教性質當成凱爾特獨特的風格；布列塔尼的民俗學者正是抱持著這樣的看法。這一點對於本書第二章處理的巨石文化來說也是一樣的。有很多布列塔尼的習俗都與巨石相關，這也普遍被視為是凱爾特文化的一部分。關於這些與歷史事實之間的關聯，我也將在本書中進行敘述。

迄今為止，關於凱爾特歷史與文化的概論書籍，主要都是以愛爾（Eire）為中心。之所以會如此，是因為愛爾蘭這個國家，把凱爾特文化當成國家認同。但是正如本書中所見的，當我們對凱爾特人與凱爾特文化進行歷史實證性的檢驗時，愛爾蘭的存在感反而降低了；甚至可以說，它和古代凱爾特之間，完全沒有關聯。包含愛爾蘭在內的「凱爾特語文化圈」，和經過歷史資料確認的古代凱爾特人活動範圍，實際上並沒有重疊。愛爾蘭是因為在近代成為獨立國家後，需要面對如何銜接與過去歷史斷裂的課題，所以才尋求將凱爾特文化作為起源。這不過是二十世紀，乃至於最近的事情罷了。

本書以法國布列塔尼地方為敘述的主軸。布列塔尼在語言文化上，雖然是屬於包含不列顛群島在內的凱爾特語圈，不過也算是古代高盧的一部分。在文化上，布列塔尼更是古代凱爾特——高盧、中世紀不列顛群島文化、近代凱爾特語文化共同的交集之地；從這層意義上來說，它是以通史方式思考凱爾特之時，最適合不過的區域。

第一章

「異教徒之地」的信仰

保羅．賽比略　布列塔尼出身的民俗學者。柳田國男的「口述文學」正是師承自賽比略。

崇尚自然信仰的布列塔尼

◎稱為「異教徒之地」的地方

二十世紀前半的布列斯語劇作家堂吉・馬爾芒修（Tangi Malmanche），曾經著有一部名為《異教徒們》（*Ar Baganiz*）（一九三一年）的作品。內容描述的是一群以劫奪遇難船隻物資為業的人們，以及他們的日常生活。「Baganiz」其實就是拉丁語的「paganus」，意指農民、異教徒。從此以後，菲尼斯泰爾省（布列斯語：本・阿爾貝德〔Penn-ar-bed〕；以下按照省編號，簡寫成㉙）的北部海岸一帶，便被稱為「Vro Bagan」（le pays Pagan），亦即「異教徒」（pagan）之地。

不過，究竟為何要稱呼該地為異教徒之地呢？雖然有很多種說法，但最有力的還是「掠奪遇難船隻」——也就是說，因為當地人們違反基督教教義，做出掠奪的行為，所以才被冠上如此稱呼。尤其是勒斯訥旺鎮（位在布雷斯特市北邊）北方的海岸地區，因為擱淺船隻特別多的緣故，總被這樣指稱。

馬爾芒修將《異教徒們》的故事背景設定在十七世紀末的這一地區，而事實上「le pays

Pagan」這個地名，大概也是從此時開始出現的。那是天主教為了對抗路德的「宗教改革」，開始推行所謂「反宗教改革」（Contrareformatio）的時代，也是宗教取締日趨嚴密的時代。

布列塔尼是法國天主教色彩最濃厚的地方，包含「Vro Bagan」在內的雷翁地方（Leon），更是整個布列塔尼最虔敬、聖職者輩出的地區；儘管如此，當地卻還是留下了這樣的地名。我在雷恩大學凱爾特學科留學的時候，於布列斯語文學的課堂中讀到了這部著作，那時候「異教徒之地」這個地名帶給我的驚訝，到現在還記憶猶新。

或許此地名可以讓我們重新思考，對當地民眾而言，基督教的意義是什麼。更精確地說，當地的信仰雖然具有天主教的特徵，但當中包含了相當多異教的成分。中世紀初期，基督教傳入這塊土地；而後從十七世紀開始再次基督教化。然而，就算如此，異教的習慣依然隨處可見。雖然我們可以說，這正是布列塔尼「凱爾特風的異教性」，不過大體上來說，還是屬於普世性自然信仰的遺存。

關於這點，須提及一位特別關注自然與民間信仰之間有何關係的民俗學者：保羅・賽比略（Paul Sébillot）。賽比略出身自布列塔尼半島的阿摩爾濱海省（布列斯語：奧阿茹・安・阿瓦爾〔Aodoù an Arvor〕；以下簡寫成㉒）西北海岸，一個叫做馬蒂尼翁（Matignon）的村莊；一直到三十五歲以後，才正式投入民俗調查。在這之後，他的研究範圍從自身鄉土附

聖馬洛灣
聖馬洛
迪納爾
（迪納爾斯）
馬蒂尼翁
聖阿爾邦
布列塔尼多勒
聖米歇爾山
諾曼第地方
朗巴爾
布里厄
布列克）
迪南
聖喬治德蘭唐博
（聖喬爾特雷斯騰博）
蒙孔圖爾
富熱爾
（菲爾格爾）
〈43〉
35 伊勒—維萊納省
（伊勒·阿克維廉）
501〈14〉
埃爾塞普雷利夫雷
（埃爾傑克·里維列克）
聖奧班迪科爾米耶
維特雷
雷恩
（羅阿宋）
潘蓬
布列塔尼莫爾
（阿納斯特）
埃塞
曼恩地方
普洛埃爾梅勒
4〈57〉
聖馬洛德菲利
（聖馬洛菲利）
多賴
內陸羅什福爾
（羅赫·安阿爾果耶）
夏多布里昂
（卡斯提爾·布里昂特）
雷東
洛克馬里亞凱爾
阿爾宗
夏多布里昂
（卡斯提爾·布里昂特）
44 羅亞爾—大西洋省
（里蓋爾·亞特蘭提爾）
313〈10〉
蓋朗德
（庫溫蘭）
安茹地方
潘伯夫
聖納澤爾
南特
（納歐內特）
羅亞爾河

英倫海峽
普勒默爾博杜
朗尼永
吉馬厄克
（圭馬厄克）
聖波勒德萊恩
（卡斯提爾．波爾）
普盧蓋爾諾
（普盧蓋爾內）
普魯埃佐克
拉尼利
勒斯訥旺
布雷山
莫爾萊
（蒙德雷斯）
韋桑（烏薩）島
朗代爾諾
（蘭迪內）
29 菲尼斯泰爾省
（本．阿爾．貝德）
787〈56〉
普盧阿爾澤
卡拉克
勒孔凱
（康雷翁）
布雷斯特
22
朗代韋內克
聖米歇爾山
科賴
（卡萊伊斯）
沙托蘭
（卡斯提林）
杜阿爾訥內
（杜阿爾內斯）
洛克羅南
（洛克倫）
朗戈厄朗
（朗維蘭）
伊爾德桑島
坎佩爾
（肯佩爾）
56
歐迪耶訥
（克瓦恩）
特雷梅奧克
大西洋
孔卡爾諾
（孔凱爾內）
普隆內烏爾．朗韋爾訥
蓬拉貝
（蓬納巴特）
坎佩爾雷
（肯佩爾雷）
阿旺橋
龐馬爾（潘馬爾夫）角
洛克蒂迪
格雷南群島
洛里昂
（安．諾里昂）
坎佩爾雷
（肯佩爾雷）
N
卡爾奈克
0
20
40km
基貝龍
（奇貝倫）
愛爾蘭
英國
荷蘭
德國
比利時
大西洋
瑞士
法國
義大利
西班牙
貝勒島
（阿爾蓋瓦爾）
地名譯自法語
（ ）內為布列斯語音譯
● 內的數字為省編號
省名下的數字為歷史遺跡數量
〈 〉內為巨石遺跡數
粗體字為主要都市

現代的布列塔尼

近的上布列塔尼（Breizh-Uhel），一路延伸到奧弗涅（Auvergne），最後更擴及到整個法國。柳田國男引進日本的「口述文學」的做法，正是來自賽比略。他的兒子波伊夫・賽比略（Paul-Yves Sébillot）也是民俗學者，且著作和父親齊名，本書中也相當程度活用了他的研究。

本書舉出的核心地區——法國的布列塔尼，現在正是以保留著凱爾特的異教性而聞名。作為觀光勝地，它最大的賣點就是風光明媚的自然環境；在宣傳海報上，總會將海岸的海水浴場與巨石群一起繪入畫面當中。

其中阿雷山地（Monts d'Arrée），包含一九六九年指定為「阿莫里卡地方自然公園」的區域在內，以壯闊的景觀著稱。它的最高峰聖米歇爾山（Mont-Saint-Michel），雖然只有海拔三百八十三公尺，並不算高，不過卻是基督教傳入以前的靈山和聖域。聖米歇爾（米迦勒）是驅除惡魔的大天使，正因為這樣，才將這座山如此命名，以象徵驅離異教。說到聖米歇爾山，在布列塔尼與諾曼第交界處，也有一座同樣名稱、被指定為世界遺產的著名島嶼，那裡很有可能以前也是異教的聖域。

◎上天的保佑

賽比略曾經指出，法國民間的傳奇故事幾乎沒有關於「世界起源」的題材。之所以會如此，可以認為是基督教的「創世說」，將之前的傳說徹底抹除之故。當然，也不是一點都沒有留存下來。比方說，蒐集自布列塔尼的民間故事中，就有神與惡魔比賽創造世界的傳說。根據這個傳說，神創造了大地，而惡魔嫌它空無一物，於是生出了水。然而，這明顯是模仿基督教的「創世說」而創造出來的軼聞，因此很難想像會有多古老。

這種狀況也和確認民間傳承的內容之意義，息息相關。民眾所保存、留在自己記憶中的傳說，多半是貼近於生活的事情，以及立基於其上的思想。即使從外界傳入了某種宇宙觀或是神明之類的宏觀思想，在這樣的層次上，還是能夠窺見以往留存下來的文化傳承。以發掘這樣的傳承為目標的學科，正是作為貼近生活之學問的民俗學。尤其是賽比略的民俗學，聚焦在殘存的自然信仰，有很多值得學習的地方。

在談到人類社會中普遍存在的自然信仰的對象時，首先必然會舉出太陽、月亮、星星等天體。這些正是一般人生活當中，眼睛所能看見、最熟悉的存在，因此也是最容易留下民間信仰的對象。

基督教就是利用這些人們習以為常的信仰象徵，來推動居民改信。四世紀時的米蘭主教盎博羅削（Ambrose），就已提出這樣的方針；至六世紀，坎特伯里大主教梅里圖斯（Mellitus）執行了教皇額我略一世（Gregorius I）的命令：不要破壞異教的寺廟，而是要將之變更為基督教的教堂，並為此破壞偶像、灑上聖水之後，設置祭壇，備妥聖物。

更為人所知的，則是所謂的「聖誕節」。大部分研究者皆同意，在基督教傳入之前，聖誕節原本是冬至的慶典，只是後來被替換了概念。

關於冬至慶典的起源，雖然可能是源自某種質樸的自然信仰，不過主要還是來自於古代印度、伊朗的太陽神密特拉（Mitra）；密特拉信仰傳入希臘—羅馬後，形成密特拉教，而該教的重要祭典，便是在冬至這天舉行。基督教的聖誕節原本並沒有固定時日，但到四世紀中葉起，便固定在冬至這天舉行，據說這正是為了鎖定密特拉教這個重要節日。

另一方面，對月亮的信仰，似乎在十七世紀的布列塔尼依然存在。根據這個時代具代表性的傳教士路諾布雷（音譯）在傳記（一六六一年）中所述，一六二四年的時候，在伊爾德桑島㉙（Île de Sein）上有三名女巫，還保留著對「多耶・塔德」（父神）的月亮信仰。據說她們會面向新月跪著，然後吟唱主禱文。賽比略引用了這段敘述，來解釋基督教以前的風俗被基督教所覆蓋的狀況。當然，這種信仰的起源究竟該回溯至何時何地，在實證上還是相當困難。

在伊勒—維萊訥省（布列斯語：伊勒．阿克維廉〔Il-ha-Gwilen〕；以下簡稱㉟）的雷恩（羅阿宋〔Roazhon〕）市附近，年輕的未婚男女會在出現上弦月的星期五晚上向著月亮，各吟唱五次主禱文和聖母經（Ave Maria），然後念道：「幼小的上弦月啊，神聖的語言啊，當我入眠之時，告訴我，我會跟誰在一起吧！」接下來，他們會將視線從月亮移開，把手邊有的東西用力擲出，繼續吟唱。然後從左腳先上床，再從左邊下床，直到睡著為止，都一直吟唱著，為煉獄的靈魂祈禱。這樣一來，未來的結婚對象就會在夢中出現。甚至還有附註：如果是少女的話，半夜起來上廁所時，若是面向月亮，會遭致不幸。這種對月之魔力的信仰，當中含有的意義，和基督教的精神是完全不相容的。不過，也無法說基督教當中不會產生出像這樣質樸的信仰，因此不能斷定它是從基督教以前殘存下來的。

另外對星星的信仰也相當多。法國大革命時期的旅行作家傑克．康布雷（Jacques Cambry）的記述中有寫道，在普盧加努村㉙（Plouganou），人們看見夜幕初上時的明亮星辰，便會跪地祈禱。一八八〇年代在莫爾比昂省（Mor-Bihan，簡寫56），還有「九星斷食」的習俗——從黎明到傍晚、直到看見九顆星星為止都不吃東西；若是在聖誕節前夜這麼做的話，在午夜彌撒之時，過去一年內逝世的人們將清晰呈現在眼前。像信仰月亮一樣，這也是相信星星具有的魔力，某種意義上來說也是普遍的民間信仰。

◎聖約翰之火

太陽是全能之神，而祂在地上的象徵便是火。在希臘以爐灶之神身分受人敬拜的赫斯提亞（Hestia），在羅馬則稱為維斯塔（Vesta）；至於人稱「德魯伊」（druid）的凱爾特祭司，他們舉行讚美太陽儀式的時間則是在夏至。這個儀式隨著基督教的傳入，從六月二十一日的夏至，轉變成在聖約翰日（二十四日）的晚上點燃火焰、舉行慶典，並持續在各地流傳。雖然有人認為，這比較像是古代日耳曼夏至慶典的變形，而且在基督教傳入之前，夏至的慶典確實會以火祭的方式舉行，其中也可看到許多異教神明的蹤影，不過還是應該把它看成是民間太陽神信仰的殘留比較好。

儘管聖約翰之火到現在仍在法國各地點燃，但在布列塔尼這裡，這個習俗保留得特別完整。十九世紀前半的作家蘇維斯

聖約翰之火　1893 年法國全國性報紙《小報》（*Le Petit Journal*）的插圖。圖片下的解說是：「在布列斯的十字架底下，舉行著昔日異教的儀式。」

特（Emile Souvestre），就曾這樣描述他所出身的雷翁地方㉙當時的模樣：在聖約翰日的前一天，衣衫襤褸的孩子們會挨家挨戶請求施捨，蒐集金雀花的花束。到了傍晚，山丘和廣場上會點燃火焰，少女們圍繞著火堆翩翩起舞，大人們在十字架前祈禱，孩子們則是配合著音樂，將大鍋敲得乒乓作響。據說讓家畜跨過神聖的火焰，可以預防生病。

健康之泉　聖迪斯・安娜・維內托主教座堂(56)舉辦祭典時泉水周遭的盛況。作者攝影。

據賽比略說，雷翁地方有這樣的說法：如果少女在午夜前能夠繞過九處火堆的話，那麼這年之內就會結婚。

火堆燃燒後的殘渣和灰燼，在卡爾奈克鎮(56)（Karnag）等地，相傳具有辟邪的效果；在圭內特市(56)（Gwened）近郊，則會被當作免除家畜疫病之物帶回家中。也有一些地方相信它可以避雷，或是會保佑田地豐收。另外，在賽比略出身的馬蒂尼翁村㉒，人們相信在聖約翰日的正午時分，面向太陽沐浴在日光中，接下來一年就會身體健康。而且不只是家人，就連家畜也是如此。

這種風俗，和對聖約翰的聖人信仰完全是兩回事。對火與太陽的民間信仰、或者該說是對大自然的畏懼，相當普遍。這理所當然，應該是早在基督教傳入以前的流俗。對於灰燼和火焰魔力的民間信仰，在日本也不陌生，因此確實可以說是普遍的習俗。

◎水的恩賜

水是人類不可或缺之物，因此將泉水或河川當成信仰對象，是理所當然之事。一直以來都有人極力主張，布列塔尼的泉水信仰源自凱爾特，後來經過基督教薰陶，才變成現在的樣子。不過這種說法也未必正確；至少非凱爾特起源的部分，其實占了大多數。根據目前對布列塔尼泉水的詳細研究，光是凱爾諾地方㉙（布列斯語：Kernev，法語稱康瓦爾〔Cornwall〕）與雷翁地方，就至少有一千五百處泉水。其中百分之八十五被冠上聖人的名字，百分之五為普通名詞（如「乳泉」、「夜泉」、「白泉」等），剩下百分之十則以地名稱之。

因為基督教本身便有對於水的信仰，比方說洗禮或是奇蹟之泉，所以要辨別這種對水的崇敬究竟可以反映古老信仰到什麼程度，其實相當困難。特別是泉水，有些泉水可能從遠古時代就一直使用到現在，在這種情況下，雖然有可能是後來才被冠以聖人的名字，但人們最初在使用泉水時，就進行了祝聖儀式、並安置聖像的例子，應該也不少。現存泉水的建立年代，即便最古老的也只能回溯到十六世紀，再往前就幾乎無跡可尋了。當然，也不能因此就說這種信仰，是在此之後才出現；只是對於在此之前的情況，我們實在了解不多。

除了具有健康療效的泉水之外，還有另一種關於水的風俗，那就是「會帶來降雨的泉水」。在雷恩市㉟往西四十公里處，有一處名叫潘蓬（Paimport）的森林。那裡因為正是亞瑟王傳說中的布勞賽良德森林（Foret de Brocéliande），在今日也相當有名。在這座森林中，有一處名為「帕蘭頓之泉」（la Fontaine de Barenton）的泉水。

帕蘭頓之泉　正在接受導遊解說的觀光客。位在潘蓬森林中，相傳會帶來降雨的泉水。作者攝影。

在亞瑟王傳說中，這處泉水是梅林（Merlin）和湖中仙子薇薇安（Viviane）初次相遇的地點。當時梅林坐過的石頭，現在被稱為「梅林的石階」。過去這裡曾是德魯伊的神殿，被認為留有聖界的魔力。傳說旅人若在「梅林的石階」上掬起泉水，便會立刻颳起狂風，並帶來洪水。當地教會的神父似乎也曾借重這種力量的恩惠，從十六世紀以來，便有舉行祈雨儀式的紀錄，最後一次則是在一八三五年。或許這是在「基督教化」以前留下的傳統，直接被教會接納而保留下來，但之後卻忘記了原本舉行儀式的理由。然而如後所述，梅林和薇薇安的傳說，很大一部分是於十九世紀時添補而成，因此這是否算是遺留下來的傳統，仍令人存疑。

◎對樹木的情感

英國的民俗學者弗雷澤（James George Frazer），在他一八九〇年出版的名著《金枝》（*The Golden Bough: a Study in Magic and Religion*）中舉出「樹木信仰」的例子時，屢屢提到凱爾特的德魯伊。一世紀時羅馬的博物學家普林尼（Gaius Plinius Secundus）就曾這樣記述過：樹木是重要的崇拜對象，特別是寄生在橡木上的槲寄生，尤其神聖。

然而根據賽比略的研究，樹木信仰的風俗，其實很少殘存在布列塔尼。如同前述，以泉水為象徵的水之信仰之所以能夠大量保存，和基督教的助長有很大的關係。後面也會提到，石頭信仰和身邊隨處可見的巨石建築物，有著相當深刻的關聯。既然如此，為什麼樹木信仰會消逝無蹤呢？根據賽比略的說法，樹木信仰是在凱爾特之前，處於「未開化狀態」人們的共通信仰，在高盧地區，這種未開化人民可以回溯到更早的西元前三世紀，因此現在自然沒有殘存了。只是這種說法實在不太有說服力。

樹木是經常圍繞在我們身邊的事物，在這點上，和水與石頭並沒什麼不同。但是，泉水的信仰有基督教支撐。至於巨石建築，人們則會去思索「為什麼它會出現在我們身邊」，並且主動去尋求解釋，換言之，即是會積極地試圖與它產生關聯；相較於此，缺乏特殊性的樹木就沒有這個必要了。太陽信仰的情況可能也一樣，因為沒有附帶什麼特別的條件，所以在民間信仰中也很難殘存下來。

從賽比略記載的少數樹木信仰的案例中，也很難判斷到底哪些才是自古傳承下來的習俗。比方說，以樹木作為訴訟的判決者或是證人的習俗。一八三八年的時候，在羅亞爾—大西洋省（布列斯語：里蓋爾．亞特蘭提爾〔Liger-Atlantel〕，以下簡寫㊹）的南特市（Nantes）與潘伯夫鎮（Paimboeuf）之間，有一棵很大的橡樹；訴訟的兩方帶著證人在樹的兩側坐下，看第一片葉子落在哪方，那一方就是勝訴者。在冬天，則是在兩側撒下餵烏鴉的鳥食，看烏鴉先吃哪一方就是勝利者。賽比略也說道，在高盧時代，烏鴉先吃的那一方反而是敗訴方。這個風俗理應相當古老，不過和橡樹的魔力，倒是沒有必然關係。

◎槲寄生的習俗

寄生在橡木上的槲寄生，因為極為罕見，所以被古代凱爾特人視為神聖之物，並運用在德魯伊的儀式當中。（不過正如本書將驗證的，這些德魯伊在古代高盧，只是次要的存在。）

但是賽比略蒐集到的，有關這方面的習俗，就只有旅店會將槲寄生掛在房間門口，以及年輕人在兵役抽籤的時候，會當成祈求中籤的護身符而已。儘管兩者都和槲寄生的魔力有關，但都是發生在近代的事例。

關於泉水信仰，在整個布列塔尼可確認的就超過一千件；至於巨石信仰，如後所述，光是立石在布列塔尼就超過五千處，單純和石頭有關的習俗也有數百件之多。但是賽比略關於樹木習俗的報告，就只有寥寥十來件，而且他說全部的記錄就是這麼多；不管怎麼說未免也太少了。如同此處所引用的例子，這些記錄幾乎都是後來新產生的事例。

之所以會如此，或許可以說是因為古代的習俗，在沒有什麼特別狀況可以幫助流傳的情況下，就不會殘存下來。像水和泉的信仰，因為可以納入基督教的要素當中，所以得以延續，但是其他的習俗就陸續消失了。因此，要將樹木的習俗全都視為是新產生的、而非傳承自古代的習俗，感覺也是十分合理。畢竟，樹木和石頭這些身邊存在的事物，因為基督教對世界的解釋，未必能包含一切，因此不管哪個時代，都有產生自然信仰的空間，這樣一想應該就能理解了。

另一方面，我們或許也要考慮到早期基督教的誕生地點——聖經形成的舞台——中東當地的自然環境。簡言之，基督教是在沙漠、河川與海洋中發展起來的，在這樣的環境中，森林幾乎不曾被提及過。所以我們可以想成，在接受基督教之際，有關森林的習俗，並不像泉水這樣可以被納入、賦予其他意義，因此才會被當成異教的慣習，加以排除殆盡了。

本書正是要試著找尋出，這些存在基督教中的異教成分，是如何展現出之前異教的色彩，其中又有多少是凱爾特文化的餘燼？當然，什麼是凱爾特文化，什麼又是凱爾特，要在歷史可驗證的範圍內進行討論。

異界的居民們

◎妖精與妖怪

「人死後會前往另一個世界」，這樣的想法在人類當中非常普遍。至於那究竟是幸福的國度，還是不幸的世界，則隨信仰的宗教觀而異。

歐洲在基督教傳來之前，表現出生死觀的神話，主要是藉由希臘羅馬的古典世界，以及日耳曼、凱爾特這些異教民族來傳播。本書之後會提及，在凱爾特人的世界中，有很多神明都是從希臘羅馬世界移入的。對於這種交流應該不需要有合理的思想解釋，例如說明佛教與神道兩者關係的「本地垂跡說」[1]，因為他們在作為前提的文化上有相似之處。這種相似性，有可能是源自同為印歐語族，在語言上的類似，也有可能是來自普世的自然信仰。

無論如何，不管就希臘與羅馬之間神明的相互對應關係，還是羅馬和凱爾特之間神明的相互對應關係來考量，都可以清楚發現，希臘與羅馬　日耳曼與凱爾特，其信仰型態與其說各自不同，還不如說相當接近。本書中也會探討此點　這和凱爾特的祭司——德魯伊的定位也有關係，並且迫使我們必須修正長久以來的學說。當這樣的古代世界被基督教滲入之後，人們的世界觀、生死觀也隨之產生了變化。如前所述，像是對火與泉水的信仰，便可反映出基督教傳入之前的信仰。

保羅・賽比略認為，法國各地、尤其在布列塔尼，流傳著一種關於「lutin」（小妖精）的傳說，而「lutin」是一種存在於基督教傳來之前的人種。他的兒子波伊夫・賽比略更進一步指出，凱爾特民間傳說中出現的「妖精」，是古代凱爾特女巫（女德魯伊）的變形。根據他的說法，在十九世紀法國的中古史家阿弗雷德・莫里（Alfred Maury，著有《中世紀的信仰與傳說》〔*Histoire des légendes pieuses au Moyen âge*〕等書）的著作中已經寫道，妖精其實是被基督教打敗的德魯伊神官；這類傳說中鮮明地殘留著德魯伊思想，也可以說是他們最後的身影。

至於柳田國男則是認為，妖怪是「前代信仰凋零的末期現象」（《妖怪談義》，一九三六年）。接著他更進一步說，這種想法「當然不是我的獨創之見」，「但我們也無須盲信外國學者，而是要去檢驗自己身邊的現象、解釋自己心中的疑惑；我認為，有必要將這件事時時惦記在心」。換句話說，雖然這種想法是來自外國學者，但不需要被外國人的論述牽著鼻子走，而是要從日本的事例當中加以辨明，並且將此道理牢記在心；柳田的基本思想，在這裡充分展現出來。只是，他口中的「外國學者」究竟是誰，書裡並沒有明說。

柳田在很多時候，都會參照一八七八年於英國設立「民俗學協會」的民俗學者，喬治．勞倫斯．戈梅（George Lawrence Gomme）的看法。戈梅也和賽比略一樣，主張「妖精是傳承昔日小人族（俾格米人〔Pygmy〕、希臘神話中的小人族）而來的形象，這樣的理論在民俗學者間受到廣泛的支持」（《民俗中的民族學》〔*Ethnology in Folklore*〕，一八九二年）。亦即，在十九世紀後半的西歐，雖然不知道是由誰率先提倡，不過這種看法已算得上是普遍的定論了。

歐洲的妖精、小妖精、小人族、巨人等等，不只可以和日本的妖怪相互比較，在布列塔尼，更是有許多和妖精接觸的故事流傳下來。這種記錄的內容，是和基督教全不相干的精神世界。在這樣的精神世界裡，我們得以一窺基督教傳來之

水之妖精與岩之妖精　上圖為繪於瓷器上的水之妖精（十九世紀），左圖為 1894 年默劇海報上的「岩之妖精」。

前的信仰形態。

◎另一種妖精——「korrigan」

所謂的「異界」，指的是和人類生活的世界相異的「另一個世界」。因此，並非是人死去之後所前往的、基督教所謂的天國或地獄。在異界過活的居民，生活形態與人類極其相似，且經常跨足人世。大部分情況下，他們在人世出沒的地點都是固定的。妖精或小人族等等，便是此等異界的居民。

在古、中期愛爾（愛爾蘭）語傳說故事系列中登場的「達南神族」（Tuatha Dé Danann），是一個被稱為「異界（sidhe）之人／地下妖精」的神話集團。他們棲息在地下、山中，乃至於墳墓之中的異界裡，而他們原本的身分，是遭到新來的人類驅趕，不得不躲進地下過日子的眾神。這個傳說，正好體現了基督教傳入之前的異教人後來的命運。而「sidhe」，也同樣被譯為「妖精」。

在法語中，妖精被稱為「fée」，這應該是從拉丁語的妖精「fata」演變而來的。至於在布列塔尼的凱爾特語區，對妖精的代表性稱呼則是「korrigan」。根據十九世紀布列塔尼的民謠蒐集家拉維爾馬克（La Villemarqué）所言，這個名稱跟一世紀時的羅馬地理學者梅拉（Pomponius Mela）所說的「加里凱納耶」（Gallicenæ）、古卡姆利（Cymru，即威爾斯）語詩歌中的「克里特更」一樣，皆是起源自凱爾特。

布列塔尼地區在進入十九世紀後，隨著民間傳說的蒐集，寫下了不少關於妖精的故事，除此之外，在地名和泉水的名稱上，也留下了這種古老的痕跡。比方說在朗維蘭村㊻（Lanwelan）就有「korrigan之家」，而蓬納巴特鎮㉙（Pont-'n-Abad）近郊也有「korrig之家」的存在。在普萊德朗村㉒（Pledran）及羅亞爾朱伊涅村㊹（Juigné-sur-Loire），則有被稱為「妖精洞窟」的場所；所謂的洞窟居民，和「異界之人」的意思是相通的。另外，「妖精之岩」的稱呼更加普遍，除了普盧瓦拉村㉒（Flouvara）以外，在布列塔尼還有其他十三處類似稱呼的地方。

話雖如此，一提到妖精就先聯想到凱爾特世界的居民，這樣的想法也絕非正確。據賽比略所言，在諾曼第（Normandie）和貝里（Berry）等布列塔尼以外的地區，也存在著妖精傳說。其他像是巴斯克地區（巴斯克語：Euskal Herria）的「拉米納克」（Lamignak，一種生活在礦泉的精靈）、瑞士侏羅（Jura）地區的「杜斯」（也被稱為「艾洛德」）等等，也都是地下世界的居民。聖奧古斯丁的《上帝之城》（四一三～四二六年）中，也留下了「在高盧，惡魔會被稱為『都斯』」的記錄。

這些記載和傳說，都為妖精反映出了基督教傳入之前的神明形象的見解，提供了有力的證據。

十九世紀前半的布列塔尼作家蘇維斯特寫道，在蘇爾尼阿克村㊻（Sourniac）有個男人，曾經遇見過妖精。根據男人的說法，那些「妖精」是身穿白衣、身材高挑的美女，在月夜下一起翩翩起舞。這也可以當作是妖精「fée」與「korrigan」之間有所區別的證言，因為「fée」是美女，但「korrigan」則是既矮且醜。在這種情況下，「korrigan」似乎可以視為和小人族「南恩」是相同的。除此之外，也有以背上附著貝殼的老女人形象出現的「korrigan」。至於妖精的孩子，一般都是被描寫成虛弱且蒼白的模樣，這或許是在暗指他們是地下與海中世界的居民。

對人類來說，妖精絕對不是危險的存在。他們熱愛舞蹈，會將路過的人拉進來一起跳舞，但不會危害他們，一到早上就會放這些人回去。他們和基督教之間也稱不上是敵對關係，且在夜晚也會祈禱。聖阿爾邦村㉒（Sant-Alvan）的聖傑克・勒馬朱爾教堂（Chapel Sant Jakez Le Majeur）的大門，以及呂卡村㉒（Ruskad）的伊雷爾教堂（Chapelle Notre-Dame de Hirel），相傳便是由他們所建造的。

在聖雷米迪普蘭村㉟（Sant-Revig-ar-Plaen），據說只要在傍晚時分，將烘餅（galette）和麵包放在當地的「妖精之岩」，第二天早上起床，就會發現田地已經自動播種完畢了。另外，在蒙孔圖爾鎮㉒（Monkontour）近郊，為孩子生計所苦的貧窮婦人，會祈求「妖精瑪歌」（Margot la fée）的慈悲。

Korrigan 的舞蹈　在月夜裡圍繞著立石翩翩起舞的 korrigan。達利安（L. Dalliance）繪於 1887 年。

除此之外，也有另一種棲息在岸邊洞窟的「波間妖精」。他們雖然都是在夜裡行動，不過也會釣魚或飼養家畜。海底是另外一個世界，和地上同樣有著田地、村莊以及城堡，待在那裡會讓人感覺心情特別舒暢，往往才過了幾天，在地上卻已過了好幾年，說起來就是跟浦島太郎沒什麼兩樣的故事。這裡的妖精，和愛爾蘭住在地下世界的異界（sidhe）一族乃是同類。

接近賽比略故鄉的聖卡斯特村㉒（Sant-Kast）的海岸地帶，除了「妖精的道路」、「妖精的修道院」、「妖精的田地」以外，還有「妖精的舞蹈場」；換言之，海岸即是與異界之間的連結點。因為此處是緊鄰危險的場所，所以被設定為異界，這點其實也很好理解。

賽比略認為，這裡的妖精，跟巴斯克地區的「拉米納克」十分相似，住處也是山中的洞穴或是地底。因此，把這些例子納入思考的話，「妖精原本是基督教傳來之前的神明」，這樣的現象就並非凱爾特文化圈所獨有，而至少是包含法國、西班牙在內，西歐全境共通的思維。我們甚至可說，他們是具有自然崇拜的普世性質的神明。

◎世界共通的「小人族」

小妖精、或者「小人族」的存在，正如附表所見，不只限於法國和凱爾特地區，對於歐洲全境、甚至全人類來說，都是相當普遍的形象。這些小人族最大的共通點，就是都在夜間出沒。如同柳田國男在《妖怪談義》中所述，妖怪總是在黃昏時分以降的夜間出沒，使人們警戒著夜間的行動，堪稱是敲響人類世界的警鐘。在布列塔尼，小人族被稱為「夜之子」（bugel-noz）；雖然也有只在黃昏和黎明時出現的特殊小妖精——「小天使」（l'ange；按照柳田的狹義解釋，也算是妖怪的一種），不過大部分明顯都是屬於夜晚的存在。

各地對「小人族」的稱呼

地域（國名）	稱呼
諾曼第	哥布朗
洛林	索托雷
普羅旺斯	多拉克
多菲內	賽爾凡
阿爾卑斯地區	索雷布
德意志	阿爾本
比利時	索迪、紐頓
丹麥	尼斯
挪威	托羅魯
瑞典	斯哥卡拉
蘇格蘭	尤利斯克
中東各地	基恩

根據波伊夫・賽比略所述，小人族是一種關於古代特異人種的記憶，而且全世界皆可見。總體來說，他們體格矮小，會在夜晚跳舞，喜歡馬和牛奶，還很愛惡作劇，不過和人類大致相處良好。這樣的身體特徵與生態，在全世界的傳說中都相當類似。

◎神明凋零的末期現象

相較於對妖精貧乏的想像力——不是白衣美女就是充滿皺紋的老太婆，小人族形象的變化，則是令人驚訝的多。是故，我們也可以將「小人族」當成一個大分類，在這個分類之下，布列塔尼的「korrigan」、貝里的「fadet」，也都可以算是小人族的近親。或許我們可以說，他們是妖精的影響力衰退後，被小人族傳說吸納而產生的結果。根據保羅．賽比略的報告，農民們雖然已經不再見到妖精，但還是會看到小人族。結果，令人想到異界、地下世界居民的妖精逐漸遭忘卻，只有小人族還是持續活躍著。從這點看來，柳田所謂在「神明凋零的末期現象」中出現的妖怪，完全指的就是小人族吧！

小人族雖然有著人類的形象，身材卻很矮小。法國大革命時期的遊記作家康布里（音譯）寫道，「他們的身高連一步尺（pied，約三十二公分）都不到」。儘管身高矮小這點在各地都很一致，但其他的形貌就眾說紛紜。膚色有黑色、紅色、黃色，頭部異常的大、長著羊或山羊的腳以及貓爪，可以變身成人與動物（牛、羊、馬、狗等），種種描述不一而足。住處也不限於地下，森林、荒地、田野、以至於墳墓與支石墓（dolmen），都有他們的身影。

鬼火也不是自然現象，而是小人族幻化出來的樣貌。它被稱為「法尤」、「比艾特」、「艾克雷爾」、「火焰小人」等等，是預示著近親即將過世的不吉利象徵。在阿摩爾濱海省沿岸地區，有會妨礙垂釣的妖精「尼柯爾」的存在。另外也有會幻化成動物、特別是幼馬出現的「穆里歐修」。他們身處在人們四周，會化身成豬、羊，有時也被當作是惡魔幻化成的人類。

可是，以上的記述，也不能完全證明說妖怪或妖精，就是前基督教神明凋落的末期現象。像愛爾蘭的達南神族那樣，在與基督教化同時期的文獻中，清楚記載為異教神明的情況，確定程度就很高；但是在布列塔尼，並沒有這種同時代的文獻，只能從後世傳承的記述加以推測。因此，無論妖精是女德魯伊的變身也好，還是古代人種的殘影也好，都有可能只是後世的創作罷了。儘管如此，我還是主張，傳承的內容或許可以回溯到基督教傳入之前，這樣的可能性相當之高。

異貌的基督教

◎特異的祭典——「德洛梅尼」

所謂的異界，乃是有別於基督教天國與地獄的另一個世界。它只存在於民眾的想像力之中，因為與天國地獄不同，所以既沒有神學的討論，也不是可以憑藉文獻來確定的事物。正因如此，直到現在，對於異界都是基於民俗學的技法加以論證；可是，透過這種方式窺見的，往往只是妖精、妖怪界之類的「過往眾神末期現象」的世界，而且這樣的論述有一個危險，那就是很容易陷入完全沒有歷史論證根據、隨便怎麼說都好的境地當中。這一點在論證基督教中包含的異教內涵上，也是一樣的。

正如後面會提到的，布列塔尼地區的形成，和不列顛島居民的移居有很大的關係，特別是所謂的「渡海聖人」，以及與此有關的傳說，具有重要的意義。聖人傳說並不全是基督教性質，其中也包含了許多往日的異教思維，所以在這些傳說中，會顯露出比妖精的異界更多的非基督教要素；這點就留到後面的章節再陳述。總而言之，在近代以降的布列塔尼的基督教中，確實可以看見很多值得民俗學發掘的異教性質。

在洛克倫村㉙（布列斯語：Lokorn；洛克羅南）一帶，有一項被稱為「德洛梅尼」（troménie）的特殊祭典。這是為了紀念據說在六世紀時，從海伯尼亞（愛爾蘭）渡海來此的聖羅南（Saint Ronan）而舉行的「守護聖人」（pardon）祭典。此祭典是在七月的第二個星期天到第三個星期天之間，進行為期一週的巡禮，現在每六年舉行一次。全程十二公里，要繞過大小共計四十四處（主要巡禮點為十二處）的聖人禮拜所。一般認為，所謂的德洛梅尼，意指「tro（巡禮）+menez（山）」，意思就是「山之巡禮日」。

不過，研究者則是將之解釋成「德洛・米尼希」（tro-minihi，聖域）。換言之，這個祭典原本是「聖域巡禮」，其起源可以回溯到基督教傳入之前。聖域原本是一片森林，每當像仲夏節等祭典時，就會在這裡舉行和太陽崇拜有關的儀式。附近有一處稱為「尼維特森林」（Névet Woods）的地方，尼維特即是凱爾特語的「尼米頓」（nemeton），是凱爾特的聖域（祭祀場）。古代凱爾特會在五月一日夜幕降臨之時舉行火祭，祭拜太陽神「貝倫」，是一年中最大的慶典。在洛克倫村，這一晚會豎起櫸木，舉行五朔節；在夏至之日則會點燃木柱，進行聖約翰火祭（Saint John's Eve），這些據說都是古代遺留的痕跡。

從聖羅南的傳說中，也可以看出這一帶作為聖域的地位。羅南在這裡傳教的時候，遭到地方上的女巫（女德魯伊，也有人說是魔女）強烈抗拒。女巫將自己的女兒藏在箱子裡，堅稱女兒被羅南餵給狼吃掉了，要將他趕出這塊土地。當地的國王葛拉冬（Gradlon）聽說這件事後，便把羅南抓了起來。舉行審判的時候，國王放出惡狗，宣稱羅南若是有神佑，必定能得到祂的幫助。結果，羅南真有神助，成功說出了失蹤的女孩其實是被監禁在箱子裡。當找到女孩的時候，她已經奄奄一息，不過羅南成功救活了她，甚至反過來請求國王原諒女巫。

這則軼聞包含了幾個值得讓人深思的地方：首先是基督教傳教士，以及和他們對立的異教者之間的爭執。傳教士並非一味地強迫傳播基督教，而是和地方舊有宗教處於拉鋸戰的狀態。第二點是傳教士對世俗王權的服從。請求世俗權力者原諒罪行，在基督教的權威尚未被視為是絕對的情況下，或許是理所當然之事，但是，這在聖人傳記中並不常見。第三點則是傳教士對異教徒的寬容；這點在思考之後基督教傳入的狀況時特別重要。因此，我們也可以把這段故事當成異教事物得以有空間殘存、流傳下來的最好例證。

德洛梅尼祭典　六年一次，對四十四處聖人禮拜所的巡禮。一般認為，其起源與古代凱爾特有密切關係。

話說，羅南的故事其實還有後續。羅南後來被趕出洛克倫，在鄰省的聖赫內村㉒（Saint-Renè）逝世。他的遺骨被運回洛克倫。由兩頭水牛牽引的靈柩，在路上遇到一位正在洗衣服的女巫，女巫揮舞著洗衣棒，打斷了牛的角。結果，大地猛然迸裂開來，從裂縫中噴出火焰，將女巫吸進了地底。於是，這個地方從此以後便被稱為「貝斯．蓋蓬」（女巫之墓）。另一方面，角斷掉的牛，則是在洛克倫的山上嚥下了最後一口氣；至今，這個地方仍然被稱為「普拉斯．阿爾．霍倫」（角之地）。儘管是相當瑣碎的後續故事，但還是在當地留下了地名。當然，這不免讓人有牽強附會之感，不過聖人遺體將女巫打入地獄，用這樣的方式為羅南傳說畫上句點，其實也意味著基督教最終獲得了勝利。

◎名為「迪亞烏爾」的鬼

惡魔在法語中稱為「迪亞布爾」（diable），在布列斯語中則稱為「迪亞烏爾」（diaoul），兩者出自同一語源。作為和神相對的惡魔，理論上體現的是惡與負面的意象，和神相較起來，也應該是令人畏懼的存在才對，可是在布列塔尼卻未必如此。他們會幫助人類，視情況也會受聖人之召前來相助。他們會為橋、教會、城堡的建設竭盡心力，也會幫忙農耕。在這方面，惡魔的印象也與妖怪或妖精重疊，有時甚至會混為一談。或許也可以說，他們和日本的「鬼怪」[2]其實頗有相似之處。

曾經有位村長請迪亞烏爾幫忙造一座橋，至於交換條件是，橋落成的那天，從白天彌撒到晚禱之間通過橋的人，都要成為惡魔的夥伴。結果，村長和村裡的神父商量好，那天的彌撒一直持續到進行晚禱。於是，儘管迪亞烏爾造好了橋，但他的夥伴卻完全沒有增加。對鬼使用狡猾的手段，並沒有任何違背倫理的問題。不只如此，就像在這個故事裡的表現一樣，迪亞烏爾的特徵似乎就是有點愚鈍，而他們的邪惡，也是人類得以抗衡的程度。

相較於妖怪乃是異界——也就是與人類不同次元世界的存在，迪亞烏爾則是存在於人界之中，與人們產生關聯。不過，在夜晚登場這點，則是兩者共通的特徵。他們擁有和神互為表裡的面向，例如人會和神締結契約，成為信徒，同樣地惡魔也會和人締結契約，讓他們成為自己的手下，這就是所謂的「將靈魂賣給惡魔」。

布列塔尼的鬼與基督像 普盧高溫村㉙的十字架石像。作者攝影。

根據民俗學者勒布萊斯（Anatole Le Braz）所言，在以下這些地方，最容易遇到鬼：為了舉行葬禮，剛挖好墓穴的墓地、三叉路、三角形的田地（也就是跟平常形狀不太一樣的田地）、沒有聖遺物的祭壇、廢棄的教堂等等。十九世紀末的民俗學者索維（L. F. Sauvé）則說道，在滿月之夜帶著青蛙前往蟻塚，祈求和惡魔見面，然後在午夜時分，前往杳無人煙的五叉路口，向鬼宣誓忠誠；這時候，鬼、黑貓、白色鵂鳥、青蛙，以及一群螞蟻便會各自出現在路口，作為契約的見證者。

在下布列塔尼（布列斯．伊賽爾）的傳說中，和鬼訂立契約，必須要使用左手小指的血，來證明自己的忠誠心。在上布列塔尼，則不一定要血誓，只要對十字架吐口水並發下誓言，就可以讓契約成立。這種傳說不只在布列塔尼，在諾曼第和加斯科涅（Gascogne）也可以見到。另外在克瓦恩㉙（布列斯語：Gwaien；歐迪耶訥）一帶的傳說中，與鬼訂下的契約，會被記載在黑貓的帳本當中。

◎會變身的鬼

鬼和妖怪一樣會變身。白馬、黑狗、黑羊、山羊、青蛙、蛇等動物，乃至於美男子或苦行僧，都是變身的對象。這點也反映在人們對他們的暱稱上。在西布列塔尼，他們被稱呼為「阿爾．波伊爾．布勞」（美男子）、「阿爾．馬哈托爾．庫勞」（賣炭者）、「波伊爾．艾．特雷依德．馬爾夫」（馬足少年）、「波爾．戈斯」（像聖保羅的老人）等等。

不過，一般對他們的印象，明顯相當固定：首先是兩根角、再來是彎曲的手臂、有蹄的腳，其他則幾乎和人類沒什麼兩樣。至於為何鬼的容貌是這樣，根據波伊夫．賽比略的說法，那是承繼自世俗的神明，也就是希臘羅馬神明的形象。角是來自希臘神話的牧神潘恩（Pan），手腳則是半人半獸的森林之神薩提爾（Satyrus），以及具有山羊蹄和角的法翁（Faunus）。夜間聚會的部分，則是承襲了陶醉之神戴奧尼修斯（Dionȳsos，別稱巴克斯〔Bakkhos〕）的慶典。基督教意圖打破這種世俗傳統，所以才會利用敵

天使與鬼　圖解十九世紀的繪本。右邊的鬼所呈現的，是惡魔的樣貌。

對勢力的代表——希臘羅馬神明的形象，來塑造出心目中的鬼。

是故，按照賽比略的主張，當凱爾特神明的代言人——女德魯伊和女巫墮落成為妖精與妖怪之後，希臘羅馬的神明也改頭換面，變成了惡魔的形貌。這樣的說法確實十分合邏輯，不過對於惡魔和鬼，仍然不能這樣一口斷定。之所以這麼說，是因為正如第八章將會見到的，基督教對惡魔的強調，其實是宗教改革時期以後的產物；在布列塔尼，這樣的情況更是要到十七世紀之後了。

雖然很有可能是宗教改革以後的習俗，但根據勒布萊斯的記述（《下布列塔尼的死亡傳說》〔*La Légende de la mort en Basse-Bretagne*〕，一八九三年），在特雷格爾（Trégor）地方（今阿摩爾濱海省西半部），有一種很有意思的降伏惡魔儀式，稱作「安・奧菲倫・特朗迪爾」（第三十次的彌撒）。為了憑弔死者，神父會在教區教會舉行二十九次彌撒，而第三十次彌撒則會選在當地的最高峰——布雷山（Menez Bré）的聖艾爾貝教堂（Chapelle Saint-Hervé）舉行。布雷山跟聖米歇爾山一樣，在基督教傳入前是異教的靈峰，因此選在這裡進行禮拜，很有可能是傳承驅逐異教的儀式。

神父會在午夜時分，獨自赤腳走進教堂。之所以要赤腳的理由是，「聖職者須立足於大地」。祭壇上只點著一支蠟燭，為了這年亡故的人們，神父會反唸祈禱文——這樣做正是為了呼喚惡魔。當祈禱文反讀完畢後，神父便會在教會的門廊一一呼喚惡魔，檢查他們的鉤爪下，是否帶有死者的靈魂。當見到沒有與死者為伴的惡魔時，神父便會給予他們一顆亞麻的種子；這是因為，據說惡魔絕不會空手而回。這個儀式很有可能是融入了異教信仰，在基督教與異教折衷的情況下形成的案例。然而，惡魔在這個儀式中完全順從於神父。只要透過適當的程序，惡魔絕非帶來恐怖的存在，這裡想表達的想法，就是這個意思。

◎女巫（Sorcières）

惡魔是不淨之神，女性在基督教中也是不淨的（《利未記》）。惡魔是罪惡的泉源，女性則是原罪之本。在布列塔尼的民間傳說中，男性是神所創造的，女性和猿猴則是惡魔所創造的。必須明確指出這中間存在著一個要素，那就是相較於男性，女人被當成具有魔性的存在。

當然也有男性魔法師存在，但事實是大部分的魔法師都是女性。而當她們處在孤立或是邊緣的地位，比如說乞丐、拾荒者、寡婦、孤島居民時，特別能發揮魔力。

勒布萊斯寫道（《布列塔尼地方的古老故事》〔*Vieilles Histoires du Pays Breton*〕，一九〇五年），在伊爾德桑島㉙，當地有很多寡婦都具備和海之精靈溝通的能力，也就是某種魔力。「據傳說，（在當地）有九位未婚的女性具有傳達神意的能力，高盧人稱她們為『賽娜』（Sena）。她們被深信具備卓越的靈力，能夠透過咒術引導海潮和風向。不只如此，她們也能自由變身成動物，治療不治之症，以及占卜未來。」這裡講的雖然不是寡婦而是未婚女性，不過邊緣性質還是很高。賽比略認為這和妖精的情況一樣，是傳承自女德魯伊。賽娜是伊爾德桑島的古名，因此這裡正是「女巫之島」。

在卡布西森村㉙，有著關於「德魯克・艾烏斯」（兇眼）之人的傳說。據說母親死後誕生的人，或是未受洗禮的棄嬰，都具有這樣的能力；換言之，這是一種身體的邊緣性帶來的靈力。女性從分娩到產後的感恩儀式（通常是產後三週內）之間也具備兇眼。傳說一旦和有兇眼的人四目相對，就會遭到不幸。若要保護自己，就必須從『迪斯康提爾』（逆產之人）手中，接

庫連　現在仍然相當盛行的布列塔尼傳統格鬥技。圖片是依據聖佩朗（參見第六章）的畫為基礎，於十九世紀前半重製的版畫。

獲「路西」（藥草）才行。

「路西」有固定的形式，通常是一個裝著九片馬鞭草葉子與九粒鹽的小茶包。「路西」作為藥草，不只會被當成飲料來服用，也可縫在衣襟上，當作護身符來使用。漁民在祈求航海安全、滿載而歸時，都會攜帶「路西」。法國大革命期間活躍的軍人兼凱爾特學者拉托爾・多瓦尼耶（Théophile de la Tour d'Auvergne），就是拜「路西」之賜，才得以從戰火之中平安生存下來。在布列塔尼傳統的格鬥技「庫連」（gouren）競賽中，為了保持公正性，是禁止攜帶「路西」的。另外，剛受洗的幼兒容易受到兇眼的影響，所以必須把黑麥麵包的邊緣縫在袖口上當作護身符。

兇眼以及護身藥草的習俗，或許起源自古早的時代。它和基督教明顯沒有任何關係，而「凱爾特的傳承」中，確實也有跟藥草相關的知識。只是，後者與這項習俗之間是否有直接關聯，仍然難以斷定。

◎死神（Ankoù）

在布列塔尼，骸骨是相當普遍的景觀——至少在十九世紀以前是如此。基督教原本會在教會用地設置墓園，但因人口日增，墓地數量不足，便在教會之外開闢新墓地，或是將老墓地的遺骨進行撿骨，收入納骨堂，再於教會用地內重新改建墓地，這樣的做法在中世紀時已有之。當連納骨堂都爆滿的時候，就會再將古老的遺骨聚集在一起，埋葬到共同墓地當中。這種所謂「二次埋葬」，在這個地區大概每隔三十年，便會在萬聖節（十一月一日）時舉行一次。

法國自十七世紀以降，在各地都建起了宏偉的納骨堂，可是到了十九世紀，卻陸陸續續遭到了拆除。主張福音主義（Evangelicalism）的教會，禁止會挑起人們對於死亡恐懼的事物，因此企圖將讓人聯想到死亡的骸骨之類的存在一掃而空。但是，在布列塔尼，此事進展的進度卻大幅落後。箇中原因，應是因為「安寇」（Ankoù）的存在。

安寇是死亡的具現，他會出現在死者的枕邊，用馬車載走死者的靈魂。十五世紀的布列

手持鐮刀的安寇　普爾米里歐村教會裡，接受捐獻，受人親近的安寇。高 105cm。

斯語戲曲《聖女諾娜傳》中說，「安寇」最早是神為了懲罰人類的原罪，而創造出來的亞當之子。因為一般都將他理解為死亡的化身，所以在描繪他時，都是以骸骨的樣貌出現。「安寇」這個詞的語源，應該和用來指稱另一個世界的「阿那翁」（布列斯語）、「安溫」（卡姆利語）有所關連。雖然其他地方也有類似死神的存在，但「安寇」是下布列塔尼獨特的角色。

在阿莫荷．莫爾凡村㉙教堂的聖水盤上描繪的安寇，彷彿訴說著「我要殺掉你們所有人」，是令人感到恐懼的威脅者。聽到安寇馬車的軋軋聲，就是死亡的預兆，讓人不寒而慄。這種意象，應該是十七世紀以降宗教改革期才出現的。

另一方面，在民間故事中，安寇則是會為孩子命名的長輩，也會參與結婚或禮拜。也可以愚弄他，或著是惹怒他。在普爾米里歐村㉙教會裡的安寇，被人親暱地稱作「艾爾瓦尼克」（艾爾文先生），教區的居民也會對其座像進行捐獻。所以，安寇其實也有像這樣貼近人們的一面。這種信仰的起源恐怕更為古老，或許可說是大眾化的死神形象也說不定。

勒布萊斯認為，這種具有雙重性質的「死亡的宗教」，其基礎是來自凱爾特的傳統。姑且不管這種說法是否正確，這個地方的人們對死後世界的想像，確實與一般基督教相當不一樣。

◎特殊的死後世界

在布列塔尼這裡，死後的世界一樣有天國、地獄和煉獄。不過煉獄是中世以後才導入的概念，所以民眾認同的程度較低，這點和歐洲其他地區其實也沒什麼不同。在波伊夫．賽比略所做的民俗描寫中，令人感興趣的地方是，「前往死亡之旅需準備糧食」的記載。在迪南鎮㉒（Dinan），女性會把在產後感恩儀式時，在教會前領取的麵包放入棺材內。在多勒鎮㉟（Dol；布列塔尼多勒），直到一九〇〇左右，還會在棺木裡放進點心和裝有紅酒的小瓶子。另外，他們還會在往生者的手裡放入一枚硬幣，不過這在法國各地都可見到。賽比略認為，這些都是承繼自古代的習俗。當然，把它當成普遍的民間風俗來思考，比較容易理解。

不過，根據勒布萊斯的記述，人死後並非直接前往地獄或天國，而是視情況必須花費數千年、甚至數萬年，這種印象和平常基督教的認知可說相差甚遠。

通往地獄之道不只寬廣，而且讓人愜意。在途中有九十九間小旅館，往生者在每一間都會停留一百年。每當進到旅館的時候就有好酒可喝，女侍也都是美女。如果能抵抗酒的魅力，直到最後一間旅館仍保持清醒，就有可能不下地獄，而是回到人間。若不這樣做，而是喝下了混有毒蛇與蟾蜍血的恐怖美酒，那麼就會直墮地獄。

往天國的行程也有九十九間旅館，每到一間旅館，就必須付一點錢。神會在每個星期六的傍晚，降臨到途中的旅館。沒有醉倒的人，就會被他直接帶進天國。

有意思的是，在這個觀念裡特別強調了地獄之行的漫長。基督教不認可輪迴之說（他們認為那是異端），一旦墜入地獄，就必須在那個世界永遠受苦。正因為「永遠受苦的世界」太過難熬，所以才會誕生出煉獄這個新的世界，可是一般民眾對煉獄並不熟悉，所以才會誕生出拖延前往永恆苦難的想像。

不論前往天國之道或是地獄之道，酒的魔力都是問題所在。這在布列塔尼也是十七世紀的天主教反宗教改革中所強調的重點，因此這個故事的形成，應該是在這個時期之後，也就是相對較近的時代。

在菲尼斯泰爾省（簡寫㉙）的海岸地區，會有「霈斯托爾．安．阿那翁」（幽靈船）在深夜裡悄悄徘徊。當聽到鬼魂呼喚的聲音時，必須馬上回答「阿門」，不然就會被它給一起帶走。「巴古．諾斯」（夜之船）就跟「安寇的馬車」一樣，一邊發出划槳的嘎吱聲，一邊載運著靈魂。在克瓦恩鎮㉙、伊爾德桑島、安．諾里昂（布列斯語：An Oriant；洛里昂）市56、特雷格爾地區㉒，都留有這樣的傳說。因此也有人說以船隻運送死者的習俗，屬於凱爾特的文化，不過要進行歷史考證，自然是不可能之事。

◎「夜晚的洗衣女」與轉世成為動物

說到「從另一個世界回來」，在布列塔尼和威爾斯都有「請求赦免帶罪之身」的歸還者，其中以斯柯朗（亞斯柯朗）為代表；關於這點會在第七章加以詳述，在此先舉出其他代表性的題材。

其中之一是「夜晚的洗衣女」。這不只在布列塔尼流傳，在法國中部和中南部，也可以蒐集到類似的傳說。關於這個傳說有幾種說法是，她殺害了兒童所以要請求贖罪；以及她因為在休息日的星期天洗衣服，所以必須請神赦免她的罪。她最為人所知的，就是雖然聽得見洗衣聲，卻看不見蹤影。十九世紀法國代表性的民俗文學家喬治桑（George Sand）在作品中，也曾經引用貝里地方的例子。關於這個傳說，我們可以想成是有關「安息日禁止工作」的傳聞擴散開來的結果。不守四季齋日（復活節、三位一體主日、聖米迦勒節、聖誕節）的人，回到人世後也會變成這副模樣。這大概和「地獄與酒」的故事一樣，是天主教反宗教改革時期以後產生的傳說吧。

另外有趣的是，以動物之姿回到人世贖罪的例子。根據波伊夫．賽比略所採集的事例，在埃爾傑克．里維列克村㉟（布列斯語：Herzieg-Livərieg；埃爾塞普雷利夫雷），有一位

「歸還者」指著一對爭執不下的公羊和母羊，對陽世的人說：「這是我的父母。他們生前也像這樣子爭吵不休、互相打架；即使到了另一個世界，他們也還是這個老樣子。」在內陸羅什福爾村㊺（布列斯語：Roc'h-an-Argoed），每到萬聖節的晚上，就可以看見許多烏鴉，據說那些都是曾經犯下大罪的罪人。在夏布多里昂地方㉟（Chateaubriand），說話惡毒的老太婆會變成喜鵲或貓頭鷹，死去的鰥夫則會變成杜鵑鳥。在西布列塔尼一帶，特別是阿摩爾濱海省東部，死後的靈魂會化為蝴蝶贖罪。也有往生者會變成野兔、老鼠、小蒼蠅、黑貓或是鵝回來。在菲尼斯泰爾省，則認為蟾蜍是希望獲得彌撒而前來的祖先。根據賽比略所言，這種透過轉生使得生命不滅的思想，和德魯伊的觀念十分接近，可以回溯到基督教傳入以前。另外，雖然很稀少，不

夜晚的洗衣女（Les Lavandières de la nuit）　在晚上發出洗衣的聲響，卻看不見人影。據說，這是女人想要回歸這個世上的聲音。1861 年，楊．達爾尚（Yan' Dargent）的畫作。

過也有變身成櫸木或是石頭的例子存在。

在基督教世界中，就像《創世記》中所見，世界的創始乃是以人類為中心，因此這種轉生思想，可以說極為罕見。

◎陽世人們的對應方式

那麼，面對這些「歸還者」，陽世的人們又該如何應對呢？雖然一般人的反應都是盡量敬而遠之，不過讓自己所在的這個世界不陷入混亂，還是相當必要的。

首先，對死者的祈禱不可或缺。「歸還者」基本上扮演的，就是一種要求信徒負起祈禱義務的角色。

在家裡，也不能有會干擾死者歸還的事物存在。比方說，點上火的三腳燭台，因為在夜晚會吸引靈魂靠近，所以絕對不能在晚上使用。晚上也不能掃地，因為可能會把靈魂和垃圾一起掃出來。在特雷格爾地區，人們會在家門口擺上一張桌子，然後撒上一把沙，這樣做的話，靈魂就會一直數著沙粒的數量，從而放棄進入屋內；據說這招對妖怪也有效。

用來遠離死者靈魂的護符，除了念珠和聖水以外，將鼠尾草綁成束也有效果。另外，夜晚走在路上時唱歌，也可以避免被死者的靈魂或是惡靈纏上。

就像前面提到的這些內容一樣，布列塔尼的基督教所呈現出的，是與一般印象截然不同的樣貌。基督教並沒有將當地原有的信仰一掃而空。之前的信仰，或者原封不動地保存下來、或者以變形的方式被納入基督教當中。正因為是這種形式，我們才可以說，從前的信仰殘存下來的可能性很高。雖然對此進行歷史學的考據和驗證非常困難，不過本書想嘗試的，就是這一點。透過這些線索，我希望能探尋出稱為「凱爾特」文化的果實，究竟蘊含著怎樣的意義。

回到陽世的靈魂　在死者過去曾經坐過的地方擺上餐具，死者就會回歸陽世，並在那裡停留一晚。1895 年《畫報》（*L'Illustration*）附插畫的報導。

1 本地垂跡說：是一種日本用來解釋神道與佛教之間關係的論述，亦即「日本眾神乃是佛在本地的顯現（垂跡）」，從而出現了「南無八幡大菩薩」這種混合式的信仰。

2 日本的「鬼」指的是身材高大、赤面獠牙長角的怪物，跟中國的鬼（幽靈）是不同的概念。

第二章 巨石文化的歐洲

巨石陣　英格蘭代表性的巨石遺跡。

最初的人類與印歐語系的起源

◎布列塔尼的舊石器時代

人類在歐洲的足跡，基本上可以回溯到一百五十萬年前。即使遠至法國南部，也有推測約在九十到九十五萬年前左右的遺跡。這些遺跡，都是由稱為「直立人」（*Homo erectus*）的人類所留下的。在這之後，歷經海德堡人、尼安德塔人等人種，最後終於出現了晚期智人／現代人（*Homo sapiens*）。現代人的登場，大約是距今九萬到五萬年前左右。

在法國西北部、現在的布列塔尼地區，根據最近的調查，人類遺留的痕跡，大致可以回溯到七十萬年前。在聖馬洛德菲利村㉟（Sant-Malou-Fili），發現了採石場的遺跡，最明顯的證據，就是用砂岩或石英岩製成的小斧頭（一側經過加工的石器）。如果從舊石器時代末期，亦即距今三十萬年前來看的話，則大約有三十處遺跡，大部分都是位在沿岸或是大河的附近。當時的人類過著漁撈、採集、狩獵的生活，會進行定期的遷徙。在遺跡中有發現握斧，應該是用來伐木或是切割獸肉之用。

在三十萬年前到三萬五千年前之間的舊石器時代中期，布列塔尼地區的遺跡更為增加，超過了七十處，尤其在北部海岸特別多。在遺跡中，也有猛獁象、犀牛、野牛等大型動物，以及熊、豹等肉食動物的遺骸出土。發掘出的工具以砂岩和花崗岩製的握斧為主，不過也有刮削器和刀狀石器出現。

舊石器時代末期，也就是三萬五千年至一萬一千年前，這段期間正好與最近一次冰河期相重疊。當時，斯堪地那維亞與不列顛島北部都被冰河所覆蓋，海面比起現在下降了一百二十公尺。不列顛島與歐洲大陸連結為一，從前的森林消失了，變成凍原與草原地帶。這個時代的人們大概是追逐著馴鹿而展開遷徙，因此在布列塔尼所能確認到的遺跡，只有區區十處而已。

距今一萬一千年前，即西元前九千年左右，氣候恢復溫暖，森林再次開始增加。此時期被稱為「中石器時代」，一直持續到西元前五千年左右。因為無法在草原上進行集團狩獵，所以產生了像弓箭等等在森林中容易狩獵的新工具。

一九二八年到三〇年間，考古學家在奇貝倫（布列斯語：Kiberen；基貝龍）半島⑯外的特維艾克島（Téviec），發掘出西元前七千至六千年間的遺跡。這處遺跡和後來發現、位在附近奧埃迪克島（Hœdic）的遺跡並列，堪稱是中石器時代法國最大的遺跡，因此相當著名。

◎農耕文化的起始

西元前六千年左右，人類開始了定居農耕生活，這就是新石器時代的開端。根據花粉分析判明，人類砍除柏樹之類的森林，開闢出牧地或農地，同時也會進行燒耕。因為有石臼出土，所以可以察知他們已經在栽培穀物。他們使用磨製的石頭，做成斧頭或手斧，當作砍伐森林的新工具使用。另一方面，他們已經開始燒製粗陶，紡織也隨著農耕一起出現。最初使用的紡織材料是羊毛或亞麻，也出土了骨針和布的碎片。

中石器時代已經出現了墓地。一開始只是個人的墓，但不久後便出現集體埋葬，乃至家族代代使用數百年的大墓。在這些墓中，往往可以看到數百具遺體共同埋葬在一處的現象。

在語言方面，凱爾特語族所屬的印歐語系，隨著定居農耕生活的擴散，也逐漸傳播開來，這種說法現在公認相當有說服力。大約在三十年以前，加泰隆尼亞的人類學者佩德羅·波修琴培拉（Pedro Bosch-Gimpera）主張，在西元前七千年到六千年左右，以安那托利亞（古土耳其）為原鄉的農耕文化，慢慢地席捲了整個歐洲，這波浪潮不只淘汰了迄今為止的狩獵、採集文化，同時也將印歐語系傳播開來。這種傳播究竟是民族的入侵與征服，還是僅止於單純的文化傳播與同化，這點到現在還有爭論，不過印歐語系起源於這個時代的說法，已成定論。關於所有印歐語系語言的始祖——原始印歐語（Proto-Indo-European）出現在歐洲的時間，過去認為應該是在金屬器文化開始傳播的西元前三千年左右，但現在認為，它的起源可以回溯到前四千年的時代。

就在這樣的背景之下，巨石文化誕生了。

巨石文化的時代

◎歐洲最古老的巨大堆石墓

所謂的巨石文化，是指具有支石墓（dolmen）與立石（menhir）等建築構造的文化之總稱。因為使用超過一公尺長的石板與數公尺高的石柱，基本上不太可能單憑人力來建造，所以關於它的建築技術，在重新發現凱爾特文化的十六世紀，引起了極大的議論。

直到十九世紀初期為止，人們都認為希臘羅馬時代以前全部屬於凱爾特時代，因此巨石文化也被當成是附屬於凱爾特文化的一部分來看待。到了十九世紀中葉以後，隨著考古學的發達，巨石文化與凱爾特已不再被單純地等同視之；不過西歐的巨石文化仍被當作是歐洲文明的基礎，持續獲得重要的關注。

直到一九八〇年代為止，巨石文化一直被認為是從馬爾他島（Malte）等地中海東部及東南歐地區發軔，然後才傳入西歐。不過依碳十四定年法、熱發光劑量計法（TLD）等方式進行測量後，確定了布列塔尼巨石文化的年代，結果發現，以此地區為中心的西歐巨石群，比起東南歐地區的同等遺跡更加古老，而這點也已經成為研究者之間的共同認知。故此，布列塔尼巨石文化作為歐洲文化的基礎，再次成為眾所矚目的焦點。

巨石建物最初的形式，是堆石墓（cairn）。在普魯埃佐克村㉙（Plouezoc'h）巴爾聶涅斯（Barnenez）的堆石墓，經各種測定後，確定建造年代是在西元前四千六百年左右。因此，這不只是最古老的巨大堆石墓，也比約西元

巴爾聶涅斯的堆石墓　建造時間較金字塔更早，是西方最古老的大型建築物。高8m、擁有 5 個墓穴，整體結構由玄武岩構成。

前兩千八百年開始建造的金字塔更古老，堪稱西方人類所建造的最古老的大型建築物。

巴爾聶涅斯的堆石墓位在一座小山丘上，南側是山谷，東邊與北邊濱海，西側則是河川。長方形的墳墓採左右兩半在中央接合的形式，年代較老的右半部東西長三十五公尺、南北二十公尺、高八公尺，是由玄武岩堆積而成，並有五個墓室附有從南往北的墓道。這種附有墓道的堆石墓，通常都是公共墓地。

在布列塔尼的其他地方，還有兩處幾乎同時期建造、規模略小的同類型墳墓。除了布列塔尼以外，在相鄰的諾曼第，甚至法國中部的夏朗德省（Charente），都有發現同種類的堆石墓。愛爾蘭北部的卡羅莫爾（Carrowmore）遺跡中，最古老的墳墓建造於西元前四千七百年左右，但那座墳墓並未使用巨石。當地開始使用巨石，大概是西元前四千年以後的事情。而伊比利半島的巨石墳墓，建築年分也是在西元前四千年代的後半期，因此現在看來，布列塔尼的巨石墳墓乃是歐洲最古老的類似建物。

◎卡爾奈克大墳墓群

西元前三千五百年左右，布列塔尼等地的堆石墓巨石文化，與位於現在法國中部到東南部的沙塞文化（Chasséen culture）產生了接觸。沙塞文化因為發現於法國中部索恩羅亞爾省（Saône-et-Loire）的沙塞（Chassey）遺跡，所以因此得名。這個文化於西元前四千多年的時候，在法國南部沿海地區興起，屬於畜牧農耕文化，有燒製的盤、碗、瓶、鍋、匙等各種粗陶器，這些陶器的特徵是幾何學的裝飾（條紋或三角、四角、菱形的連續紋路）。隨著兩個文化的接觸，布列塔尼地區的陶器也產生了變化，種類明顯變得較多樣，特別是相當具有沙塞文化特徵的陶器——附有底座的碗，也在布列塔尼出現。

還有另一處重要的墳墓，那就是位在卡爾奈克鎮[56]周邊，以規模宏大著稱的墳墓群。該鎮東北的聖米歇爾墓塚（Saint-Michel tumulus），長一百二十五公尺、寬六十公尺、高十公尺；另外，北邊魯姆斯特瓦爾村的愛爾馬涅墳墓、東邊洛克馬里亞凱爾村（Lokmaria-Kaer）的馬涅特墳墓、以及同村南端的馬涅愛爾夫洛克墳墓，也有同等的規模。

這些墳墓的形式是堆石墓，以大規模的夯土方式堆成。過去曾經一度認為它們是中石器時代、或者是和巴爾聶涅斯的堆石墓同時期，也就是西元前四千五百年左右的產物，但是從陪葬品來判斷，應該是在沙塞文化影響下，於西元三千五百年左右所建造的。

無論是巴爾聶涅斯堆石墓、卡爾奈克大墳墓群，以至於莫爾比昂灣中加文尼斯島（Gavrinis）的堆石墓（前四千年左右），據推斷要建造起來，至少都需要超過一百人以上的勞力，花費數年的時間才能完成。因此我們可以推測，當時這些地方已經存在著具有相應權力的社會組織。

◎稱為「石桌」的支石墓

大約西元前三千五百年左右，被稱為「支石墓」（dolmen）的石造墳墓，開始以形形色色的版本出現在歐洲各地。所謂的「dolmen」，在凱爾特語是「石桌」的意思，一般這個詞彙用來泛指不屬於堆石墓或夯土墓葬、純石室構造的巨石群。隨著時間演變，這種支石墓的數量在這段時期之後也日益增加。

到了西元前三千至兩千年左右，石室墓的種類更加繁多，在法國南部、西南部、北部，甚至是德國、丹麥、荷蘭等地，都可以看到通廊型的石

「古代建造物」的支石墓　十九世紀初期，支石墓開始受到矚目。本圖透過插畫，描繪對洛克馬利亞凱爾村㊻（Locmariaquer）支石墓調查的狀況。

室墓；至於在葡萄牙與馬爾他島、克里特島等南歐地區，則是以地下墳墓的形式出現。換句話說，此時巨石文化已經擴展到歐洲全境。

若從巨石文化的分布範圍來概觀的話，西元前四千年左右的時候，它的存在僅限於布列塔尼、不列顛島、愛爾蘭島、丹麥等部分北歐的區域，以及葡萄牙的部分地區，但到了約西元前三千年，巨石文化已經擴張到荷蘭、法國中南部、西班牙等地，到了前兩千年，更普及到西歐全境。在布列塔尼，接下來會提到的環狀列石（cromlech）於西元前三千五百年出現，立石群則於之後的兩三百年開始登場，並在西元前兩千年左右迎向全盛期。

◎單一的立石——「menhir」

將石頭用來當成紀念碑、墓碑、路標的情況，在全世界都相當普遍，但是像布列塔尼如此頻繁使用的地區，則是前所未見。針對巨石文化的探索史，與布列塔尼研究史之間有著極為密切的關聯。用來指稱巨石的專門用語「menhir」，與「dolmen」一樣，都是起源自布列斯語。「Menhir」的語源是「長石」的意思，通常用來指涉單一的立石。到此為止我們介紹的巨石構造全都是墓地，但「menhir」則有許多非墓地的類型。比方說，在貝亞爾村㉒、佩迪爾涅克村㉒，就有三根立石排列在一起的立石群。因為這些立石呈現出圍繞著布雷山（海拔三〇二公尺）的型態，因此被認為和這座山在信仰上有所關聯，所以自然也不是墓碑。

最大的單一立石，是位在普盧阿爾澤村㉙（Plouarzhel）的凱爾羅亞斯這個地方，高九點五公尺。洛克馬里亞凱爾村㊻的「曼・艾爾・羅艾克」（Men ar hroëc'h）——意即「妖精之石」，雖然已經傾倒且碎裂成五塊，不過加起來的總長達到二十公尺，重量則有三百五十噸。

夏特蘭的立石　右下的人可以作為規模對比。高 9m，位於多勒鎮㉟。

◎環狀列石與太陽信仰

將立石進一步排列在一起、呈現環繞某塊土地的形狀，這種類型的專業術語稱為

「cromlech」。在凱爾特語中，「crom」是「彎曲、包圍」的意思，「lech」則是指「場所」。以特殊巨石文化聞名的卡爾奈克鎮[56]西北部，埃爾德文村（An Ardeven）克雷邱諾（Crucuno）遺跡的環狀列石，是位在支石墓東側三百公尺處。這處環狀列石南北長二十五公尺、東西寬三十三公尺，由二十二塊石頭圍成精確的長方形。從長方形的對角線延伸出去的位置，和夏至、冬至時分日出日落的方位一致，因此最有力的解釋認為，它與太陽信仰之間有所關聯。

在卡爾奈克鎮以南，有座隸屬於阿爾宗村（Arzhon）的小島——艾拉尼克島（Er Lannic），島上因為有兩個半圓的環狀列石在島中央相互銜接而聞名。和不列顛島不同，布列塔尼很少有圓形的環狀列石，甚至可以說只有這裡才有。這整座小島都由環狀列石所包圍，當中有為數甚多、具備沙塞文化特徵的粗陶和裝飾品碎片；島本身就是共同墓地，據推測應該是辦葬禮的場所，或是神聖的領域。

◎卡爾奈克列石群

由一列或是數列立石排成直線狀的景象，雖然不能說在其他地方完全沒有，但在布列塔尼，這種線狀立石卻是異樣的多。從一列到超過十列的列石群（alignement），在布列塔尼地區大約有一百處之多。

說到布列塔尼最有名的列石群，果然還是不可不提卡爾奈克鎮。這裡的列石群有三處，當中以梅涅克列石群（Ménec alignments）最為精采。這片列石群南北寬一百公尺、東西長一千一百六十五公尺，由一千零九十九塊立石排成十一列。在它的東西兩端各有一排環狀列石，形狀各呈卵形。在西端的列石尚存七十塊，但東端則只剩二十五塊。十一列立石以幾乎等距的間隔排列著，當中最大的石頭高四公尺，但靠近中央的若干石頭尺寸則較小，行列的中央部分略微往北彎折。

在梅涅克列石群的東邊有凱爾馬利歐列石群（Kermario alignment）。這片列石群有九百八十二塊立石，排成十列，寬一百公尺、長一千一百二十公尺；在它的西端應該也有環狀列

卡爾奈克列石群　東西長 1165m，南北寬 100m，一共有 1099 塊立石並列，是布列塔尼最有名的列石群。

石，不過現在已是一片停車場，完全看不出痕跡。

在東北端則有凱爾列斯坎列石群（Kerlescan alignments）。接著，再往東邊延伸五百公尺的安德里勝德．卡爾奈克村[56]，則有另一處稱為盧布德梅涅克的立石群。看形狀，這裡應該是凱爾列斯坎列石群的延伸，過去很有可能是一片巨人的複合式構造的列石群。不過，據說一八二六年至三五年間，當地村民為了在克拉哈河（Rivière de Crac'h）河畔建立燈塔，挪用了一百塊以上的立石，是故這邊的立石群已經遭到了破壞。在卡爾奈克鎮西北的埃爾德文村、東邊的安德里勝德．卡爾奈克村等地，複合列石群、環狀列石、墳墓群密集，因此我們可以充分認為，這一地區在古代，整體是被當成聖域來看待的。

◎巨石的紋飾

在布列塔尼，大約有六十處巨石遺跡，一百七十塊巨石上面刻有圖樣。其中的三分之一，位在莫爾比昂省的濱海地帶。

當中最值得注目的，是加文尼斯遺跡中石板的圖案。在當作墓道和石室使用的二十九塊石板中，有二十三片刻上了線條紋路的圖案。其中大半都是盾形、半圓形的線條，另外也夾雜著斧形、蛇狀曲線、杖、格式化的人臉等圖樣。在石室的天花板上，繪有巨大的手斧和公牛。據推斷這些紋飾是在建築時就已存在，不過無法判別當時有沒有上彩。

另外相當有意思的是，可以將這處遺跡的圖樣和另一處遺跡相比較，那就是位在愛爾蘭都柏林近郊，博因河谷（Brú na Bóinne）的紐格萊奇（Newgrange）遺跡。這座遺跡擁有十九公尺長的墓道和十字形的墓室，是直徑約八十公尺的圓形巨大墳墓，建造年代約為西元前三千二百年。雖然比加文尼斯的年代稍微晚一些，不過基本上可以視為同一時代。每年只有冬至這天，會有二十分鐘的陽光透入墓室，因此這座墳墓被認為與太陽信仰有所關聯。在它的墓道、墓室側壁上，也都有渦形、波形、U字

加文尼斯的石板紋路　在墓室的墓道與石室的巨石上，刻有盾與半圓形的線條紋路。

形的線條圖案。因為這些圖案與加文尼斯的樣式頗為相似，所以也有主張兩者之間應該有文化交流的看法。

巨石文化與現代

◎巨石的破壞與保存

一九九四年，有一個名為「Stone Age」的流行樂團發跡。他們主張，石器時代在時間上超越了凱爾特，乃是西方人更為古老的根源。當然，他們認為凱爾特和布列斯語也存在於這樣的起源過程之中，但「巨石」才是我們真正的根。他們的專輯封面，是四個人站在立石列柱前面的景象。

在布列塔尼五省進行調查所得到的結果指出，全部的立石遺跡大約有一千一百到一千兩百處，但實際的總數，推估應該達到兩千至五千之譜。

直到十九世紀前半為止，因為要建造燈塔或道路，必須挪用石頭，因此立石便成為破壞的對象。據說卡爾奈克遺跡直到十八世紀中葉為止，甚至連旅行者路過的時候，都不會特別停下腳步看一眼。

當然，學者很早就開始注意到這類遺跡了。一七二一年，法國皇家科學院的布羅德蘭特（Boureau-Deslandes），在自己的著作上記載了「造成（聖經中）大洪水的奇怪的石列」，是關於立石遺跡最早的學術性記錄。一七九二年，身為凱爾特狂熱者的拉托爾・多瓦尼耶，認為這是與凱爾特／高盧的德魯伊相關的構造物。法國大革命時期的作家康布雷，則在一八〇五年指出卡爾奈克是德魯伊的聖地，並且暗示它與天體觀測之間的關聯。

人們開始認知到保存這些遺跡的重要性，大約是從一八三〇年左右，法國內政部設立「歷史紀念物調查委員會」開始。一八二六年，民間研究者組成了名為「莫爾比昂省博識會」的組織；一八二八年，當局為了公共事業，企圖拆毀卡爾奈克遺跡，此舉引發了強烈議論，最後在博識會的主導下，成功阻止了這項行動。

正如本書之後會見到的，當邁入一八六〇年代後，考古學日益體系化、組織化，對卡爾奈克學術性的實地調查也隨之發展起來。尤其是一八七〇年代定居在卡爾奈克進行調查的蘇格蘭人詹姆斯・米倫（James Miln），以及自十九世紀末到第二次世界大戰為止，幾乎參與了所有實地調查的在地研究者薩克利・勒魯吉克（Zacharie Le Rousic）兩人，居功厥偉。以米倫的發掘物品為基礎，一八八三年在當地開設了「卡爾奈克史前時代博物館」（Musée de Préhistoire de Carnac）。

然而，即使到了十九世紀末，對巨石的破壞依然在持續進行著。路易·菲爾村㊹的神父傑克·哥特，為了打破信徒的迷信，將教區中的數十處巨石建物，以「流血崇拜的殘骸」為理由加以拆除，改換成十字架。當然，這種宗教性的破壞行為反而是少數的特例，大多數的破壞都是為了道路、農地、住宅的開發。根據雷恩市和聖馬洛地區㉟（Sant-Maloù）的調查顯示，十九世紀調查時尚存的一百三十處立石遺跡，有三十四處在二十世紀遭到破壞。

康布雷的巨石調查　他在法國大革命期間的 1805 年時，受政府委託對各地遺跡進行調查。圖片是他在測量立石高度的場面。

至二〇〇一年時，在布列塔尼五省中被當成歷史紀念物保存的立石，大約有一百八十處。當地所有的歷史紀念物，合計共有三千四百八十處，因此巨石大約占了其中的百分之五。

◎是天文台？還是神聖的靈場？

堆石墓或支石墓都是墓地，是為了憑弔死者而建，這點非常清楚。可是，沒有附帶支石墓出現的立石、立石群，甚或是列石群，究竟為何而建？若是作為綜合性的墓區或聖地，其占地也未免太過廣大，因此引發了相當多的論爭。

當然，其中也有幾乎已成定論的例子。例如英國的巨石陣，其原始的雛形大約豎立於西元前三千年左右，而現今我們看起來像殘骸、由薩森岩（Sarsen）組成的環狀石列，則是建於西元前一千八百年，亦即青銅器時代初期。這是整體巨石文化中最晚期的構造物，且幾乎可以證實，是用來觀測月亮盈虧與日食月食，也就是一座天文台。

關於巨石陣其實是「天文台」的說法，十七世紀英國的古文物研究者約翰・奧布里（John Aubrey）已經指出，這很有可能是用來觀測太陽的設施。他自一六六六年開始調查，結果在包圍巨石陣的土堤與壕溝內側，發現了五十六處直徑零點八公尺到一點八公尺的洞穴，且正好與月食五十六年的週期完美吻合。更有甚者，巨石陣有一條通廊，朝著夏至太陽升起的方向延伸，入口處的鞋跟石（heel stone）也是朝著同一方向。二十世紀初期的研究者，以及一九六〇年代以後的學者，也都確認了這一點。

在蘇格蘭西北部路易斯島（Lewis）的卡拉尼什遺跡（Callanish Stones），也是和巨石陣幾乎同一時代（西元前一千八百年左右）的環狀巨石遺跡。據推測，也是用來觀測太陽與月亮的設施。

如同先前所述，康布雷等人也主張，卡爾奈克列石群是天體觀測所。然而，如果只是要觀測天體，實在沒有必要興築如此大規模的設施；而且列石群和太陽、月亮的運行之間，也很難發現其關聯所在。今天最具說服力的說法，是針對梅涅克和凱爾列斯坎都具備的環狀列石。亦即，環狀列石是神聖的場所，而持續延伸出去的列石群，則是導向聖地的神聖迴廊。因此，複合式構造的列石群，就是以墓地為中心的巨大靈場。

巨石與習俗

◎妖精與巨石

在第一章中已介紹道，妖精身為異界的居民，對布列塔尼的人們來說，是相當貼近生活的存在。另一方面，巨石群儘管為數眾多，但在每個村莊裡還是寥寥可數。巨石群存在的地方和普通的場所截然不同，被當成特別的聖域來看待。因此，會和妖精之間產生連結，也是理所當然之事。

在埃塞村㉟（Essé），有一處被稱為「拉羅許・歐菲」（La Roche-aux-Fées）、意即「妖精之岩」的遺跡。這是一座長十九公尺、寬五公尺的巨大支石墓，其壯觀程度堪稱歐洲第一。它一共使用了四十二塊巨石，八塊石製天花板，每一塊重達四十噸。傳說這些都是妖精運來的岩石。

十九世紀初期描繪布列塔尼民俗的作品《布立吞畫集》中，便有支石墓和妖精的登場：「農民稱這種支石墓為『迪・阿爾・柯立蓋特』（妖精之家）。住在這裡的妖精有庫立凱特、庫立爾、柯爾尼卡涅特等多種稱呼，是一種喜歡惡作劇的森林妖精。他們的皮膚滿是皺褶，身體長滿了毛，臉龐醜陋，手腳細瘦修長，夜晚時分會像蝙蝠一般，揮舞著鋸齒狀的黑色翅膀來回飛翔。在空中排列出數個圓圈，時而交纏、時而融合，還伴隨著尖銳的叫聲與令人毛骨悚然的笑聲，在廢墟中不斷迴盪，直到隨著風聲消逝為止。」

墓地是神聖的場所，也是與異界連結的地方。這樣的想法，導致人們認為異界居民、即妖精的住所，正是支石墓。因為具有神聖性的緣故，所以研究者對支石墓的調查，往往很難得到許可。一八七九年，考古學者杜夏提利耶（Paul du Châtellier）陳述了自己在企圖調查杜利亞卡特村㉙路倫一地的墳墓時，所遭遇到的困境：「要得到挖掘這座墳墓的許可，實在是相當困難。村民們都害怕『科利克』的報復；他們相信科利克是一種巨大的妖精，也是這些巨石結構的建造者，具有未知的力量。」

據保羅・賽比略在《法國的民俗》（*Le folklore de France*，一九六八年）一書中所述，在布列塔尼以外的法國各地當然也有和妖精相關的民俗故事，甚至也有好幾則和支石墓相關，只是絕大多數這樣的故事還是存在於布列塔尼。如同之後會看到的，布列塔尼地區在蒐集民間故事等等民俗研究上，之所以居於領先地位，有著相當多的原因。不過從另一面來說，為數眾多的巨石遺跡、以及它們與日常景觀的結合，這些布列塔尼特別突出的地方，或許正說明了為何此地的民俗研究會如此豐富。根據一八九四年德・莫爾契（de Mortier）的調查，在法國有六千一百九十二座巨石建築物，其中的三千四百五十座，也就是過半數都集中在布列塔尼、尤其是其中的莫爾比昂省。

◎祈求良緣

除此之外，也有一種石頭會讓想要在一年內結婚的少女趨之若鶩。在聖喬治德蘭唐博村㉟（Saint-Georges-de-Reintembault）梅雷（Mellé）的立石，以及洛克馬里亞凱爾村㊻的立石，被稱為「滑行石」；據說從頂端滑下來，如果臀部產生擦傷的話，就會在一年內覓得良緣。在盧維涅．杜德塞爾村㉟（Louvigné-du-Désert）蒙多（Monthault）的「滑行石」習俗則是，少女必須要在無人知曉的情況下，將布片或是緞帶放在石頭下，作為曾經滑過的證據。假如對岩石的祈

蒙多的「滑行石」 為祈求良緣，從岩石上滑下來的女性。二十世紀初期的明信片。

願不小心被別人知道，那就沒辦法順利結婚了。這種從石頭上滑下來的風俗，不只有在布列塔尼、在南法的普羅旺斯與阿爾卑斯地區，以及比利時的瓦隆（Wallonie）地區也有類似的描述。

在普隆內烏爾．朗韋爾訥村㉙（Ploneour-Lanvern），每當舉行守護聖人聖艾涅爾祭典的時候，渴望婚姻的少女們，便會圍著立石翩翩起舞。只是這塊立石並非巨石時代的遺物，而是將近兩千年後的高盧時代之物。

雖然立石很容易會讓人和陽具聯想在一起，不過不管是求良緣，或是接下來會提到的求子，在民間習俗上，幾乎看不到有如此認知的實例。雖然有導覽書認為普隆內烏爾．朗韋爾訥村的立石，是陽具形狀的擬現，不過當時塑造這根立石的人，應該沒有想到這麼多吧！不如說，這種圍繞立石起舞的事例，類似圍著柱子跳舞的五朔節儀式。這是歐洲各地都存在的習俗，為了能像樺樹或杉樹般生長茁壯、祈求穀物豐收，會在五月一日豎起柱子，並在柱

祭典上的立石　普隆內烏爾．朗韋爾訥村的聖艾涅爾祭典。盼望結婚的女性們，正圍繞著立石起舞。二十世紀初期的明信片。

子周圍歡慶地舞蹈。五月在凱爾特曆法中，是新的季節「Beltane」（意指璀璨閃耀之火）的開端，因此也有學者認為此習俗起源自凱爾特。不過民俗學者范・吉納普（Arnold van Gennep）則認為，五月柱（Maypole）原本是德語圈的習俗，在蘇格蘭與愛爾蘭等凱爾特語圈則幾乎不曾存在。若真是如此，那就很難說這個村落的習俗是凱爾特遺風了。

縱使過去真有陽具狀的立石，大部分應該也都由於違反基督教倫理的緣故遭到破壞了。賽比略說，在聖德陽・普雷烏雷村㊻的凱爾特魯根聖母堂附近，以及里艾克村㉙的聖瑪格麗特教堂附近，都有陽具狀的立石，但現在都已經看不到了。洛科阿芒東村㊻（Locoal-Mendon）的庫爾・普羅斯特隆立石，在羅馬時代被當成石碑，基督教時代又被刻上十字架，不過從外表看起來就是陽具的形狀。這是在歷經基督教化後，還能殘存到現在的罕見例子。

這種有關性的想像力，其實很多都是近代以降的見解。立石陽具說廣為眾人所知是十九世紀後半的事，而將它傳播開來的，據說是作家福樓拜（Gustave Flaubert）。在他死後出版的作品《鮑華與貝居榭》（*Bouvard et Pécuchet*）（一八八一，未完成）中，就大剌剌地寫著，「立石是男人性器的象徵，而墳墓則是女子性器的象徵」。話雖如此，只靠福樓拜的說法，來解釋這些不一而足的風俗，未免也太過牽強了。

◎求子與求治病

在洛克倫村㉙，有一塊被稱為「德魯伊聖石」的石頭；據說村子的守護聖人聖羅南，就是坐著這塊石頭從愛爾蘭渡海來到這裡的。新婚的女性為了懷孕，會在半夜來到這裡，用腹部摩擦石頭。若是生不出孩子的女性，只要連續三個夜晚重複這樣的動作，就能夠如願以償、懷上小孩。只是到了十九世紀末，這種習俗已經整個廢弛了。

在卡爾奈克鎮㊻北側的庫爾斯・摩根，有一塊稱作「暑之石」的立石，在滿月之夜，期望得子的女性會捲起裙子，坐在石頭上面。在普洛埃爾梅勒村㊻（Ploërmel）桑卡多，女性會為了求子，在立石上摩擦腹部。普蘭威爾村㊻的立石也有同樣的風俗，但也因為如此，這塊立石在一八四五年便被推倒了。在聖迪欽那・安古雷村㉟的「聖猶士坦石」，只要在九月二十日聖人祭典的深夜，用乳房碰觸這塊石頭，就能夠成為人母。在聖德邦・迪柯米耶村㉟的羅修馬利，據說女性用腹部摩擦那裡的立石，就能得到保佑。以上這些都是保羅・賽比略的記載，不過文中所謂的「用腹部摩擦」應該是隱諱的寫法，實際上就是用性器摩擦吧！

從求子的生產力再延伸出去，就產生了祈求健康和治病的信仰。摩擦普盧加努村㉙的立石，可以治療風濕和腰痛。莫蘭村㉙聖福祿貝爾教堂的立石可以治療下痢。貝涅村㊹的立石，可以緩和身體疼痛。卡斯特村㉙的立石，可以治癒內臟疾病。聖馬約村㉒的立石，只要摩擦石面就能治風濕。

不管哪種情況，都是藉由接觸神聖之物來獲得好處，以民間信仰來說，是相當容易理解的行為。《金枝》的作者弗雷澤，稱之為「傳染巫術」。當然，這和基督教完全沒有關係，可以想成是過往殘存下來的風俗。只是，就習俗來說，因為相當普遍，且在任何時代、任何地點都會發生，因此很難確定是否真是古代的習俗。但話又說回來，這種習俗在法國其他地方確實不常見；因此，考慮到巨石在這裡自古以來便是一種文化上的日常景觀，雖然無法確定是哪個時代，但它的確很有可能跟這種習俗的誕生有密切關聯。

◎巨石的基督教化

一八七八年，在波爾那雷克村㉙，當地的考古學者杜夏提利耶發現了一塊高三公尺的立石，上面描繪著羅馬時代的眾神。從這裡可以證明，早在羅馬時代，立石這種「異教」的存在，就已開始羅馬化。

但是立石在外貌上最大的變化，還是從中世紀以降基督教傳入開始。當時他們會把立石當成基督教化的象徵，在石頭頂端刻上十字架。

　蓬蒂鎮(56)（布列斯語：Pondi；蓬蒂維〔Pontivy〕）西邊聖馬利亞蒂克教會中的立石，以及普羅康涅克村㉙的立石，頂端都刻有十字架。多勒鎮㉟夏特蘭（Champ-Dolent）的立石（參照八五頁照片）高九公尺，十九世紀末時在上面安裝有木製的十字架，但現在已經不見了。普勒默爾博杜村㉒（Pleumeur-Bodou）的聖喬塞克（Saint-Uzec）立石，上面不只刻有十字架，還銘刻了基督受難的場面，相當有名。

加工過後的立石　聖喬塞克的立石。二十世紀初期的明信片。實際上是看不到基督像的。

　卡爾奈克鎮的守護聖人聖康涅利（Saint-Cornély），據說曾經將一群異教徒士兵變成列石群。這個傳說相當古老，在一八〇五年當地的作家就已經有所記述；一八五八年旅經此地的作家福樓拜，也寫下了同樣的故事。

　不信者變成石頭的傳說，乃是基督教化的典型故事。凱爾盧昂村㉙（Kerlouan）凱爾洛荷的通廊型石室，據說便是一群不願領聖體、自顧自跳舞的少女變成的。布拉斯帕爾斯村㉙

（Brasparts）的二十塊列石群，被稱為「舉行儀式的石頭」；據傳這些石頭是一群為了做禮拜而行經神父身邊時，仍然不停跳舞的人變成的。這種強烈否定跳舞的態度，是十七世紀以降反宗教改革時期才產生的，因此這個傳說照理講，應該不會太古老才對。

◎巨人

在布列塔尼地方存在著，「巨石建築在建造時有巨人介入」的傳說。

擁有強大力量的「蘭奴」（Rannou），據說是吉馬厄克村㉙（Guimaëc）德雷威（Trélever）家的一名貴族。他因為幫助了人魚，獲對方贈送秘藥，從而領悟了魔法的力量。他曾經為了幫助老婆婆而舉起巨石，也曾經清除掉城鎮廣場上的大石頭。蘭奴是虔誠的基督教徒，當村莊舉行守護聖人祭典的時候，會舉著花崗岩的巨大十字架走在隊列的最前面。直到如今，「蘭奴的十字架」，仍然留在吉馬厄克村附近。這大概是膂力驚人的男人傳說化之後，變成巨人傳說的例子吧。

在布列塔尼最膾炙人口的，便是有關巨人高康大（Gargantua）的故事了。菲艾爾村㉒海岸附近弗拉羅德的立石，相傳是高康大頭顱的墓碑，也有說法是高康大的小指、手杖等。

聖布里厄市㉒（Saint-Brieuc）西南柯爾雷的立石，相傳是高康大的墳墓。聖蘇里亞克村㉟（Saint-Suliac）夏布雷的立石，有著「高康大之齒」的別稱。據說高康大在此地與妖精結合，生下了七個小孩，但是他卻陸陸續續將孩子吃掉、變身成動物，最後的第七個孩子變成了石頭，當他要咬下去的時候，牙齒便掉落了一顆。這個故事和異界雖有關係，但和希臘神話中的克羅諾斯（Kronos）、羅馬神話中的薩圖恩（Saturn）傳說相當接近，因此很有可能是從地中海傳來的。

巨人高康大因為十六世紀法國作家拉伯雷（François Rabelais）採集民間故事時，將之塑造成想像中的人物而遠近馳名，所以算不上是布列塔尼獨有的人物。現在真的留有「高康大創造巨石」之傳說的地方，除了布列塔尼以外，還有法國東部的侏羅省（Jura），以及北部的埃納省（Aisne）。

十九世紀後半的凱爾特學者安利・蓋多斯（Henri Gaidoz）主張，高康大是希臘神話英雄海克力士的高盧化版本，但賽比略並不接受這種說法。這是因為，像是海克力士擊敗七頭怪獸等等，這些和怪獸戰鬥的故事，完全沒有傳入此地。更何況，這裡也沒有聽說過有手持武器的巨人。高康大的傳說，應該是和各地的奇岩等名勝之由來有所關聯，並且很可能大半都是後世創作的。

從以上種種來看，我們可以發現，即便是和巨石之間的關聯，布列塔尼地方的文化也保留了一定程度非基督教的習俗，或者是在基督教習俗中，融合了異教的要素。但是，也正因為如此，我們實在很難斷定，這些習俗全是從基督教傳入以前殘存下來的。民間信仰自有其普遍性，不論占優勢的宗教為何，也不論何時何地，還是將這些視為是一般存在的習俗來思考比較適當。但話又說回來，因為這些習俗就像妖精信仰一樣，分布範圍非常廣泛，所以也很難說是近代以後才誕生的事物。如果考慮到取名方式有形形色色各種不同的版本，要說它是從相當古老的時代、乃至基督教傳來以前的信仰為基礎所產生的傳說，倒也不能算是謬誤。

然而，如同之後會看見的，將這種異教的習俗冠以凱爾特文化之名，其實都是近代之事，所以像是「德魯伊之石」、「妖精之岩」這些稱呼，照理說都不會太過古老。雖然我們知道，這些巨石打從羅馬時代起，就被使用在某種儀式上，但將凱爾特與巨石文化相結合，則是近代重新發現凱爾特文化的過程中所導致的結果。儘管民眾最近終於對這樣的看法有所認識，但還是必須在此提醒，這些習俗其實並不能回溯到古代。

第三章

古代凱爾特人

巴特西之盾　出土於倫敦泰晤士河。西元前 1 世紀～後 1 世紀。長 77.7cm。大英博物館藏。

墳墓的時代

◎金屬器的到來

希臘最古老的長篇史詩、西元前七百年左右由荷馬所著的《伊利亞德》（*Iliad*），其中描述道的特洛伊戰爭，經過十九世紀德國考古學家施里曼（Heinrich Schliemann）在小亞細亞的發掘後，一般都公認其記述乃是歷史事實。在這部長達二十四卷的敘事詩中，描繪了特洛伊戰爭中希臘軍的統帥阿加曼儂（Agamemnon）、戰士阿基里斯（Achilleus）、奧德修斯（Odysseus）、赫克托（Hector）等幾位傳說中的英雄活躍的時代。由於《伊利亞德》是由口述文學彙整而成，因此連荷馬是否為真實存在的人物，都頗成疑問，不過施里曼以及其他將特洛伊戰爭當成歷史看待的論者，大多將這本書的時間設定在西元前十三世紀。

像《伊利亞德》這樣有片斷史料加以記述的金屬器時代，在法國和義大利稱之為「原史時代」（protohistory）。透過希臘羅馬作家們的證言，我們多少能從一些專有名詞或事件，來談論這個時代的「歷史」。

隨著十九世紀後半以降對克里特島的發掘，我們得以發現一系列所謂的「克里特文字」。這些文字都存在於西元前兩千年左右，按照時間先後順序分別為象形文字、線形文字A、線形文字B。一九五二年，這三者當中年代最晚的線形文字B被解讀出來，並被判明是希臘語的古老形式。它出現在西元前一千三百年左右，正好是特洛伊戰爭推定的時代。換句話說，阿加曼儂和阿基里斯等希臘神話的英雄，這時候已經開始說希臘語了。

之後經過進一步調查，發現線形文字B使用於西元前十六至十二世紀間；這個時代不只希臘語已經成形，包括巴爾幹半島西部的原住民——於西元前一千兩百年左右入侵希臘的伊利里亞人（Illyrians），以及接下來會談到的凱爾特人，他們的語言也都是在此時形成，這樣的說法相當具說服力。因為這些語言全都是屬於印歐語系，所以過去認為是在西元前三千年左右發端的印歐語系的歷史，有必要更往前回溯才是。是故，原始印歐語應該是在新石器時代剛開始的西元前七千年到六千年左右，便已出現了。

西元前八千年紀結束時，人類在中東發現了金屬。巴爾幹半島在西元前四千五百年左右，已經在使用銅製的器物。希臘約在西元前四千五百到四千年之間，開始製造銅製品與金屬飾品。西歐則是在西元前三千五百到三千年之間，於科西嘉島及阿爾卑斯地方有銅器出現。阿爾卑斯山以北開始使用金屬器，要到西元前三千年之後，而地中海與阿爾卑斯山以北，兩地進入青銅器時代的時間也有所不同。地中海地區開始青銅器時代，是在西元前三千年左右，並在前一千三百年，也就是特洛伊戰爭開始前不久邁入鐵器時代。有一種說法是，西元前兩千年左右繁華一時、位在小亞細亞的西臺王國於前十二世紀滅亡後，他們獨占的製鐵技術隨之流出，從而開啟了鐵器時代。

在阿爾卑斯山以北，青銅器以前乃是銅器時代，大約是從西元前三千年到兩千年之間開始。青銅器時代則是在西元前兩千三百年到一千八百年左右展開，並自前一千年至前八百年左右，開始轉變為鐵器時代。雖然鐵器時代幾乎與凱爾特文化存在的時間完全重疊，不過正如之後會討論到的，確實能稱之為「凱爾特」的文化，必須要等到鐵器時代大為發展的西元前六世紀了。

◎鐘狀壺的文化

今日考古學家公認，布列塔尼的銅器時代起源自西元前兩千年左右。這個時代的布列塔尼，以及鄰接的旺代地方（Vendée）、塞納河口等大西洋沿岸地區，在器物上的共通特徵是所謂的「平斧」。這種斧頭相當形似新石器時代末期的磨製斧，即使到了青銅器時代初期，仍然持續被製造出來。在布列塔尼，以東部地方為中心，共有超過兩百把以上的平斧出土。斷定出土物年代的關鍵，要靠與之一起發掘出來的各種物品。和箭頭、燧石、磷鋁石的玉石等一同出土的鐘狀壺（鐘狀杯），其年代正與銅器時代相符。

這種鐘狀壺雖然遍及於布列塔尼全境，不過它其實是一種以大西洋沿岸為中心，延伸到地中海海域、不列顛群島，乃至東歐波希米亞（Bohemia）地方，橫跨全歐洲的文化。它和之前使用的壺相比，不論在土質或燒製技術上都截然不同，暗示著一種新文化的登場。不過在布列塔尼，最後一批使用巨石墳墓的人們也知道這種器具；從這點來看，他們可說是走在銜接新石器與金屬器時代橋梁上的一群人。

鐘狀壺　在布列塔尼海岸地區，有為數眾多的此類陶器出土。上面塗著的紅色色彩，象徵著銅器時代的到來。

當這種鐘狀壺開始擴散時，在歐洲中北部，繩紋陶壺的使用相當普及。同時，因為這種擴散也與戰斧的分布相重疊，故此有人主張，這會不會是新民族向外擴張的證據。若根據這種說法，該民族是以多瑙河中游為原鄉，自西元前兩千五百年起，開始擴展新文化，而這正好也與印歐語系民族相稱。但是，西元前兩千五百到前兩千年左右的歐洲，是一個相當平穩的時代，認為其他地區不可能有顯著變動的見解，在今天基本上仍是主流。

法國研究凱爾特學的權威庫魯塔（Venceslas Kruta）認為，在這個時代存在著第二個變化期。簡言之，印歐語雖是在西元前七千年至前六千年便已開始傳入，不過到了前三千年紀左右，這種發展更加快速。透過鐘狀壺與繩紋陶壺的分布作為佐證，我們可以從中看出文化上的差異化。第二個變化期大概是從西元前四千年開始的，不過在考古學的資料上，並沒有證據可以證明它是一口氣全面性的覆蓋；相反地，將它想像成是緩慢且漸進的侵入、征服後所造成的結果，比較容易理解。這樣的想法比起物的流動，更重視文化自身的改變。進一步來說，以大西洋沿岸為中心的鐘狀壺文化，其實暗示著進入西元前兩千多年時，凱爾特語文化的雛形已然形成；至於繩紋陶器，則被推測可能與波羅的語（Baltic languages）文化的形成密切相關。

◎阿莫里卡文化

西歐全境在西元前兩千年左右，已經開始流通銅製品與金製的裝飾品。接著下去展開的，是銅錫合金的青銅器時代。這種合金製造起來比較容易，金屬強度也較高。於是在蘊藏銅錫礦脈的地方，開始形成青銅器文化的據點。隔著英倫海峽的不列顛島南部與布列塔尼，都出現了這樣的據點。在不列顛島，這個時期的文化被稱為「威塞克斯文化」（Wessex culture），至於布列塔尼，則是從西元前一千八百年左右開始製造青銅器。布列塔尼的青銅器文化，依循後來羅馬時代的地名，有時也被稱為「阿莫里卡文化」（Armorica culture）。

這個時代也出現了新的墓葬儀式，從巨石文化時代的集體埋葬，轉變為將遺體放入木棺中的個人埋葬。此時期的人們，經常會築起大規模的夯土墳墓，這些墳墓到現在還有很多保存下來。在布爾布里亞克村㉒（Bourbriac）的唐維德（Tanouédou），以及該村東邊的聖弗艾格村㉒（Saint-Fiacre）等地的墳墓，直徑可達四十公尺，高則有五到六公尺。

被推定為青銅器時代的墳墓，大多位在布列塔尼的西北部。光是菲尼斯泰爾省就有二百處；阿摩爾濱海省有將近四十處，不過以初期的墳墓居多。伊勒—維萊訥省和羅亞爾—大西洋省，則幾乎沒有看到類似的墳墓。銅器文化的遺跡，特別是鐘狀壺的出土則是以東南部為中心，兩者之間呈現互補的關係，並沒有銅器文化遭覆蓋的痕跡。

這些墳墓大致可以分為兩類：初期的墳墓在陪葬品中，包含了形狀特殊的箭頭。可推斷應該是軍人的墳墓，大約有四十處墳墓帶有這類的陪葬品。除此之外的墳墓，陪葬品則多是陶器。

早在新石器時代，便已有丹麥和波羅的海地區，與布列塔尼、伊比利半島、愛爾蘭島等大西洋沿岸地區進行貿易的證據。琥珀便是從波羅的海海域帶到大西洋地區；另外，有關金屬的知識也是這條路線上相當重要的資訊。三角形的短刀與有紋樣的斧頭，是現在捷克一帶的「額內替斯文化」（Unetice culture，西元前兩千三百年～前一千六百年）於西元前兩千年左右發明的。因此據推測，這兩種物品應該是經由德國北部，被帶到不列顛島和布列塔尼的。

由此也可以假定，青銅器時代的第一種墳墓，乃是像這樣來自北方的征服者或殖民者所建立的。他們就相當於是「青銅器時代的維京人」。

話雖如此，和阿莫里卡文化最為類似的，是不列顛島上的威塞克斯文化。這些被現代考古學者稱為「貝爾人」（製作杯子的人，Beaker folk）的居民們，特別是在製作有著寬扁形劍鋒的短劍時，會用金製的細小鉚釘來裝飾的這一點上，和阿莫里卡文化幾乎一模一樣。鐘狀壺的形狀也很相近，不過種類遠比布列塔尼來得更多，可見其發展程度之高。巨石陣附近的灌木墳丘（Bush Barrow），被認為是將巨石陣當成「太陽神殿」來使用的最後一代人的墳墓；在那裡除了有青銅短劍和儀式用的小斧頭之外，還有金製裝飾品與象徵權力、鑲嵌著象牙與黃金的王杖出土，令人想到這是相當有權勢的國王之墓。在布列塔尼的聖布里厄市㉒，當地的墳墓出現了銀製的杯子與貴金屬製品，據推斷是國王的墳墓。隔著英倫海峽的這兩個地區之所以能累積如此財富，想來應該是拜銅和錫的生產所賜。

◎金製飾品

青銅器時代的生活用品和裝飾品，不只會作為墓中的陪葬品，也會被當成獻給神的祭品，埋入地底或投入河中；除此之外，在鑄造廠或倉庫之類的地方，有時也能發現這些物品。在布列塔尼，光是這類和青銅器時代有關的場所，數量就高達五百多處。這時候應該已經有類似商人或是仲介業者之類的人物，活躍於地方上，之所以能如此推斷，是因為發現了大量附有握把的小斧頭。在布列塔尼的七十個遺跡中，發掘出了超過兩千把的小斧頭。其中在卡洛爾岡村㉒（Calorguen）的一間倉庫裡，就發現了三百六十把。在西元前一千五百年到前一千三百年間的中期青銅器時代，特雷布里村㉙（Trébry）因從事這方面的鑄造而盛極一時，其產量足以滿足布列塔尼全境的需求。

初期青銅器時代最優美的飾品，莫過於金製的新

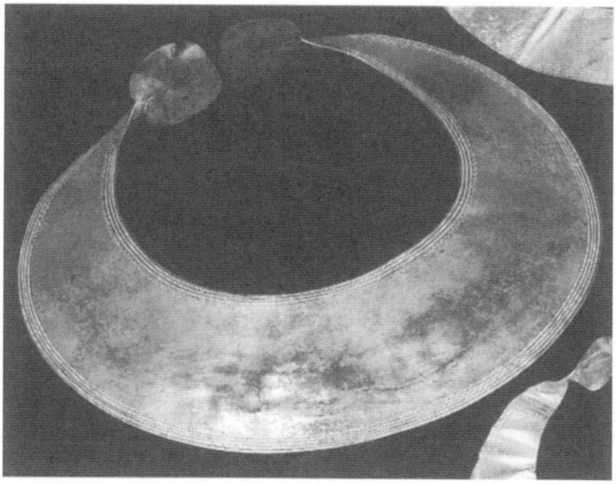

盧紐拉（平板頸環） 布爾布里亞克村出土，青銅器時代初期金製的傑作。

月形平板頸環「盧紐拉」（Gold lunula）了。雖然不知是儀式用還是實際戴在身上的物品，不過在愛爾蘭等歐洲各地，都有這種飾品出土。在布列塔尼的盧紐拉中，以一九三三年在布爾布里亞克村發現者為最大，直徑達二十三點三公分，重兩百一十七克。

中期青銅器時代最具代表性的飾品，則是金製的圖爾克（torc，頸環）。據推斷，布列塔尼的這些頸環，是在不列顛島和愛爾蘭製造並流入的。在這當中，以瑟松塞維涅村㉟（Cesson-Sévigné）出土的遺物最為有名，直徑達一百四十八公分，重四百五十六克。

盧紐拉和圖爾克，常常被視為是凱爾特文化初期的代表性裝飾品；但如後面會看見的，從青銅器時代到鐵器時代前半，不列顛群島與大陸各地

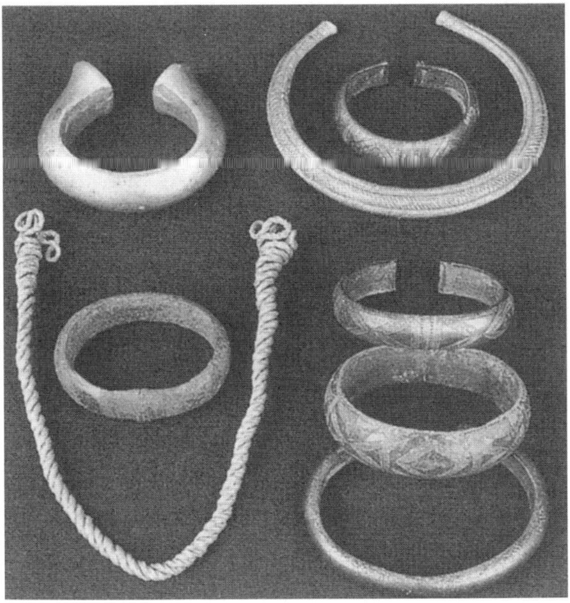

圖爾克與手環　普魯夫・基廷村㉒與坎佩爾市㉙（Quimper）出土的圖爾克及手環。青銅器時代初期的作品。

透過交易，形成了所謂的大西洋文化圈，而這與凱爾特文化，並不能等同而論。

◎骨灰甕文化

西元前一千年左右，靠近阿爾卑斯山北部的地方，開始進入晚期青銅器時代。當歐洲北部地區邁入鐵器時代的時候，地中海地區已經在西元前一千三百年左右開始使用鐵器了。

此時，墓葬形式再次產生了重大變化，可稱之為「骨灰甕文化」（Urnfield culture）。迄今為止的墳墓，搖身一變成為火葬後埋葬骨灰甕的墓地。在這個時期裡，大約西元前一千一百年至前四百年左右，繁榮的邁錫尼文明滅亡，歐洲地區開始動盪不安。同時，在東歐靠近今天德國與波蘭邊境的地區，「骨灰甕」的風氣也開始漸漸往西歐擴散。布列塔尼、不列顛島與海峽群島的骨灰甕皆屬同一樣式，法國中北部到比利時、荷蘭一帶，也有類似樣式的物品出土。

長久以來，骨灰甕文化的擴張一直被認為是民族征服的結果，但是現在主流的說法則認為並非征服、而是文化擴散所致。因為這個時期出土的遺物，飾品和鐮刀之類的農具，遠多於武器。馬的家畜化在歐洲普及，也可推定也是在這個時期。

或許是因為宗教上的理由，青銅器時代幾乎看不到對人物、動物的描寫；不過克里特島的米諾斯文明（前兩千六百～前一千四百年），以及愛琴海的邁錫尼文明（前一千五百～前一千一百年），以及瑞典等北方地區則屬例外。愛琴海上克諾索斯（Knossos）的女神像、有名的阿加曼儂金面具（Mask of Agamemnon）、以及瑞典南部布胡斯（Bohuslän）的壁畫上，都有著對人物與動物的豐富描寫，然而在布列塔尼與不列顛島等大西洋地區，不管是日用品或飾品，都只有V字形、三角、四角形等幾何學模樣的紋飾。就這方面來說，不列顛群島到布列塔尼、法國中西部大西洋沿岸乃至葡萄牙的地區，其實是自成一個文化圈。動物描寫一直要等到青銅器時代最晚期，才出現在這一帶，且與火葬、骨灰甕葬等新文化的到來時期相重疊。因此，正如前述，它們來自北方的可能性很高。

由於本地區多為酸性土壤，並沒有殘留多少人骨，所以很難確認，不過人類的骨骼在這時期，應該與新石器時代無甚差異。就顱相來看，布列塔尼地方總體來說是屬於地中海類型的中等大小、長頭型，不過多少也可以發現外來要素、亦即大型特長頭型的北方系人類骨骼。這點也可以作為動物描寫和骨灰甕葬等新文化傳入的補充證據。簡言之，從新石器時代到青銅器時代，布列塔尼地方的文化基本上是一脈相承，且與不列顛群島、法國中西部大西洋沿岸地區相通。但進入青銅器時代後，則多少有伴隨著北方殖民流入的文化摻雜其中。

◎不列顛島的影響

概觀青銅器時代布列塔尼地方的文化趨勢可以發現，公認為新石器時代支石墓建造者直系後代的初期青銅器人民，同樣也在為他們的首領建造大型墳墓，因此當時的社會階層已經相當分明。到了中期青銅器時代，則隨著金屬器的製造，出現了專業的工匠。

晚期青銅器時代，從外地傳入了骨灰甕葬法。但是這種葬法並未全面普及到法國東部和中部；相反地，就骨灰甕的形式而言，受到不列顛島的影響很大。另外從顱相的情況來看，似乎也沒有隨著骨灰甕的傳入，導致骨骼產生重大變化的痕跡。因此就這方面來看，與其說是征服導致文化的變化，不如說是接納了外來文化，這樣的論點比較有說服力。

此時的海上交通也相當重要。自從初期青銅器時代不列顛島發展出威塞克斯文化以來，歐洲大陸這邊和不列顛島便頻繁往來。我們稱為「大西洋文化圈」的這個區域，自青銅器時代便已成形，且此後也不曾中斷連繫，儘管有頻率強弱之別，但基本上是一脈相承的。這種情況一直到羅馬時代，乃至於中世紀，還以各種形式繼承下來。不只如此，本文化圈對於今日荷蘭、丹麥、瑞典等地區的海上貿易，早已扮演了很重要的角色，透過武器、裝飾品、葬禮等等，都可以清楚明白這一點。然而，在進入鐵器時代以後，內陸交通反而變成了重心，因此布列塔尼和不列顛群島開始遠離文化中心，面臨遭到邊緣化的危機。

據研究布列塔尼青銅器時代的專家吉歐（Pierre-Roland Giot）推斷，這個時代布列塔尼的人口大約有十萬到二十萬人，也就是平均每平方公里三到四人。這個數字自新石器時代以來幾乎沒什麼改變，不過到了晚期青銅器時代，則有慢慢增加的趨勢。

凱爾特人的出現

◎哈爾施塔特文化

一八四三至一八六三年間，奧地利的考古學者拉姆紹爾（Johann G. Ramsauer），在鄰近薩爾斯堡（Salzburg）的岩鹽礦區哈爾施塔特，進行了大規模的墓地發掘。在將近一千處的墓地中，出土了超過兩萬件的武器、飾品、壺等等遺物。這處被命名為「哈爾施塔特文化」（Hallstatt culture）的遺址，據推定和前五世紀中葉，希臘歷史學家希羅多德在《歷史》中所記載的「凱爾多」（之後變成凱爾塔），亦即凱爾特人的文化是相同的。

地中海地區在西元前一千三百年左右，也就是《伊利亞德》描繪的特洛伊戰爭時期，就已經進入了鐵器時代。至於阿爾卑斯山以北則要晚上數百年，一直到前一千年至前八百年左右，才開始邁入這個時期。

鐵器時代是地中海地區與阿爾卑斯以北關係逐漸緊密化的時代。前九世紀以降的希臘、前七世紀達到極盛的義大利中部的伊特魯里亞（Etruria），乃至於前八世紀以降的羅馬，都從阿爾卑斯山以北的「蠻族」那裡輸入礦物、鹽、琥珀甚至奴隸，並以金屬或陶製的壺、武器、寶石、飾品、紅酒等文明產物來交換。

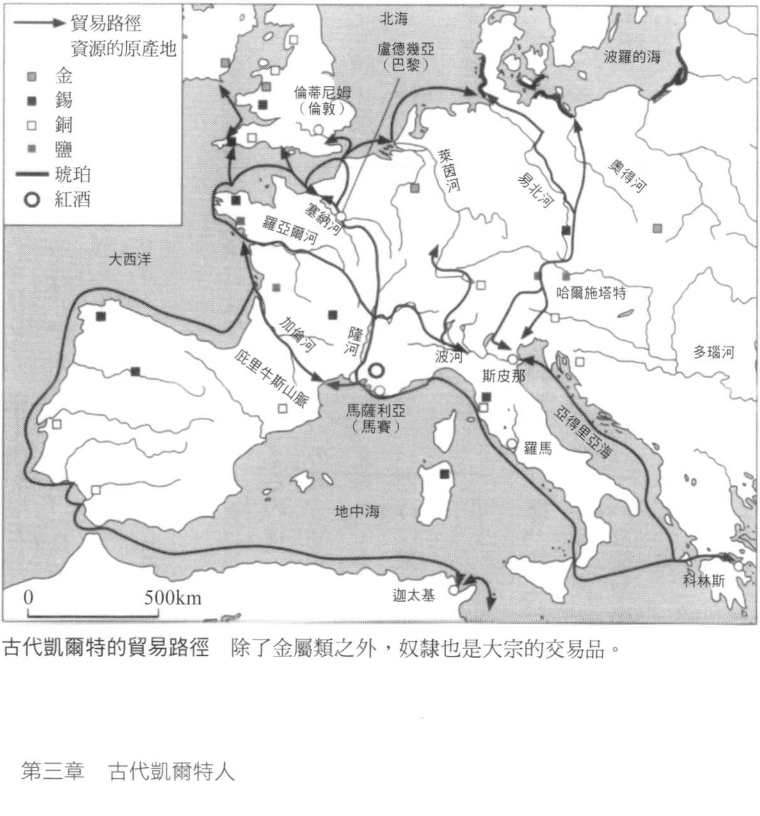

古代凱爾特的貿易路徑　除了金屬類之外，奴隸也是大宗的交易品。

在阿爾卑斯山以北屢屢出土的地中海文明的產品，正是這種交易有力的佐證。

傳說在西元前九世紀末，位於北非的迦太基已經建城；到了前八世紀中葉（前七五三年），羅馬城也建立了。哈爾施塔特文化的開展，正是在同一時代，亦即前八百年到前七百五十年左右。十九世紀末以來，歐洲的考古學者普遍將哈爾施塔特文化與第一期鐵器時代視為同樣的文化，但是現今的看法則較傾向哈爾施塔特文化直接影響的區域，僅限於歐洲中部地區而已。

◎阿莫里卡文化的持續發展

包含布列塔尼在內的法國、不列顛島一帶，大約在西元前七百年左右邁入第一期鐵器時代。然而，布列塔尼直到該時代開始的一百年後，還沒有發現鐵器出土。晚期青銅器時代、也就是西元前八百年左右開始大量生產的圓柱形小斧，一直到前六百年左右還在持續製作。因此，若單就布列塔尼而論，一直到前六百年左右，都還處於青銅器時代，並在之後才進入了鐵器時代。

這個時期布列塔尼的墓地大致可分為兩個種類：一種是沒什麼陪葬品的小規模墳墓，大部分的情況下，都是一個墓地集結了好幾十個墳墓。在菲尼斯泰爾省北部和莫爾比昂省中部，大約發現了二十處類似的墓地。另一種則是直徑十公尺到二十公尺的墳丘。就像在法國東部的勃艮第、法蘭琪—康堤、亞爾薩斯等地經常可以見到的一樣，這些乃是哈爾施塔特文化期國王的墳墓。這類墳丘是透過軍事征服等手段累積財富，同時導致社會階級逐漸發展、統治者權力日益強大的結果。它在前八世紀末出現在義大利中部，並在前七世紀到前六世紀，廣泛分布於歐洲中西部。這個發現也間接告訴我們，前六世紀的布列塔尼（阿莫里卡）地區，正處於相當動亂的時代。

但是在此同時，在阿莫里卡文化分布的地區，也可以發現跨越時代，使用了上百年、甚至上千年的墓地。在特雷伯爾登村㉒（Trébeurden）、普盧加努村㉙、格雷南群島㉙（Glénan）等地，都有自新石器時代開始，歷經青銅器時代，一直使用到鐵器時代的墓地。當中也有同一座石棺被反覆使用的痕跡。前五世紀時，這裡的火葬和土葬狀況各半，有時候甚至在同一處墓地裡比鄰相伴。

這項事實說明了什麼呢？假使這種情況是征服、或是其他民族取而代之所造成，很難想像他們會繼續使用以前民族的墓地或是石棺。換言之，這是同一民族持續定居在同一地區，至少有一部分人如此才會產生的結果。自新石器時代末期到青銅器、鐵器的千百年間，這個地方大概一直持續著比較平穩的狀況，並在這當中，逐漸產生了文化的改變。

在關於住居方面的事物，也可以看到同樣的情況。雖然因為和墓地相比，出土事例較少、難以獲致通論，不過在特雷馬爾加村㉒（Trémargat），還是有新石器時代到第一期鐵器時代的粗陶破片出土。在巴登村(56)（Baden）、普羅烏爾村㉙等地，也有發現從新石器時代到第一期鐵器時代持續居住的證據。

凱爾特學者庫魯塔針對哈爾施塔特文化，提出了令人深思的看法：他說，早在前八、前七世紀，哈爾施塔特文化圈當中，便已經產生了歐洲東部和中西部的文化差異。在東部地區，可以看見對人物和動物的描寫，或者可說是一種偶像崇拜。包括和太陽信仰有關的男神像、和遷徙相關的水鳥或馬，另外，幾乎被說成是凱爾特象徵圖案的「卍字紋」（鉤十字）、「三叉紋」（triskele）等幾何學圖案也同時出現。但是在中西部地區，則幾乎都是某種抽象、幾何的圖案，青銅器時代的大西洋文化圈正是以這種

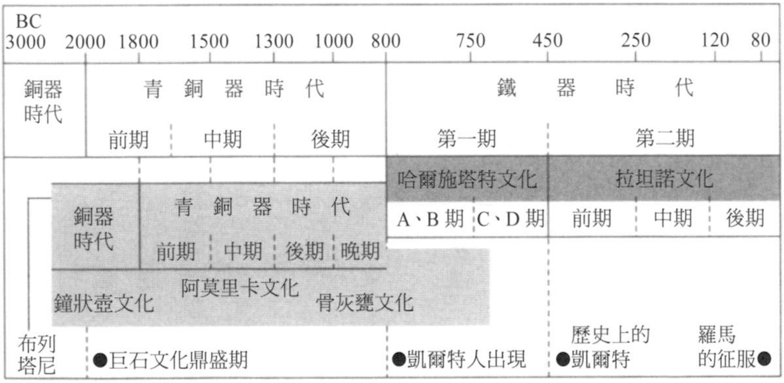

凱爾特相關古代史年表 從中可以看出，布列塔尼和其他地區不同的發展。

型態為主。雖然這個文化圈未必和哈爾施塔特文化圈有深刻的交集，不過從圖樣的層面來說，還是可以推測兩者之間有一定的關係。而這也成為了凱爾特文化的代表──「拉坦諾文化」（La Tène culture）的地區特徵之一。

◎拉坦諾文化與凱爾特語

第二期鐵器時代，大約是從西元前四百五十年左右開始。一八五八年，考古學家開始在瑞士納沙泰爾（Neuchâtel）湖畔的拉坦諾遺跡進行發掘；一八七二年，瑞典考古學者希爾德布蘭（Hans Hildebrand）依發現處的地名，將此文化命名為「拉坦諾文化」。如後面會提及的，關於拉坦諾文化，作為旁證的文獻史料相當豐富，庫魯塔稱之為「歷史的凱爾特」。

不過，雖然法國東部地區在這時期已經納入了歐洲中部南側的文化圈，所以也可以算是拉坦諾文化的一部分，但是在這之外的地方──比如布列塔尼──倒也不必勉強使用這個稱呼。至少一直到前五世紀，法國西部還沒有拉坦諾文化流傳的證據。而凱爾特語的使用，也是要在這之後才能確認。

在布列塔尼最早使用凱爾特語的證據，出現在由羅馬時代的希臘地理學家斯特拉波傳述、皮西亞斯（Pytheas）所著的《航海記》（*Periplus*）中。在這部約成書於西元前三百二十年至前三百年左右的著作裡，出現了「韋克西薩梅」（Ouexisame，凱爾特語「島上最高的地方」之意，指今日的韋桑島〔Ouessant〕）、「卡巴伊翁岬」（Kabaion，來自高盧語對馬的稱呼「卡巴羅斯」，在布列斯語中意指「馬頭」）等等可以用凱爾特語解釋的地名。換句話說，在西元前四世紀，現在的布列塔尼地方已經開始使用凱爾特語了。

第二期鐵器時代還有一個重點，那就是在這個時期，仍然看不到民族征服所帶來的文化變動。雖然我們可以把拉坦諾文化的傳入，想成是一個嶄新民族到來的證明，但是從居住地和墓地的狀況來看，延續前一個時代的情況還是很多。包括庫魯塔等現今的凱爾特學者，大多抱持這樣的見解。

青銅製酒壺　擁有優美外型，並用幻想的動物進行裝飾，是典型的拉坦諾美術。奧地利杜倫堡（Dürrnberg）出土，西元前4世紀。

◎第一次出現「凱爾特」的史料

和地中海地區的接觸，帶來了文字。文獻上首次出現「凱爾特」這個專有名詞，是在希臘的歷史兼地理學者——米利都的赫卡塔埃烏斯（Hecataeus of Miletus）的作品當中。在他所著的《族譜》（*Genealogies*）的殘篇中，有一節記述道：「利古里亞的城鎮馬薩利亞，和凱爾特相當接近；在那一帶有腓尼基人的殖民地，以及凱爾特人的城鎮努拉克斯。」馬薩利亞（現在的馬賽）是西元前五百四十年左右，由愛奧尼亞人（Ionians）所建立的殖民地；而《族譜》的執筆，則大約是在西元前五世紀左右。

只是，這部書本身是在將近一千年後，由活躍於五世紀末至六世紀前半的學者——拜占庭的史蒂芬（Stephanus of Byzantium）所抄寫，再經過同時代的赫摩勞斯（Hermolaus）整理而成，因此很難確定它就是指出凱爾特存在的原著。不過如後文所述，希臘與高盧的接觸，對於德魯伊的形成有著重要的意義。

前面曾提到，凱爾特人在文獻中可確定的初次登場，是前五世紀中葉希臘史家希羅多德記述的「凱爾多」。根據希羅多德的描述，他們是從大西洋岸的伊比利地方，一直延伸到中東歐附近多瑙河的一個大民族。

雖然不太為人所知，不過在前六世紀末，還有另一項佐證。那就是在義大利北部，伊特魯里亞的卡艾雷（Caere，現在羅馬近郊的切爾韋泰里）出土的一個布凱羅式陶杯（bucchero，伊特魯里亞特有的黑色素燒壺）。此杯上寫有「凱爾德」（Celte）、在希臘語中是「凱爾多斯」（Celtos，意指「凱爾特人的」）的這樣一句伊特魯里亞語的獻辭。由此可以得知，當時凱爾特與伊特魯里亞的關係已經頗為密切。

前四世紀中葉的希臘史家、地理學者埃福羅斯說，在世界的四周居住著四大民族：西邊是凱爾特人、北方是斯基泰人、東方是印度人，南方則是衣索匹亞人。

前三世紀起，小亞細亞出現了加拉太──凱爾特人，關於這點我們後面會詳述。西元前二世紀中期的羅馬史家波利比烏斯（Polybius），將加拉太與凱爾特混在一起使用。西元二世紀亞歷山卓的天文、地理學者克勞狄烏斯．托勒密（Klaudios Ptolemaios），將現在的法國稱為「凱爾特．加拉太」、稱伊比利半島的凱爾特文化圈為「凱爾狄卡」（Celtice），並且稱呼小亞細亞為「加拉太」。

◎凱爾特人的自我認知

至於這群人對自己是「凱爾特人」的認知，則始於西元前一世紀的記載。凱撒的《高盧戰記》第一卷開頭就說：「高盧全境分為三部分，其中一部分住著比爾及人、另一部分住著阿奎丹尼人，而那些用他們自己的話來說叫作凱爾塔耶人、我們稱之為高盧人的，住在第三部分。」換句話說，在這個時候，凱爾特（凱爾塔耶）人已經以高盧人的部族身分存在了。

同時代的史學家特洛古斯（Pompeius Trogus），是出身自南高盧的瓦康狄族（Vocontii），他在和近鄰的其他族溝通時，都是使用「凱爾特人」的名號。五世紀的聖希多尼烏斯・阿波黎納里斯（Sidonius Apollinaris）曾說，自己說話帶有凱爾特的腔調。這些都是認為自己是「凱爾特人」的記述。

不過現在對凱爾特一詞的用法，和古代有點不太一樣。西元前四世紀之前，「凱爾特人」是對靠近法國、義大利的高盧以外居民的總稱；前四世紀之後，對高盧地區居民都是以「高盧人」來稱呼。至於加拉太人這個稱呼，則是來自前二七八年以後，在小亞細亞形成的「寇伊農・加拉頓」（Koinon Galaton），亦即加拉太人的共同體。

不論上述何者，在前四世紀的文獻中都有相當豐富的記載，專有名詞的使用也開始增加，換言之就是能夠留下具歷史性的記述。凱爾特作為歷史上的民族名稱或是文化名稱來使用，必須具備這樣的前提。故此，凱爾特這個專有名詞在歷史上確實地被使用，要到前五世紀以降，也就是第二期鐵器時代／拉坦諾文化出現以後之事。

◎凱爾特語的文字使用狀況

經常有人提起，凱爾特人和希臘羅馬人不同，似乎不太使用文字。之所以會如此，是因為迄今為止的見解普遍認為，他們並非文化程度太低，以至於無法用書寫表意，而是因為他們的宗教觀和世界觀，導致了這樣的狀況產生。法國的古代凱爾特語學者蘭伯特（Pierre-Yves Lambert），就對凱爾特人忌諱使用文字的解釋感到懷疑。若他的見解是正確的，那麼對過去一向被認為是討厭文字的凱爾特聖職者——德魯伊的看法，就有必要重新改觀了。

在羅馬人興起之前，以現在義大利中部托斯卡尼（Tuscany）地方為中心的伊特魯里亞人，於前七世紀達到了文化的鼎盛期，他們接受了腓尼基系統的文字，並留下一萬多塊墓誌銘等碑文。然而，伊特魯里亞文至今仍未被解讀成功。雖然可以確定它不是印歐語系，但除了專有名詞之外，幾乎都不能判讀。

凱爾特語最早的記錄，正是和伊特魯里亞語有所關聯。位在義大利北部、靠近現在皮耶蒙特（Piemonte）與倫巴底（Lombardia）一帶的戈拉塞卡（Golasecca）地區，有一座名為卡斯提雷托・迪奇諾（Castelletto sopra Ticino）的村莊，在那附近出土的墓誌銘上，用伊特魯里亞文字寫著「科西歐伊歐」，這是凱爾特語人名「科西歐斯」的屬格，據推斷時間大概是在西元前五百七十五年到前五百五十年之間。成為此地原始凱爾特人的人們，在前七世紀末已經定居在這裡，因此可以推定，他們採用了當地的語言，也就是伊特魯里亞語的文字。從前六世紀到前五世紀間，使用這種文字撰寫的凱爾特語碑文，現在還留有數十塊。

在戈拉塞卡地區的科莫（Como），考古學家發現了一塊長三點八公尺的橫板（稱為「馬格沙」），推斷應該是掛在門上的橫板），上面刻著一串長一點九公尺、看起來不祥的文字，關於這句文字的解讀，直到現在仍有爭議。這塊製作於前六世紀末（或前五世紀初）、被稱為「科姆・布列斯提諾獻詞板」（Inscription de Prestino〔Côme〕）的板子，是現存有關凱爾特語的史料當中，最古老的文字。

科姆・布列斯提諾獻詞板　在科莫發現，現存最古老的凱爾特語文句。（部分）

在凱爾特學中，將這塊獻詞板上記載的語言，依居住在此地的民族名稱，命名為「雷蓬特語」（Lepontic，又稱山南高盧語）。不過庫魯塔認為，這種說法會讓人容易誤解，以為這就是雷蓬迪族（Lepontii）專屬的語言，所以應該避免這樣稱呼才是（雖然他們是凱爾特系的一支，不過可以推定不只這個民族在使用這種語言）。相反地，應該用這個地區的地名，稱之為戈拉塞卡文化（Golasecca culture）、或者戈拉塞卡語才比較合適。這種伊特魯里亞文字書寫的凱爾特語，一直到伊特魯里亞人被羅馬人完全征服的前一世紀上半葉為止，都在波河流域被持續使用著。

◎伊比利文字與希臘文字

伊比利半島在西元前七世紀時，已經從腓尼基人那裡傳入了以音節表示的文字。雖然幾乎已經確定當時凱爾特人居住在該半島上，但從現存的碑文中，卻完全找不出凱爾特語的要素。經過數世紀後，在地中海沿岸有一支系統不明、據說和今日巴斯克（Esukal Herria）人相近的伊比利人，採用了這種文字，而內陸的凱爾特人也學到了同樣的文字。這種語言是伊比利文字的凱爾特語，稱為凱爾特伊比利亞語（Celtiberian），在現存的碑文中，主要是出現在西元前兩世紀到前一世紀之間。大部分的內容都只是單詞的羅列，很少發現類似文章的東西；不過在一九七〇年，在西班牙沙拉哥薩（Zaragoza）附近的城鎮博托里達（Botorrita）的孔特雷比亞·貝拉斯卡（Contrebia Belaiska）遺跡中，發現了一塊雙面書寫的青銅板，上面是一篇由兩百個單字所組成的文章。之後在一九九二年，又發現一塊比之前長兩倍的青銅板，這是迄今為止所發現該語言最長的文獻。

現在的法國南部地區，自從愛奧尼亞人（希臘人）於前六世紀，在馬薩利亞（馬賽）殖民以來，便開始使用希臘文字，但是一直到前三世紀，才開始用希臘文記錄凱爾特語。凱撒的《高盧戰記》在針對西元前五十八年的記述中，曾經提到在厄爾維幾人（Helvetii，亦譯赫爾維蒂人）的營地中發現了希臘文寫成的木簡，透過這些木簡，得以了解厄爾維幾人等部族的人口。（第一卷第二十九節）厄爾維幾人所寫的，應該就是希臘文的凱爾特語。現存記載著這種希臘文凱爾特語的遺物，包括了刻有獻詞、墓誌銘等等的石碑七十塊、記載著所有者姓名的陶板兩百塊，以及刻在金、銀、鉛、鐵、骨等材質上頭的十餘件文物。

凱爾特伊比利亞語的石板　凱爾特人從伊比利人那裡學來文字，並在石板上銘刻碑文。伊維薩島（Ibiza）出土。

由此看來，在羅馬征服以前，不管是近義大利或是近法國的高盧，還是伊比利半島，凱爾特語都已經有部分被文字化了。這些地區也符合使用貨幣的區域，因此在凱爾特文化圈中，是屬於吸收了地中海文化，較為先進的地區。既然如此，說他們是因為宗教觀而忌諱進行文字書寫，這樣的論調顯然就沒有根據了。到了西元前一世紀後半，也出現了以拉丁文表述凱爾特語的形式，這點將在下一章加以說明。

凱爾特人的大遠征

◎侵略義大利的凱爾特人

在西元前四世紀初期，凱爾特人進入了歷史時代。此時爆發了高盧凱爾特人入侵義大利的事件。關於此事有相當多的文獻加以記述，儘管細節有所差異，但從許多同時代的證言皆不約而同指出此事來看，應可認定這是歷史事實。包括前四世紀的哲學家——本都的赫拉克雷迪斯、希臘的作家普魯塔克（《卡米路斯傳》）、西西里的狄奧多羅斯（《歷史叢書》）、羅馬的史家李維

（《羅馬史》）等，都留有相關的記載。（關於這些作家可參考本書的「主要人物一覽」）

根據史料進行重建後，此次事件的經過大略如下：森農內斯人（Senones，又譯塞農人）等高盧部族翻越阿爾卑斯山，渡過波河，包圍伊特魯里亞人的城鎮庫希烏姆（Clusium，今日的丘西〔Chiusi〕），要求割讓土地。羅馬站在伊特魯里亞一方，結果談判破裂，高盧軍直撲羅馬而來。高盧軍會合了新召集的士兵，總數達到七萬人；相此之下，羅馬只有緊急擴編、且毫無經驗的四萬名士兵。西元前三八七年（一說為三九〇年）七月某日，兩軍在羅馬以北數十公里的地點展開會戰，結果羅馬軍敗北，羅馬的城鎮也幾乎都被高盧給占領，時間長達七個月之久。後來高盧軍收取了相當數量的贖金之後，才班師北返。但也有一種說法是，因為羅馬軍展開反擊，所以他們並未得到贖金就撤軍了。

三十年後，再度爆發了第二起入侵事件，接著再過十二年，高盧人又第三次入侵。在這次入侵中，羅馬軍首次成功地徹底擊退高盧人。這起事件經過考古學的調查，在某種程度上得到了證實。

因此或許可以說，當凱爾特人在前四世紀邁入歷史時代之際，也同時開啟了戰爭的時代。當然，在一百年間不過發生了幾次衝突，以現代人的感覺來說，實在難以稱得上是多激烈的戰爭時代。

正如前面反覆提及的，從新石器時代到青銅器、乃至第一期鐵器時代，我們完全看不見經由征服導致文化全面翻新的事實，基本上一直持續著和平狀態。若要說有什麼樣的大變化，那就是在新石器時代初始之際，推測是現今印歐語族的人們展開的入侵罷了。當然，還是有確認到武器的存在，特別是第一期鐵器時代的戰斧 可以證明的確有戰鬥的事實發生。只是透過考古學的證據，我們實在看不出有具體展開戰爭的跡象；相反地，透過日常用品傳達出的平穩生活，反而更加顯眼。另一方面，由於文字史料多半著眼於非日常的事件，因此歷史時代的記述，一般都是由這種大事件所編綴而成。

順道一提，在印歐語言學中，作為印歐語系的子分類，其中有一支稱為凱爾特．義大利語支，或者稱義大羅．凱爾特語支（Italo-Celtic）。一般認為凱爾特與義大利之間的關係並不深，不過義大利北部的「戈拉塞卡語」（雷蓬特語），以及前四世紀以降高盧人入侵所造成的語言文化接觸，都對這個語支的形成產生了影響。

◎入侵希臘

如此，拉坦諾文化隨著前四世紀以降高盧人對義大利的入侵，被帶進了義大利，同時也在文化上受到義大利方面的影響。關於這點，在接下來討論美術相關的領域時會加以驗證。前三世紀時，拉坦諾文化也經由多瑙河上、中游流域往北發展，更在其周邊區域不斷擴大影響力。對於這種因為拉坦諾文化的傳布，造成文化上一定程度的一元化現象，庫魯塔稱之為形成了文化上的「koine」（希臘文中「共通語」的意思）。雖然我們一直在描述凱爾特──拉坦諾文化的擴張，不過還是希望平行來看兩者在地區上共有的獨特性。無論如何，這段自前四世紀展開的文化擴張期，確實可以視為凱爾特人的全盛時代。

這當中最具象徵意義的，就是前三世紀上半葉凱爾特人從巴爾幹半島入侵希臘一事。後世稱這次入侵為「凱爾特人的大遠征」（Great expedition of 279 BC）。

在亞歷山大大帝的手下將領、於大帝過世後統治小亞細亞的利西馬科斯（Lysimachus）死後，馬其頓的勢力便一時衰弱下去。到了前二八〇年，三隊凱爾特人的部隊入侵至南巴爾幹半島。一隊攻進色雷斯（Trakiya）東部，另一隊攻擊波耶尼（Bojnice）和達達尼亞（Dardania，今科索沃），第三隊則侵入了馬其頓。他們俘獲了馬其頓的年輕國王托勒密·克勞諾斯（Ptolemy Keraunos），並斬下他的首級。然而凱爾特軍並沒有繼續攻擊，而是就此撤軍。其中一部分六萬五千人的軍隊，在這年穿過更南方的溫泉關（Thermopylae），抵達古希臘的聖地──阿波羅神殿的所在地德爾菲（Delphi）。但是他們並沒有攻入聖殿，希臘人認為這全是拜阿波羅的庇護所賜。在這之後，凱爾特人便在巴爾幹半島落地生根，逐漸踏足多瑙河中游的平原地帶。

關於凱爾特人對波希米亞的入侵，也有許多文獻上的佐證。凱撒在《高盧戰記》中就寫道：「過去曾有一段時期，高盧人的英勇超過了日耳曼人，所以當時是由高盧人的一方帶來戰爭。而且因為高盧人人口多、土地少，所以派人移殖到萊茵河對岸去。於是，靠近日耳曼地區中最肥沃的厄爾辛尼亞（Hercyniae）森林的土地附近，就被伏爾卡族（Volcae）的戴克多薩其斯人（Tectosages）所占領，並在那邊定居下來。」（第六卷第二十四節）伏爾卡族，據說是德語中「volk」——意

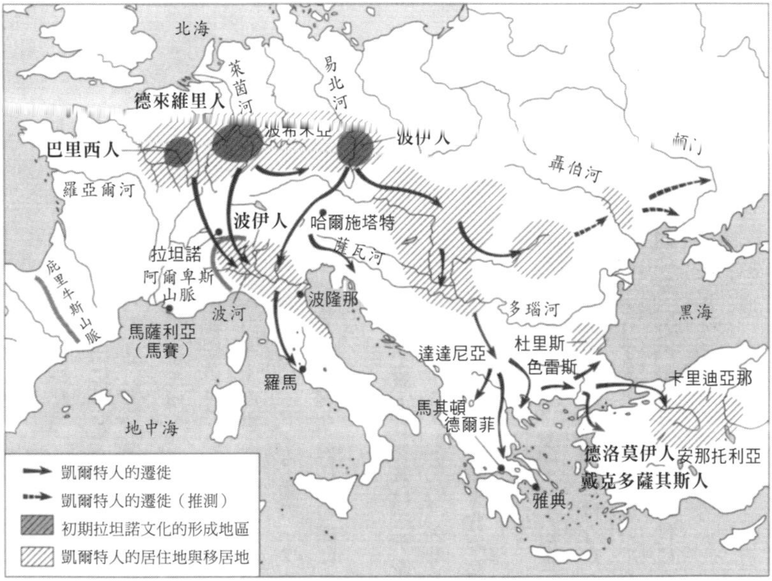

凱爾特人的遷徙與移居地　根據 John Collis, *The Celts,* 2003 製成。

即民族、民眾——的語源，但他們其實是與日耳曼人相異的凱爾特民族；說不定他們的入侵，正是日耳曼人產生民族自覺的原因吧！

另外西元一世紀的羅馬史家特洛古斯則說道，朝德爾菲前進的軍隊總數達到三十萬人之多。雖然乍聽之下似乎太過誇張，不過庫魯塔則認為未必不是事實：畢竟，若是軍隊有四萬到五萬人，那麼加上家族和奴隸的人數，是可以形成十萬人規模的集體遷移。

只是，在阿爾卑斯山東側，至少到前五世紀末為止，基本的生活方式都是以部族聚落為單位，要召集這麼大規模的軍隊，就體制上來說不太可能。這和前四世紀初攻入羅馬、來自阿爾卑斯地區西北部的高盧人明顯不同。一直到前三世紀初，阿爾卑斯東部才能形成這樣的體系；而這也意味著他們從這時代起，正式與阿爾卑斯西北部有了共通的文化基礎。這就是庫魯塔所說的「拉坦諾的 koine」。從前四世紀後半到前三世紀，以所謂歷史上可證實的凱爾特為中心，從不列顛島到外西凡尼亞（Transylvania，羅馬尼亞西北部）這片廣大區域上，散布著出現在劍鞘上的特殊紋路「雌雄雙龍」，以及動物形的豎琴；這些物品，正象徵著「koine」廣及歐洲全境。當然，這種擴張與其說是新住民的移居所致，不如把它想成是弱勢文化對強勢文化的吸收和接納，這樣比較容易理解。

◎裝飾美術

前面已約略提及，在阿莫里卡文化等大西洋沿岸地區，從青銅器晚期到第一期鐵器時代，基本上沒有什麼具體的形象描寫，主要都是以幾何學圖案為主題，在家具、日用品、飾品上進行彩繪。

在第一期鐵器時代中，最具影響力的文化非義大利北部的伊特魯里亞莫屬了。受到地中海東部與小亞細亞的影響，伊特魯里亞代表性的裝飾圖案，包括了掌狀葉、蓮花、描繪有鳥和怪獸的生命樹、格里芬（獅鷲）、斯芬克斯（人面獸）、奇美拉（身體是山羊、尾巴是蛇）等內容。不只是北義大利，它們在拉坦諾文化初期的前五世紀下半葉，也對阿爾卑斯北部、法國東部等地區產生了深刻影響。特別是萊茵河、摩塞爾河（Moselle）流域，在此時期的豐富創作顯得相當突出。在萊茵河流域施瓦岑巴赫古墓中出土的一個前五世紀上半葉的木碗，上面有著用黃金精雕細琢的圖樣，相當美麗。那些圖案是以希臘—拉丁的棕櫚，以及蓮花的花苞為主題所雕琢而成。

我們可以認為，這是前四世紀高盧人入侵義大利半島後，與義大利文化產生實質接觸，並加以吸收後所產生的成果。雖說是義大利文化、但其實主要還是伊特魯里亞，以及影響伊特魯里亞的希臘文化在起作用。包括唐草紋與掌狀紋等植物紋路，都是以這種方式對拉坦諾文化產生影響。除此之外，被稱為「海克力士之結」的圖案（航海用語稱之為「平結」），從前四世紀到前三世紀初期，不只限於拉坦諾文化圈，更往東擴及多瑙河中游的喀爾巴阡盆地（今匈牙利一帶），西則及於大西洋海岸地區，愛爾蘭的圖爾克（頸環）也受到它的影響。特別是現在的香檳地區（Champagne），因為作為連結義大利和其他地方的陸橋，而盛極一時。故此，前四世紀的拉坦諾文化乃是以義大利北部為中心的論點，變得愈來愈重要。

前四世紀上半葉時，萊茵河東部的各部族，特別偏好從義大利傳入的植物紋路。在波希米亞，大概是因為宗教上的理由，圖樣主要以掌狀葉和「槲寄生的複葉」等植物圖案為大宗。據英國的考古學者賽門・詹姆斯（Simon James）所言，此地前四世紀後半的植物紋和拉坦諾文化尚有共通之處，但到了前三世紀時便已衍生出獨特的地區樣式。不列顛群島在這時期，也已經形成了獨特的植物紋路裝飾藝術。出土於泰晤士河，時代稍晚的「巴特西之盾」（Battersea Shield），就是最為有名的例子。至前三世紀中葉，喀爾巴阡盆地的植物紋也出現相當獨特且優美之

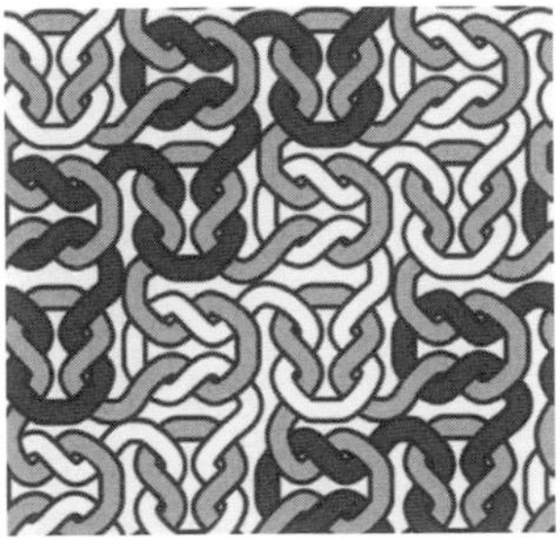

海克力士之結　這種幾何學圖樣在拉坦諾期被廣泛使用，明顯受到希臘等地的影響。

處。這種可稱作特殊形式的「反聖像主義」，被認為是一種對具體形象的否定，同時也是凱爾特美術的特色；然而，此現象其實應該被看成是拉坦諾初期略為具象的描寫，簡潔精鍊之後的結果。

和「巴特西之盾」幾乎同時期的「庫涅斯托普的大釜」（Gundestrup cauldron，出土於丹麥庫涅斯托普），正是以凱爾特神話為題材雕刻，也是對「反聖像主義」最有力的反證。

誠如以上所述，一般用來當作歷史分期的鐵器時代與古代凱爾特人，在十九世紀時往往被等同視之，但現今則發現，其實兩者之間有所區別。就連凱爾特人文化的時代區分——哈爾施塔特期與拉坦諾期，也不能完全涵蓋所有凱爾特人本身，而是必須在限定時代與場所的情況下才能使用。簡言之，哈爾施塔特與拉坦諾，在地區上只限於中歐，而哈爾施塔特後期（前八世紀～前五世紀），凱爾特人才出現。前六世紀，在語言證據上出現了「凱爾特人」這個專有名詞；到了前五世紀，則邁入「歷史上的凱爾特」，開始有史實流傳下來。因此有確切證據、足以稱之為凱爾特文化者，要到前五世紀以降才形成。而碑文等發掘到的史料也都是在這時候出現，因此要說凱爾特人不會書寫，實在不合情理。前四世紀以降，隨著希臘羅馬作家的豐富記述，對凱爾特人的歷史記載成為可能，從此時開始的一百年，是凱爾特人的全盛期。

第四章
羅馬對高盧的征服

凱爾特人的頭像　出土於高盧南部，前二世紀的作品。可以感覺得出受到希臘的影響。

全盛期的凱爾特人

◎傭兵的時代

凱爾特人在前四世紀入侵義大利，一百年後又對巴爾幹半島進行大遠征。對此羅馬史家留下的文獻，將這種歷史上凱爾特／拉坦諾文化的擴張過程，以事件的形式加以敘述。同時，他們也透過這種方式，解說凱爾特人持續移居歐洲各地的行動。不管是在何種文獻史料中，在「凱爾特人」這個名稱登場後不久——也就是西元前四到前三世紀左右，所呈現出的就是這個民族的全盛樣貌。

有一種解釋認為，凱爾特世界的擴張，與他們擔任傭兵、跨足外界的行為有著密切關聯。早在西元前四世紀上半葉，受希臘雇傭的凱爾特士兵，就已經在伊比利與錫拉庫薩（Siracusa，西西里島一座古城，今稱敘拉古）的軍隊中，擔負起重要的任務；特別是前三世紀初，在亞歷山大大帝過世之後的混亂時代中，高盧／凱爾特傭兵更是活躍。根據記載，前二七七到前二七六年，埃及法老托勒密二世（Ptolemy II），因為擔心手下活躍的四千名高盧傭兵掀起叛亂，於是在尼羅河的小島上將他們全部屠殺殆盡。

傭兵是由兩千到四千名士兵構成的軍隊，通常也會攜家帶眷；因此，其總數大約為五千至一萬人。庫魯塔認為，從具有高盧特徵的劍鞘廣泛散播到了整個歐洲這點來看，可以證明這些傭兵確實相當活躍。

現今斯洛伐克與匈牙利交界處的潘諾尼亞地方（Pannonia，靠近斯洛伐克首都布拉提斯拉瓦），在前五世紀時是凱爾特人定居的區域。在那裡雖然有火葬（甚至火葬與土葬並存）的習俗，不過到了前四世紀初期之後，就只舉行土葬。到這個時期，神殿也被放棄，不再描繪女神與怪獸等具體的圖像，僅有植物紋路的裝飾。而這大概是因為，受到前三世紀上半葉進軍巴爾幹半島的部族，定居在這一帶的影響所致。另一方面，前三世紀末以迦太基的傭兵身分和羅馬人交戰的波伊人（Boii）敗北後，也有很多人不得已移居到這裡。據說「波希米亞」這個地名，正是因為波伊人的移居而得名。

◎加拉太——凱爾特人的形成

經由傭兵遠征而形成殖民地的典型例子，就是小亞細亞的加拉太。

西元前二七八年底，在亞歷山大大帝過世、繼業者們爭鬥不休的混亂中，比提尼亞國王尼科美德一世（Nicomedes I of Bithynia）招募的一萬名傭兵連同他們的家眷，總計兩萬人渡過海峽，進入小亞細亞。這些傭兵當中，很多都是出身自歐洲中南部，曾經參與前二八〇年左右對巴爾幹半島大遠征的人們。當他們應尼科美德一世的邀請，擊破了國王的弟弟芝普特斯（Zipoetes）之後，依然繼續滯留不去。接著他們襲擊了安納托利亞西部包括名城特洛伊等地，並於西元前二七四年，投入本都國王米特拉達梯一世（Mithridates I of Pontus）的陣營，擊敗了托勒密二世的軍隊。但是在西元前二七三到前二七二年間，他們卻在敘利亞塞琉古王朝國王安條克一世（Antiochus I）的戰象面前吃了敗仗，而敘利亞王也因此得到了「救主」（Soter）的稱號。

儘管如此，這些敗退的高盧人仍然沒有返鄉，而是在現今的安卡拉周圍定居下來。到了前三世紀中葉，這裡便形成了前一章提及的、人稱「加拉太定居地」（寇伊農・加拉頓）的地區。加拉太曾經要求塞琉古王朝敘利亞，以及從該王朝獨立出來的帕加馬王國（Pergamon）納貢，結果遭到帕加馬第二任國王阿塔羅斯一世（Attalus I）拒絕。阿塔羅斯在前二三〇年左右擊破加拉太軍，確立了在小亞細亞地區的霸權地位。

被帕加馬納入旗下的加拉太此後仍然保持獨立地位，但在前一五四年，在事實上被置於羅馬的保護之下；到了前一三三年，就連帕加馬王國也變成了羅馬的行省。邁入前一世紀後，加拉太最後的英雄狄奧塔羅斯（Deiotarus）挺身而出，試圖反擊，然而在西元前二十五年，此地最後的領主阿明塔斯（Amyntas，加拉太王）死去後，加拉太遂徹底變成了羅馬的行省。

就這樣，加拉太和下文會提及的高盧，幾乎同時被羅馬完全征服。在這塊土地上，曾經發現歐洲中部拉坦諾文化的「菲比爾」（fibulae，衣服的金屬胸針）等遺物，因此從考古學的觀點來看，凱爾特人的移居乃是不爭的歷史事實。

根據這一事實，我們可以說，凱爾特人渡海前往不列顛島也是在同一時期。移居似乎是凱爾特人共有的特性，當他們從阿爾卑斯山麓遷往歐洲各地時，其中一支便來到了不列顛島上。關於這一點，本書將在第五章進行詳細討論。

◎與羅馬交戰的高盧人

如果把移居當成是凱爾特人的特徵來看待，那麼第三章所提及、有關他們入侵羅馬的歷史，也是造成這種看法的原因之一。從阿爾卑斯地區西北部攻入羅馬的主要勢力森農內斯人，之後並沒有返鄉，而是定居在義大利中北部，波河與亞平寧山之間的地區。

西元前二九六年，森農內斯人和伊特魯里亞人為了對抗羅馬，在義大利北部組成聯軍，但卻吃了大敗仗。十幾年後，森農內斯人捲土重來，和波河河口附近的伊特魯里亞人聯合，在阿雷提烏姆（Arretium，今阿雷佐）擊敗了羅馬軍。然而到了前二六八年，最終該族立足的土地幾乎全被羅馬軍給占領，不得不面臨成為奴隸或遭流放的艱難選擇。

另一方面，自古以來便定居在山南高盧（Gallia Cisalpina，高盧靠義大利地區）的波伊人，於前二八四年到前二八三年間和伊特魯里亞人聯手，為阻止羅馬進軍而起兵，但在瓦迪蒙湖（據推斷為現今的巴沙諾湖）附近吃了敗仗。據波利比烏斯的說法，這場戰役後，羅馬人與高盧人維持了四十五年的和平。至前二三八年時，波伊人內亂，於是戰火再起。

前二二三到前二三二年，波伊人和山外高盧（Gallia Transalpina，高盧靠法蘭西地區）人聯手，並從住在阿爾卑斯與隆河間的因蘇布雷人（Insubres）等部族之中，招募了蓋薩塔依（Gaesatae，原意為「槍兵」）傭兵助戰。前二二五年，傭兵和山南高盧的軍隊在波河會師，擁有步兵五萬人、騎兵和戰車隊兩萬人的部隊開始南進。前來迎戰的羅馬軍隊，據波利比烏斯說，則有騎兵七萬、步兵七十萬。經過一連串奇襲與追擊後，高盧軍最終在烏塞利納（Uccellina）山地南端的德拉蒙（Telamon）慘遭大敗，四萬人戰死，一萬人被俘。

差不多在同一時期，迦太基名將漢尼拔經伊比利半島翻越冬天的阿爾卑斯山，將戰爭帶入羅馬，這就是所謂的第二次布匿戰爭。前二一八年，在因蘇布雷人的領頭下，波伊人加入了漢尼拔的軍隊。不過在此同時，凱諾馬尼人（Cenomani）、阿納雷斯人（Anares）等高盧部族則是選擇加入羅馬軍一方，因此高盧人並非團結一致。

前二一六年，漢尼拔的四萬五千人軍隊在坎尼（Cannae，位於今日南義普利亞地區〔Puglia〕）包圍、殲滅了五萬四千人的羅馬軍。在這場戰役中，高盧人也在最前線奮戰。在這之後，波伊人也在波河平原的利坦納森林（今日地點不明）的戰役中取得勝利。這場「森林之戰」後來形成了凱爾特式戰法的神話，就連莎士比亞的《馬克白》（*Macbeth*）也曾經參考這場戰役的內容。據說他們使用的戰法是，將森林中道路兩側的樹木砍到搖搖欲墜之後，埋伏起來，等敵軍通過時便將樹木弄倒，一舉擊潰敵人。

漢尼拔軍在前二〇七年的梅陶羅河（Metauro）戰役中失敗，接著又在前二〇二年的札馬會戰（Battle of Zama）中大敗，這使得波伊人等高盧部族失去了立足之地，若不想淪為奴隸，就只能逃往阿爾卑斯山以北。隨著他們的「移居」，波伊人的土地——波希米亞，於焉誕生。就這樣，到了西元前一九〇年左右，山內高盧已經被羅馬征服；而自前一二五年起，對山外高盧南部、征服後稱為「普羅文幾亞」（Provincia；此一詞彙也有羅馬的「行省」之意）地區的作戰也展開了。

◎高盧的凱爾特人

在小亞細亞和義大利，我們大致上可以說，凱爾特人是以傭兵的身分踏足當地，並且隨之定居下來。那麼，除此之外的地區——比方說高盧，情況又是如何呢？在相當於今日朗格多克（Languedoc）地區的法國中南部，自古以來便有伏爾卡人定居。他們也參與了對巴爾幹半島的「大遠征」，其中一部分人更渡海至小亞細亞。其他有文獻根據的部族，則有阿羅布洛及斯人（Allobroges，凱爾特語「異鄉人」之意），以及阿維爾尼人（Arverni，奧弗涅〔Auvergne〕地方的語源）。阿羅布洛及斯人在西元前二三二年，曾經應山南高盧的波伊人之邀，以蓋薩塔依傭兵的身分參與作戰。至於阿維爾尼人，前二世紀雅典的阿波羅多洛斯（Apollodorus of Athens）曾經描述他們是「凱爾特的高盧人當中最好戰的」（他的文章由斯特拉波的《地理學》大量引用）。

高盧北部、現在的香檳地區，在前三世紀中葉，是比爾及人的居住地。凱撒的記載說道，這個部族原本是日耳曼人，後來渡過萊茵河移居到此地；庫魯塔則進一步背書說，凱撒的說法在考古學上，是有足夠證據的。在西元前二七五到前二五〇年間，這個地區士兵的土葬情況大幅增加，這或許就足以證明當地曾經發生過新一波的入侵。特別是從高盧東北部出土的武器（例如劍鞘），和拜恩（Bayern，今巴伐利亞）等中歐地區的形式一致這點來看，當時似乎的確有軍隊的移動。

至於阿莫里卡地方，在前五世紀到前一世紀的這段期間，仍然可以看見持續的居住痕跡——說得更精確一點，這樣的痕跡反倒比流動的跡象更多。換言之，士兵的土葬雖然增加，但他們很有可能並未在此地定居下來。

◎未伴隨遷徙的文化融合

根據庫魯塔的說法，高盧中南部的伏爾卡人、阿羅布洛及斯人、阿維爾尼人的存在，堪比在西元前三世紀時，以拉坦諾文化為核心、誕生在小亞細亞與歐洲東南部的「koine」，這是高盧內部文化逐漸相通的結果。只是，這種交流並非隨著民族遷徙而形成，而是一種不伴隨人員移動，便已充分達成的文化融合。庫魯塔雖然認為，這時期不列顛群島與大陸地區有共通的文化，可能是因為遷徙所致，但他也說道，在這之前，不列顛就存在著類似凱爾特原型的居民了。

另外，像吉歐等布列塔尼的考古學者，對於遷徙、移居也是抱持著否定的態度。根據對下諾曼第（Basse-Normandie）地區的體質人類學調查顯示出，從新石器時代到高盧的歷史時代，此地區的骨骼形式一直沒有變異，都是屬於脆弱的地中海型骨骼。前面也提到，在布列塔尼雖然可見到若干北方系的超長頭型骨骼，但基本上還是以地中海系的長頭型為主流。到了第二期鐵器時代後，雖然骨骼形式略微改變，但基本上還是在與生活條件變化相呼應的範圍內。不過在最西部的菲尼斯泰爾省，有將近三分之一的比例，屬於所謂阿爾卑斯系的短頭型；這是在該省東部的莫爾比昂等地區，不曾確認到的特徵。

就算從骨骼類型來看，可以發現多少有點混種，但還不到完全更替的程度。換言之，文化的共通性與其說來自遷徙，不如說是單純的文化鼎革現象。無論如何，凱爾特的文化整體性，都和體質人類學的特徵完全無關，而是語言文化上的特徵。這點在後面會更進一步說明。

至於在伊比利半島的狀況，也是否定遷徙說的見解占多數。主流觀點一致認為，在加泰隆尼亞地方，從青銅器時代的骨灰甕文化形成，一直到鐵器時代末期，雖然有文化上的變動，但幾乎看不到什麼人類遷徙的痕跡。

從歷史上看，凱爾特伊比利亞語，推測是於前七世紀，在伊比利半島內部形成。在這個時代中，和語言系統不明的巴斯克語有關的伊比利語，在加泰隆尼亞到瓦倫西亞一帶的地區中普及開來。雖然僅有五件碑文可供確認，不過這時期在葡萄牙南部，已經有被推斷屬於印歐語系的魯西達尼亞語（Lusitanian）。又，希羅多德說在安達魯西亞（Andalucía）附近，還有一個叫做塔爾提索斯（Tartessos）的國家、說著塔爾提索斯語，不過在考古學上，至今尚無法確認其存在。

伊比利人和高盧的凱爾特人一樣，曾經提供傭兵給迦太基、羅馬和山南高盧人。前二世紀時，凱爾特伊比利亞人和魯西達尼亞人曾經試圖抵抗羅馬，但到了前一世紀，也和小亞細亞、高盧一樣，服從於羅馬的征服，最終在西元前二六至前二五年的戰爭後，成為羅馬的行省。

羅馬的征服

◎阿莫里卡地區與拉坦諾文化

關於居住在阿莫里卡地方的部族，根據斯特拉波引用前二世紀波利比烏斯的記錄，可以得知在羅亞爾河口附近，有一個名為科爾比羅（Corbilo，科爾比隆）的部族。另外在前一世紀凱撒進行征服時的記錄中，則有古里阿沙立太人（Coriosolites）、雷東內斯人（Riedones）、南姆內德斯人（Namnetes）、以及文內幾人（Veneti）等登場。在義大利的亞得里亞海岸，也有同樣叫作「文內幾」的部族存在，而這正是現今「威尼斯」這個地名的由來。只不過，我們無法確定這兩個「文內幾」是否為同一部族。鐵器時代末期，整個阿莫里卡的人口規模，推估約為現在的二十分之一到十分之一的程度，亦即十五萬到三十萬人左右。順道一提，當時高盧的全體人口約為六百到八百萬人，不列顛島則是兩百到三百萬人左右（賽門．詹姆斯等人的推定）。

阿莫里卡地區從前四世紀起便開始受拉坦諾文化的影響，在出土遺物中，能夠確認到應該是北義大利製的頭盔、劍、鞘等物品。至於阿莫里卡的特徵之一——青銅器時代出土的圖爾克（頸環），在鐵器時代則已消逝無蹤。在陶器方面，也可以看出拉坦諾晚期受到北義大利地區的影響。當時的裝飾多半是以渦卷形、波浪形，以及壓製的重覆圖案為主；至於半圓形彼此相連的鎖鏈式圖樣，則是從東方凱爾特文化圈的巴伐利亞、波希米亞附近地區傳入的。在貿易方面，在拉坦諾末期，阿莫里卡似乎已經開始與高盧南部進行以物易物的交換。雖然在不列顛島上有發現從大陸這邊帶過去的錢幣，但卻沒有發現從不列顛島帶過來的類似事物。這和下一章會見到的、從不列顛島移居阿莫里卡地區的情況大相逕庭；或許這可以證明，在鐵器時代，阿莫里卡和高盧地區的貿易反而更為盛行。

◎高盧人和羅馬的同化

關於同化最具象徵的代表之一，就是貨幣的流通。高盧最早開始刻製貨幣，是在西元前二世紀初，由屬於比爾及人一支、居住在高盧北部索姆（Somme）地區的安比亞尼人（Ambiani）率先開始，並於前二世紀中葉，傳播到高盧中部的阿維爾尼人。前一二一年，阿維爾尼人屈服於羅馬的軍勢之下，不過在這之前，他們早已經在文化上產生同化了。

在前二世紀末的阿莫里卡，西部的奧西絲米人（Osismii）、南部的文內幾人、東部的雷東內斯人、南姆內德斯人，全都已經開始進行貨幣的鑄造、刻製。文內幾人與古里阿沙立太人，從前一世紀初開始就不只打造金幣，也打造銀幣。在英倫海峽的澤西島上（Jersey），曾經出土過古里阿沙立太人的貨幣一萬五千枚。奧西絲米人與南姆內德斯人，一直到被羅馬征服的西元前五六年，都還在鑄造金幣，不過金的含量已經減低到十分之一的程度。

前一世紀初，和羅馬屬於同盟勢力的愛杜依人（Aedui）、賽廣尼人（Sequani）、林恭內斯人（Lingones）等，使用的都是羅馬的第納爾（貨幣；法語稱為杜尼耶〔denier〕）。

不過在阿莫里卡地區，則只使用自己鑄造、刻製的貨幣。這種自有貨幣的流通，證明了阿莫里卡地區在和羅馬文化進行同化之餘，在政治經濟上仍保有獨立自主性。

前二世紀末開始，高盧人也形成了所謂的要塞城市（oppidum）。要塞城市是被城牆所環繞的居住空間，和前六世紀到前五世紀的堡壘不同，它的規模可以廣達一百公頃以上。位在中歐巴伐利亞地區凱爾海姆（Kelheim）的要塞城市，面積廣達六百五十公頃；同樣靠近多瑙河的明辛格（Münsing），則有三百八十公頃，而圍繞著城市的城牆，全長達到七公里。城市當中具有街道，木造房屋整齊地櫛比鱗次。要塞城市，可說是中東歐到高盧東部成為整體文化圈的象徵，同時也與拉坦諾文化圈彼此重疊。只是，這並不能說是凱爾特獨有的文化，而是和羅馬同化的文化象徵。

說起高盧有名的要塞城市，就會想到愛杜依人的首都比布拉克特（Bibracte）。這座要塞城市，被高五公尺、全長五公里的壁壘所環繞，其中有著聖域、市場、貴族居住區、工匠區等等。一座要塞城市，平均大約包含三十個村落，規模相當於今日的一個郡／區（比省低一階的行政區）。

◎凱爾特的祭司——德魯伊與畢達哥拉斯學派

一般我們對德魯伊（druid）的印象，都是在森林裡活動、視槲寄生為神聖之物，或是在支石墓上舉行人祭；但是這樣的印象隨著考古學家尚路易・布魯諾（Jean-Louis Brunaux）的研究（《德魯伊》〔*Les Druides*〕，二〇〇六年），產生了截然不同的轉變。

根據阿巴馬的波希多尼（Posidonius of Apameia）所述，西元前八世紀末，居住在黑海沿岸的斯基泰人西進，將辛梅里安人（Cimmerians）趕往中歐。到了當地的辛梅里安人被稱為基姆利斯人，和原本的居民卡爾人有所區別，這就是高盧人的起源。於是，凱爾特人便可分類為基姆利斯人與卡爾人兩派。

十九世紀前半的高盧史家阿美德・蒂埃里（Amédée Thierry）認為，基姆利斯人在凱爾特人當中屬於祭祀階層，為他們帶來了德魯伊及其宗教觀。近年的發掘證據則顯示，大約在前七世紀左右，也就是哈爾施塔特後期，後來演變成凱爾特人的族群，其階層已經開始產生分化。因此我們可以認為，在分化出戰士階層和政治階層等機能的過程中，德魯伊（祭祀）階層也隨之誕生了。

只是，德魯伊的誕生事實上也有受到外部的影響，其中最重要者即是希臘哲學，尤其是所謂的畢達哥拉斯學派。生活於前六世紀的畢達哥拉斯（Pythagoras），在現代是以數學家的身分廣為人知，不過其實他傳授的學問包括了哲學、自然科學、音樂等各種學科，而且嚴格禁止對外洩漏；因此，與其說他們是一個學派，倒不如說在性質上更接近於教團。他們首次出現在文獻上，是在西元前三世紀末的《賢者》（*Magikos*）（相傳此書為亞里斯多德所著，但現在對此則抱持懷疑態度）一書當中。書中他們被當成希臘哲學的源流之一，和東方迦爾底亞（Chaldean）的占卜師、印度的苦行主義者（gymnosophist）並列。

根據三世紀時希臘的第歐根尼·拉爾修（Diogenes Laërtius）在《哲人言行錄》（*Vitae Philosophorum*）中所述，畢達哥拉斯旅居埃及等地的時候，曾經就教於色雷斯的查摩西斯（Zalmoxes，色雷斯人信奉的靈魂不滅之神）、亞述的瑣羅亞斯德（希臘羅馬哲學家普遍認為，瑣羅亞斯德身為祆教的始祖，乃是實際存在於西元前七世紀的人物）、以及印度的婆羅門等等。換言之，他的思想正是世界各地哲學的累積。

雖然沒有證據可以指出凱爾特人曾經與畢達哥拉斯本人有所接觸，但與他的弟子或再傳弟子接觸，應該是相當有可能的。因為凱爾特人在前四世紀進軍巴爾幹半島後，於前三世紀侵入了希臘。早在前六世紀，他們也已經與高盧南部的馬薩利亞（馬賽）殖民地之間產生了相當密切的往來，因此希臘與凱爾特人在前四世紀時，很可能有密切的交流。

德魯伊和畢達哥拉斯學派有很多類似之處，包括：據傳受色雷斯的查摩西斯所影響的靈魂不滅觀、廣泛運用以數學知識為基礎的幾何學圖樣、活人和動物獻祭、天文學知識、學問的體系化、有組織的教團教育、以口述進行的長時間教育（《高盧戰記》記載需要二十年之久）、身著白衣、同時扮演政治家和司法家的角色等等；簡單說，他們具有精神（宗教）、知識（學問）、技術（行政、司法）的三重強大權威，其地位恐怕只有古代米底王國（西元前八～前六世紀）的「Magu」（賢者，希臘語稱為magoi）足以相比。「Magu」是英語中魔術、咒術（magic）的語源。然而，這種將博學與魔術相結合的情況，大多是偽裝成德魯伊的咒術師所為，如此思考比較合理。

雖然很難說畢達哥拉斯在前六世紀時就把學問傳進了高盧，不過到了他的弟子或再傳弟子世代，也就是前五世紀時，他的學問已經被帶進高盧，並形成了德魯伊集團。在前四世紀，特別是高盧北部（羅馬征服後的比爾及）以及中西部（凱爾迪卡〔Celtica〕），這種教育逐漸體系化，並形成了具有穩定高階貴族身分的德魯伊階層。與之相反地，從前一世紀開始與羅馬文化同化的高盧南部、普羅文幾亞等地，德魯伊的勢力則從一開始就很微弱。由於除了高盧以外並沒有關於德魯伊的記述，所以德魯伊算是高盧凱爾特人社會特有的集團。

◎德魯伊集團的衰退

根據阿巴馬的波希多尼所述，同時代的西塞羅（Cicero），曾經於西元前七七年左右，與高盧的賢者——愛杜伊人狄維契阿古斯（Divitiacus）在羅德島（Rhodes）會面。凱撒在提及高盧的合作者時，也曾不只一次提到狄維契阿古斯之名。像他這樣名留青史的德魯伊可說獨一無二，不過和西塞羅不同，凱撒並沒有明言他是否為德魯伊。在這時候、亦即前一世紀中葉，德魯伊的權威已經日益低落，逐漸變成一個退出政治檯面的集團。在羅馬逐漸征服後，特別是在高盧南部，隨著文化上同化的趨勢，養成德魯伊的學校也跟著瓦解了。像狄維契阿古斯這樣協助羅馬征服的知識分子階層，本身便是文化同化的先驅，因此西元前一世紀中葉，高盧的羅馬化已經有了相當程度的進展。

◎人祭與女德魯伊

羅馬作家如塔西陀（《編年史》）、西西里的狄奧多羅斯（《歷史叢書》）在提到德魯伊時，經常會描述他們所舉行的人祭儀式，並將其當成是異質、野蠻的象徵。凱撒也說道：

「他們認為，要贖取一個人的生命，只有獻上另一個人的生命，不朽的神靈才能俯允所請。有關國家的公務，也用同一方法獻祭。另有一些人製成碩大無朋的人像，四肢用柳條編就，其中裝進一些活人，放到火中去，讓那些人被火焰包身，活活燒死。他們認為如能夠用在偷竊、搶劫、或犯別的罪行時被捉住的人作為犧牲貢獻，格外能討好不朽之神。」（《高盧戰記》第六卷第十六節）換言之，他們把對罪人和敵人的處刑，和人祭合而為一了。

可是就考古學來說，在德魯伊的聖域中很少發現處刑後殘留的人骨，最近二、三十年的發掘調查也顯示，前二世紀以降的聖域遺跡，並沒有出土人骨的例子，甚或也沒有以動物獻祭的情況。故此，凱撒等人的描寫，恐怕是把對罪人或敵人的處刑，和宗教上的人祭混為一談了。事實上前一世紀的高盧，並沒有真正舉行過這樣的犧牲獻祭。

另外值得注意的是女德魯伊，也就是女巫的出現。當斯特拉波記述西元前一百年左右的狀況、以及前一世紀中葉地理學者梅拉的記載中，都指出阿莫里卡有女巫的存在。我們應該把她們想成是和畢達哥拉斯派學者截然不同的祭祀者或祈禱師。像這種具有薩滿色彩的占卜師，在基督教化以前的各個社會中都存在，不過因為她們扮演的是祭祀者的角色，所以確實也可稱為女德魯伊。

◎德魯伊和偽德魯伊的混淆

在第六章會詳述，在八世紀以降的文獻記述中，當五世紀基督教在海伯尼亞（愛爾蘭）傳教時，經常會出現與基督教教士對決、「身為智者、長於魔術的德魯伊」。同樣是八世紀之後的文獻，在有關五世紀瓦利亞（Gwalia，威爾斯古名）的英雄史詩中，也有名為「第魯伊斯」的「德魯伊」登場。另外，第七章會提及、有關亞瑟王傳說最古老的文獻——內尼厄斯（Nennius）的《不列顛人史》（*Historia Brittonum*，西元八百年左右）中，曾經寫道五世紀布立吞人（Britons，居住在不列顛島上的凱爾特人）的首領佛提岡，向「magos」（魔法師）尋求建言的故事。然而，這些地方提到的德魯伊，不論何者都是和古代高盧的德魯伊在內涵上相差甚遠的薩滿信仰。

從這點來考慮的話，凱撒以下所寫的這段文章，其實描述的也是薩滿類的德魯伊，並且和高盧的德魯伊完全混淆在一起了：「據傳他們這套制度（德魯伊），原來起源於不列顛，以後才從那邊傳到高盧來的，直到今天，那些希望更進一步通曉它的人，還常常趕到那邊去學習。」（《高盧戰記》第六卷第十三節）

關於這種解釋，也有人提出異議。賽門．詹姆斯就認為，根據這項記述，以及在義大利、西班牙、多瑙河流域、加拉太等地都不存在德魯伊來看，德魯伊的起源就是在不列顛島，並於前四世紀左右散布到高盧地方。布列塔尼的研究者也認為，從布列塔尼與高盧、不列顛自古以來相互交流的證據來思考，可以發現德魯伊的獨特性，以及和羅馬文化的異質性。至少在前三世紀，隔著英倫海峽兩邊的地區便已經有著頻繁的往來，這點透過高盧語和布立吞語之間的相似性，也可證明。

如前所述，高盧的德魯伊是一種哲學家，屬於畢達哥拉斯學派古典文化的系統。二十世紀上半葉的凱爾特語言學家房德里耶斯（Joseph Vendryes）曾指出，德魯伊和印度的婆羅門、波斯的「Magos」、羅馬的祭司（flamen），都是起源於印歐、彼此相當的制度；他的主張，就是本於這種認知吧！相較於此，阿莫里卡、不列顛尼亞，以及五百年後活躍於海伯尼亞的德魯伊，則是性質截然不同，屬於異教的咒術師和占卜師。關於這兩者的區別，在我們思考凱爾特文化的斷絕與傳承時，也是相當重要的一點。

◎偽德魯伊的衰退

由賢者所構成的德魯伊集團，在凱撒進行高盧戰爭之前，也就是前一世紀上半葉就已經瓦解；而以薩滿為中心的偽德魯伊，則是在西元一世紀遭到官方禁止，不得不陷入衰退的境地。這表示此時凱爾特在精神層面上，已和羅馬同化。

西元一世紀的羅馬作家老普林尼（Gaius Plinius Secundus）曾寫道：「就我有記憶以來，高盧一直是以咒術為主流。直到提比略（Tiberius，西元一四年～三七年在位）皇帝時，元老院頒布公告廢止德魯伊，此後他們便跟『vates』、醫生列為同流人物了。」這裡的『vates』，指的是藥師。

二世紀的羅馬文人蘇埃托尼烏斯（Suetonius）也說，「在奧古斯都的時代裡，德魯伊宗教只在羅馬市民之中遭到禁止，但到了克勞狄烏斯（Claudius）皇帝的時候，就連在高盧人之間也完全遭到廢止。」這裡禁止的對象全都是偽德魯伊集團。西元五九年尼祿（Nero）統治的時候，還對薩滿德魯伊的聖域莫娜島（Mona，今威爾斯安格爾西島〔Anglesey〕）實施了一次襲擊與破壞。

在繼尼祿之後即位的維斯帕先（Vespasian）皇帝以後，史家便幾乎不再提起德魯伊了。與其說德魯伊已經完全遭到驅除，不如說他們已經從羅馬帝國的主要區域消失，因此羅馬的史家便不再記錄他們了。

◎維欽及托列克斯戰爭

前一世紀羅馬之所以積極鎮壓高盧各部族，其實與日耳曼人的威脅有密切關聯。西元前一一三年，日耳曼一支名為辛布里人（Cimbri）的部族，襲擊了阿爾卑斯東部的諾里庫姆，接著更擊破為守護當地凱爾特居民而派遣過去的羅馬軍。前一〇九年，辛布里人侵入高盧南部；前一〇一年，他們在義大利北部皮埃蒙特（Piedmont）近郊的韋切利耶（Vercellae），遭到羅馬將軍馬略（Gaius Marius）的阻止，但日耳曼人的入侵，仍然使羅馬深感威脅。前七〇年左右，高盧的兩個有力部族——愛杜依人和賽廣尼人發生了爭端，背後有日耳曼人介入的影子，而羅馬也參與其間。另一方面，以瑞士阿爾卑斯地區為根據地的厄爾維幾人，也為了尋求新天地而下山進入高盧。

就在這樣的情況下，西元前五八年，凱撒開始了他的「高盧戰爭」。這年春天，他在接受羅馬庇護的愛杜依人協助下，首先阻止了厄爾維幾人的遷徙。接著在同年秋天，他在高盧東部的維松提歐（Vesontio，今貝桑松）擊敗了日耳曼人。前五七年，他平定了高盧北部的比爾及各部族。於是，高盧便被分割成南部的普羅文斯亞、西南部的阿奎坦尼亞（Aquitannia）、中西部的凱爾迪卡、塞納河以北的比利時高盧等，納入羅馬統治。

前五七年夏末，凱撒為了征服阿莫里卡，派遣了手下克拉蘇（Marcus Licinius Crassus）的軍團前去當地。阿莫里卡的文內幾人自前五七年至前五六年冬天，發起了大規模的叛亂，卻遭到了凱撒鎮壓。於是到了前五六年，阿莫里卡也完全被置於羅馬的支配之下。

前五五年到五四年，凱撒的兵鋒更及於不列顛尼亞（今不列顛島）和日耳曼尼亞（Germania，歐洲中北部）。不過高盧的抵抗仍然未完全平息；前五四年底到五三年，高盧北部爆發叛亂，凱撒不得不親自帶兵進行鎮壓。

阿維爾尼人的最高權力者維欽及托列克斯（Vercingetorix），在高盧中西部全境召集士

羅馬對高盧的征服　高盧的主要部族與要塞城市（oppidum）。

兵，抵抗羅馬軍；就連和羅馬有同盟關係的愛杜依人，也站到叛亂軍這一邊。對此，羅馬軍則以相當殘酷的方式加以反擊。在初期的戰場之一——高盧中部的阿凡歷古姆，四萬居民全遭羅馬軍屠殺，僥倖活下來的，據說只有八百人而已。

前五二年，維欽及托列克斯在高盧中部的要塞城市阿萊西亞（Alesia）集結援軍，迎擊羅馬軍，這就是所謂的「阿萊西亞之戰」。羅馬軍構築起雙重的包圍網，對維欽及托列克斯展開攻擊。從外部趕來救援的高盧軍總數達到二十五萬，這當中也包括了阿莫里卡的兩萬軍隊。羅馬軍為了迎擊援軍，在外側設下了全長二十二公里的包圍堡壘；援軍三度試圖展開接近戰都宣告失敗，最後維欽及托列克斯只能束手就擒。就這樣，高盧成為了羅馬帝國的行省，阿莫里卡也在西元前四三年以後，成為以盧格杜努姆（Lugdunum）為省會的盧格敦高盧（Gallia Lugdunensis）省下轄的一個地區。據說凱撒在高盧戰爭中，擄獲了一百萬名奴隸。這些高盧奴隸變得更容易吸收羅馬文化，也因此加速了高盧人的拉丁語化。

◎拉丁文字的凱爾特語

在羅馬征服前不久，亦即前一世紀上半葉，已經出現由拉丁文字寫成的凱爾特語史料。

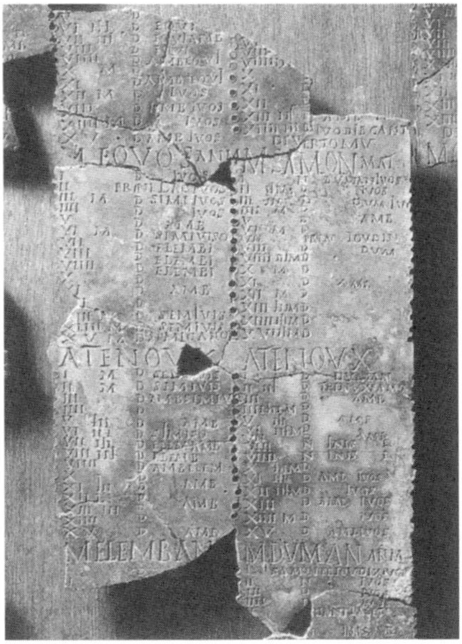

科里尼曆　刻有高盧曆法，為現存篇幅最長的高盧語文件。青銅製，照片中為其部分。

其主要出現的區域之一，是東歐多瑙河左岸潘諾尼亞的波伊人聚居地；在那裡發現了十五件貨幣，上面刻有凱爾特語源的專有名詞。

另一個出現類似文字的區域，是在高盧中、東地區。如前述，這個地區在前　世紀上半葉，已經開始鑄造貨幣。在這些貨幣當中，也有維欽及托列克斯的名字出現。這個時代的高盧，刻有凱爾特語的貨幣出土超過了三百件，刻有獻詞、墓誌銘的石碑也有十餘件，大部分都是出自那旁高盧（Gallia Narbonensis，羅馬在阿爾卑斯山以北獲得的第一個行省，屬於山外高盧）西北部愛杜依族的領域。

一八九七年，在法國東北部安省（Ain）的科里尼村（Coligny）發現了一塊製作於西元二世紀末的青銅板，上面記載著高盧的曆法。這塊大板子長九十公分、寬一百五十公分，上面呈現的是五年週期，共六十二個月的月曆一覽；使用的是一種陰陽混合曆，和當時羅馬通用的儒略曆是完全不同。

這塊青銅板上的字共分成十六列，總行數達到兩千零二十一行，是現存用高盧語寫成篇幅最長的文件。每列寫下四個平常月，第一和第九列則是例外，寫的是一個閏月與兩個平常月。這份文件雖然有破損缺漏之處，不過現在已經整個復原，從而讓我們得以一窺高盧曆的全貌。這種天文學知識，也是證明和畢達哥拉斯學派系出同源的德魯伊階層之存在相當有力的佐證。只是到了西元二世紀，因為德魯伊階層應該已經不在了，所以這可說是使用高盧語的末期世代所留下的記錄。

科里尼曆（Coligny calendar）雖說是最大件的高盧語文書，卻不是一般的文章。現存以拉丁文字高盧語寫成的篇幅最長的文章，在一九八三年、於阿韋龍省（Aveyron）拉爾扎克村（Larzac）出土；上面共有一百六十句話，對於它的解讀眾說紛紜，不過應該是與咒語或解咒相關的文章。一九七一年於多姆山省（Puy-de-Dôme）沙馬利埃村（Chamalières）發現

刻有拉丁字草書體的屋簷瓦片　二到三世紀時，用拉丁字草書體刻成的高盧語結婚證書。一九九七年，於巴黎東部的夏特普羅村（Châteaubleau）發現。

的六十句文獻，內容也幾乎如出一轍。這些文件大概是作者手抄下來後，當成誓約作為給某種獻物，埋藏起來的吧。使用咒語的做法，即使到現在也沒有太大改變。這些文件則是薩滿形式的德魯伊、也就是盜用了德魯伊名號的巫師存在的證據。薩滿並不是凱爾特獨有，希臘早在前四世紀時，就已有顯示其存在的證據了。是故，雖然尚路易．布魯諾認為薩滿是從希臘傳進羅馬、高盧，但我想還是應該把它當成一種普遍性的現象來思考較為妥當。

◎凱爾特語族的分類

在世界的語言當中，印歐語系乃是可以用單一歷史系統加以詳細說明的語系；而在其之中，所謂的凱爾特語族，正是十九世紀後半確立的凱爾特學的存在基礎，這點我們在下一章會詳述。現代殘存的各種凱爾特語言，彼此有著相近的特點，同時也與鄰近的日耳曼語及羅曼斯語族（Romance languages，拉丁語演化成的各種語言）之間多有關聯，這是一般公認的看法。但是隨著一九八〇年代以降研究的進展，這個系統分類也產生了若干修正。

關於凱爾特語的分類，過去一直以來的見解是將它們初步區分為高盧語等「大陸凱爾特語支」（Continental Celtic），以及不列顛尼亞群島的「海島凱爾特語支」（Insular

Celtic）兩大類。而海島凱爾特語，依據音韻特徵，又可以進一步分類成不列顛尼亞島的布立呑語（Brittonic；又稱「P凱爾特語支」），以及海伯尼亞（愛爾蘭）的蓋爾語（Gaelic，戈伊德爾語〔Goidelic〕；又稱「Q凱爾特語支」）。之所以這樣稱呼，是因為布立呑語的「pen（頭）」在蓋爾語發音為「ken」，兩者的P音與Q（K）音是互為替代的。P凱爾特語包含了威爾斯語、康瓦爾語、布列斯語；Q凱爾特語則包含了愛爾蘭語、曼島語（Manx）、阿爾巴語（Alba；即蘇格蘭蓋爾語〔Scottish Gaelic〕，「Alba」是蘇格蘭蓋爾語對蘇格蘭的稱呼）等。有關這方面的區別，是由後面會提到的艾德華・盧伊德（Edward Lluyd）於十八世紀首先提出，而現今研究高盧語的權威蘭伯特，又對此做了若

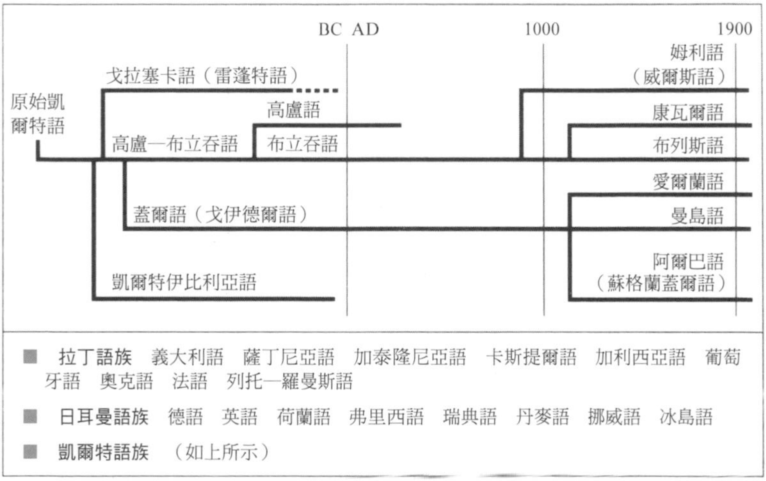

凱爾特語的變遷與現代歐洲的主要語言（印歐語系）

干修正，並將之分類如後述。

首先為了操作方便，我們先假定有一種所謂的「原始凱爾特語」，但不預設使用地區和年代。在原始凱爾特語底下有四個大分類，其中一支凱爾特伊比利亞語，大約是從前三百年到前一百年間，存在於伊比利半島中部；另一支雷蓬特語（用庫魯塔的稱呼則是戈拉塞卡語），則是在前七百年到前四百年間，使用於義大利北部。關於這兩個語支，我們在前面已經有所提及。

接下來又分成兩個語支，即高盧—布立吞語支與戈伊德爾語支。高盧—布立吞語支（Gallo-Brittonic），是凱爾特學者弗羅利歐（Léon Fleuriot）等人所提倡的觀念，其中包含了高盧語，以及據推斷為其分支的布立吞諸語。高盧語又可分為義大利高盧語（波河流域高盧語）以及法蘭西高盧語（包含比利時和瑞士），大約存在於西元前三百年至西元兩百年左右（關於這點尚有異議）。

◎布立吞語和戈伊德爾語

關於高盧語究竟存續到何時為止，目前尚未有定論。在羅馬征服之後，它仍然被使用了好一段時間，但至西元一到二世紀，便幾乎與羅馬同化了。不過，根據三世紀的羅馬法學家烏爾比安（Domitius Ulpianus）所述，遺囑除了拉丁語、希臘語外，用高盧語也同樣具有法律效力。雖然二世紀末的科里尼曆是高盧語最晚期的使用案例，但是這種語言很可能直到三世紀，仍然有在持續使用。

少數凱爾特學者主張，高盧語在這之後仍然存活著，且直到四世紀以降布立吞人從不列顛尼亞島移居至歐洲大陸為止，一直殘存於阿莫里卡地區。如果真是如此，因為布立吞語是和高盧語類似的語言，所以兩者有可能產生了接觸，並且相互融合。因為阿莫里卡是邊陲地區，在羅馬時代並沒有遭到急遽的同化，且到了三世紀之後，羅馬的政治支配也開始動搖，因此在這種狀況下，高盧語確實有可能殘留下來。

布立吞諸語之中，存在著所謂的「古布立吞語時期」（Common Brittonic），這點由英國南部巴斯（Bath）出土、年代約為西元一百年左右的詛咒牌（Bath curse tablets）可以證明。接下來還有兩個分岐：一支是威爾斯語（卡姆利語），從西元八百年到現在，其歷史已經過文獻確認；另一支則是布列斯語和康瓦爾語。康瓦爾語從八百年左右一直存續到十八世紀末，布列斯語則從八百年左右，一直留存到現在。

戈伊德爾語（蓋爾語）作為凱爾特語的四大分支之一，從其中又分成愛爾蘭語和其他語言。愛爾蘭語早在三五〇年左右，就已經存在用歐甘文字（ogham）寫成的石碑，但一直到八世紀中葉以後，才有文獻上可資確認的書寫內容。至於曼島語和阿爾巴（蘇格蘭）語的這條分支，兩者都是從十六世紀開始有書寫內容，並一直延續到現代。

有關高盧—布立吞語支和戈伊德爾語支的大分類，其歷史演進和本書對青銅器時代以來的敘述也是一致的。綜觀歷史，比起海伯尼亞島與不列顛尼亞島之間的往來，不列顛尼亞島與大陸（高盧）之間的接觸、交流，遠遠來得密切許多。

語言的形成不只需要數十年，往往更要數百年之久。由此思之，西元前兩千年以後凱爾特語族的主要發展趨勢，大致上形成兩支：戈伊德爾諸語，以及高盧—布立吞諸語。

不列顛尼亞群島與阿莫里卡

◎不列顛尼亞群島與凱爾特人

西元前一世紀的學者、西西里的狄奧多羅斯曾寫道，在前六世紀下半葉，米利都的赫卡塔埃烏斯曾經記下，在凱爾特人國度的對岸，有座和西西里島同等大小的島嶼——這是關於不列顛尼亞島最初的記錄。西元前五百年左右，迦太基的航海家希米爾科（Himilco）曾經寫過一本旅行記，這本旅行記之後被羅馬的作家老普林尼所引用，其中寫道「伊艾爾聶」（Iouerníā）和「阿爾比翁」（Albion）兩座島嶼。伊艾爾聶是海伯尼亞的凱爾特語念法「艾利烏」（*Īweriū，即愛爾〔Éire〕）的音轉，換言之即是海伯尼亞島，而阿爾比翁則是凱爾特語中的「阿爾巴」（Alba），指的是現在的蘇格蘭，也就是不列顛尼亞島。這證明了早在前六世紀，不列顛尼亞群島已經具有凱爾特語的地名，同時也已經開始使用凱爾特語了。

不列顛尼亞這個地名最早出現的時候是寫成「不列塔尼凱」（Prettanike）。最早寫下這個名字的是馬薩利亞（馬賽）出身的希臘人皮西亞斯，只是這個詞的語源究竟來自何處，我們不得而知。

傳統的凱爾特學依據希米爾科的凱爾特地名，認為凱爾特人是在西元前六世紀（或者更早之前），從大陸移居到不列顛尼亞群島的。不過現在對這樣的見解做出了修正：不列顛尼亞群島的凱爾特化並非一蹴可及，而是自西元前兩千年、甚至更早以前就在持續進行，而且主要是未曾伴隨人員遷徙的單純文化交流所導致的結果。在這樣的過程中，前五世紀到前四世紀，以及前一世紀，是交流最緊密的時代。

◎不列顛尼亞與高盧的文化交流

關於前一世紀海峽兩地的交流，從前面凱撒的敘述已得以窺之；除此之外，因為不列顛尼亞和高盧雙方居住的部族都知道彼此的存在，所以至少在前一世紀，兩地的交流便已相當熱絡了。庫魯塔認為，原本居住在高盧北部比爾及地區的阿德雷巴特人（Atrebates），有一部分於前二世紀移居到不列顛尼亞島南部的海岸地帶，這些人在前五七年凱撒遠征不列顛時，曾經提供協助。巴里西人（Parisii）——也就是今日法國巴黎命名由來的部族，他們之中也有一部分人，於前三世紀移居到不列顛尼亞東南部的東約克郡地區。從使用交通工具陪葬的埋葬形式，以及方形的墓塚來看，高盧東部與東約克郡是彼此相通的。

凱撒遠征後，不列顛與高盧的交易關係明顯增溫。要塞城市的建設，以及貨幣的普及，都是從這個時候開始，同時，在文化上也逐漸羅馬化。羅馬對不列顛尼亞島展開正式侵略，是自西元四三年克勞狄烏斯皇帝的時代開始。之後成為羅馬皇帝的維斯帕先，在四三年到四七年間指揮位在不列顛尼亞的第二軍團，對杜羅特里吉人（Durotriges）在山丘上的城堡展開攻擊。這座城堡於一九三〇年代被發掘出土，即是有名的梅登城堡（Maiden Castle）。在堡壘中出土了有刀傷的頭蓋骨，證明了這裡曾經是戰場。

到西元五〇年為止，羅馬已經鎮壓了不列顛中南部的各個部族。五九年，他們破壞了威爾斯北端莫娜島（今安格爾西島）德魯伊的聖域。六一年，英格蘭東南部愛西尼人（Iceni）的女王布狄卡（Buduica）率領布立吞人起兵反抗，遭到羅馬軍鎮壓。七八年成為不列顛尼亞總督的阿古利可拉（Gnaeus Julius Agricola）率軍北進，將除了蘇格蘭北部以外的地方，全都納入羅馬的統治下。西元一二〇年代，哈德良（Hadrian）皇帝為了對抗蘇格蘭地區皮克特人（Picts）的威脅，築起了哈德良長城。不過當時建造的只是土壘，長城要變成石壁，得等到試圖征服不列塔尼亞全島的塞提米烏斯·塞維魯斯（Septimius Severus）皇帝時代，亦即二世紀末到三世紀初左右。經過這樣的歷程，羅馬確立了自己在不列顛尼亞的支配權。

在海伯尼亞，能確認到屬於拉坦諾文化最古老的出土品，是出土於科諾克（Knock）遺跡、前三世紀上半葉的金製圖爾克，因為在上面有平結裝飾，明顯是大陸的製品。由此可知，至少在這個時代，該島已經與歐洲大陸之間有所交流。

海伯尼亞因為避開了羅馬的征服，所以幾乎沒有留下關於這個時期的歷史記述，因此在基督教化以前，島上的歷史完全是一片混沌。相對地，在這之後的時代——也就是中世紀初期，則以神話故事為中心，產生了大量的文書記錄。這些神話故事，主要是以鐵器時代晚期的社會為背景，而且因為免於羅馬征服，所以也被認為繼承了純粹的「凱爾特傳統」。在現代的愛爾蘭，這種凱爾特特質，也被利用在建立民族認同之上。這也就是為什麼英國的古代史家和考古學者，會對愛爾蘭流派的凱爾特抱持反感的原因，關於這點，我們會在第六章加以檢討。

◎對抗拉丁文化的歐甘文字

海島凱爾特語最初的文字史料，是前一世紀後半用拉丁文字銘刻在貨幣上的文字。內容主要刻的是人名，當中也包括了阿德雷巴特人康繆斯（Commius，出身凱爾特系阿德雷巴特部族的國王，為凱撒少數的友人之一）及其兒子等等，可用拉丁語文獻驗證的人物。

至於具有海島凱爾特語特徵的文字，則是所謂的「歐甘文字」。這種文字最初是由海伯尼亞島的戈伊德爾語族所使用，三世紀末蓋爾（戈伊德爾）人入侵不列顛尼亞島之後，阿爾巴（蘇格蘭）、瓦利亞（威爾斯）、凱爾諾（康瓦爾）、曼島等地，也都將它印在石柱上，用來書寫墓誌銘。至於文字的書寫方式則是以一行到五行的直線並列，其形態和拉丁文字母等其他文字相距甚遠，因此有人認為它是獨自發展出來的一種文字，但這種說法現在已經遭到了否定。

在愛爾蘭語的文獻中，「德魯伊」會拿著神聖的橡樹樹枝進行占卜，並且寫下歐甘文

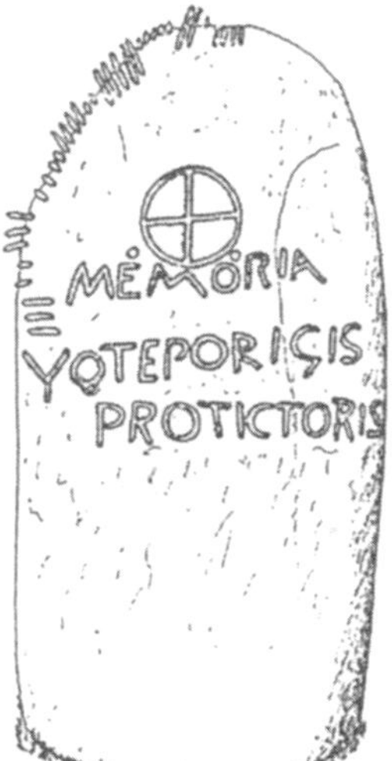

歐甘文字　下圖為歐甘文字（左上方）與拉丁語合璧的雙語墓碑（瓦利亞）。左圖為四世紀立於海伯尼亞的歐甘文字墓碑。

字，因此這種文字本身被認為具有魔力。又，在標記數字的時候，因為會使用拉丁文字轉寫古愛爾蘭語的　到五的頭一個字母當作簡寫，所以可確認能夠轉寫成拉丁字母。實際上使用來表述愛爾蘭語的歐甘文字，大約是二十個字母（雖然有五個附加雙重母音的字母）。一般來說，它都是從稜柱的轉角開始，由下往上書寫，如果寫不下的話，就從隔壁的轉角由上往下繼續書寫。

歐甘文字是抵抗拉丁文字文化侵入的象徵，也是一種用來編製秘密暗號的方法。這裡所謂的拉丁文字文化，指的當然是基督教文化。歐甘文字的使用時間是三世紀末到八世紀之間，使用範圍幾乎都只限於墓誌銘；正是就這點來說，我們可將之理解成是對基督教文化傳入的反彈。

歐甘文字的石碑現存大約有四百多件，其中三百五｜件是位在愛爾蘭，特別是西南部的凱瑞郡（Kerry），由此觀之，這裡應該是當時海伯尼亞文化的中心地。雖然也有同時寫有拉丁語的雙語石碑出現，不過幾乎都是位在不列顛尼亞島上。

◎羅馬支配下的阿莫里卡

羅馬首任皇帝奧古斯都，將行省分成元首和元老院管轄兩類。凱撒征服的高盧，亦即所謂的「長髮高盧」（Gallia Comata），屬於元首直轄地區；西元前二七年左右，它被分割為三個行省：阿奎坦尼亞、凱爾迪卡，以及比利時高盧。阿莫里卡雖然隸屬於凱爾迪卡之下，但與省會盧格杜努姆（今里昂）之間相隔甚遠，因此在羅馬化方面，幾乎沒什麼進展。

就這樣，阿莫里卡在羅馬的行省中完全被邊緣化，在羅馬正史中也幾乎不曾登場。歷經五個世紀後，雖然當地留有羅馬軍的野營遺跡，但和高盧南部的那旁高盧、中部的盧格敦高盧、乃至於萊茵河周邊的各個城市不同，幾乎看不到羅馬移民形成的殖民地。

阿莫里卡一直到西元二世紀，才開始有行政機構的雛型。西元一三五年，雷東內斯族的首都——現在的雷恩市㉟，設立了城市參事會。雖然詳情並不清楚，不過該會大概是由一百人所組成，每年召開大會，選出城鎮的政務官。他們也會派遣曾任政務官的人士為代表，參加每年八月在盧格杜努姆召開的高盧省議會。據斯特拉波所說，在奧古斯都的時代，約有六十個部族會參加議會。（不過這個時代，阿莫里卡應該還沒有加入其中）

三世紀後半、也就是我們接下來會看到的帝國危機時代以降，阿莫里卡的城市（villa），或者因為災害、或者因為燒殺劫掠，有四分之三遭到破壞或放棄。從四世紀後半到五世紀前半，現今諾曼第和英倫海峽附近的墓地，出土了許多菲比爾（衣服的金屬胸針）、手環、玉石等裝飾品，但在阿莫里卡，幾乎看不到這種財富的象徵。由此可見，它甚至連在文化方面，也已經趨向邊陲化。就在這種狀況下，不列顛尼亞島的居民開始移居到阿莫里卡。換言之，這種移居之所以能夠發生，正是因為出現了政治、經濟文化上的真空之故。

◎阿莫里卡的信仰生活

據凱撒所述，被羅馬征服的高盧人所信奉的神明，在很多屬性上都跟羅馬眾神相似，所以就借用羅馬的神名來稱呼祂們。（《高盧戰記》第六卷第十七節）比方說圖塔蒂斯（Teutates）和麥丘利（Mercurius）神一樣，是藝術、交通、財富之神，因此受到特殊崇拜。這位神本來是「部族之神」，與其說是特定的神明，還不如說是許多神明綜合起來的總稱。佩勒努斯（Belenus）是阿波羅（消災解厄）、愛蘇斯（Esus）是馬爾斯（豐收、戰爭）、塔拉尼斯（Taranis）是朱庇特（天之統治者）。簡言之，這種折衷的宗教觀，在獲得羅馬的權威支撐之後，更進一步強化其作為民間信仰的地位。順道一提，凱爾特各部族並沒有共通的神靈；這一點也可以作為它在歷史變遷上的多元性，以及政治上未曾統一的佐證。

在雷東內斯族的根據地雷恩，當地居民對自族的守護神穆羅，以及流過城鎮中心的維萊訥河（Vilaine）之神維希努斯（維萊訥河命名的由來），信仰得相當虔誠。同時，祂們也

塔拉尼斯‧朱庇特神　原本是凱爾特的神明，羅馬人將之和朱庇特等同視之。出土於法國庫爾松村（Gourzon）。

與職司豐穰的羅馬神祇馬爾斯被一起崇敬著。在西元一三五年雷恩的碑文中寫道，雷東內斯族的元老院在馬爾斯．穆羅神廟裡，安置了城鎮名人的雕像。從這裡可以看出，羅馬的馬爾斯神和雷東內斯的穆羅神，已經被視為同一神明。除了這塊碑文外，關於「馬爾斯．穆羅神」，還有其他幾起事例。

十九世紀時，雷恩進行維萊訥河的運河建設工程，結果在工地當中，發掘出超過一萬枚貨幣。這些貨幣主要都是四世紀瓦倫提尼安二世（Valentinian II）時期的產物，應該是為了祈求平安通過維萊訥河而奉獻的錢幣。在雷恩也有獻給「馬爾斯．維希努斯神」的石板出土，由此可知這位地方上的河神，也被視為和羅馬的馬爾斯神是同一神明了。這和日本所謂的「本地垂跡說」頗為類似，可以當成是民間信仰對應外來神明的一種思考模式。

在埋葬形式方面，羅馬時代的高盧是以火葬為主流。文內幾人使用石製的骨灰甕「奧薩利亞」，這和高盧中部以及中西部是共通的。這種骨灰甕是最高可達一點三公尺、直徑零點五公尺的圓筒形，會重複回收利用。不過西元二世紀以後，土葬的情況開始增加，大概是基督教驅逐火葬之故。之後一直到一九七〇年代，布列塔尼地區一直維持著土葬的習俗。

◎羅馬帝國的危機

二六〇年秋，當時的羅馬皇帝瓦勒良（Valerian）在與波斯的戰爭中兵敗被俘，下日耳曼尼亞（Germania Inferior）的總督波斯圖穆斯（Posturnus）聞訊，遂自稱皇帝。他的勢力席捲了羅馬西部的所有行省，形成了所謂的「高盧帝國」（Gallic Empire）。高盧帝國的範圍最初只有日耳曼尼亞的兩省和高盧的三省，不過到了第二年（二六一年），不列顛尼亞和西班牙（Hispania）各省也都加入旗下。之後的十五年間，高盧帝國一直作為分離國家而存續著，這是羅馬帝國最初的危機。

西元二八七年，法蘭德斯（Flanders）地方出身的軍人卡勞修斯（Carausius）背叛了帝國，在不列顛尼亞島宣布自任「Imperator」（統帥）當他占領了高盧的一部分後，統治羅馬帝國西半部的皇帝馬克西米安（Maximian）於二八九年派兵討伐，卡勞修斯則仰賴自己出身地附近的弗里西人（Frisians）以及巴達維人（Batavi）與之對抗。到了二九三年，卡勞修斯被自己的部下所殺，其中一名背叛者阿列克忒斯（Allectus）也自稱統帥。同年，馬克西米安的副帝（職位名即凱撒）君士坦提烏斯（Constantius Chlorus）奉令平定高盧，二九六年又乘勝往北方攻入不列顛島。他在倫蒂尼姆（Londinium，今倫敦）擊破了阿列克托斯，同年底凱旋回歸高盧。

君士坦提烏斯重建了羅馬對不列顛尼亞島的統治，同時該島與大陸之間也重新開始交流。專門研究羅馬統治下阿莫里卡的學者帕普（Louis Pape）指出，大約正是在二九六到二九七年左右，羅馬化的布立吞人開始移居到阿莫里卡。如上所述，自帝國遭逢危機以來，阿莫里卡不論在政治或經濟上都陷於荒廢，從而為接受不列顛尼亞島的移民提供了良好的機會。

第五章

不列顛尼亞島與阿莫里卡半島

葛拉冬王的奔逃　聖克溫諾雷呼喊著，要國王放棄公主的場面，　八八四年，魯米內（É. V. Luminais）畫。

民族大遷徙的時代

◎民族的實際形貌

法語中的「nation」（民族），其原意本來是「誕生」、「出身」的意思，也就是源自所謂的血緣與親族集團。但是在大革命以後的現代法國，加入集團與否乃是個人意志的問題；換言之，它現在是被當成一種和血緣無關的契約共同體來使用。另一方面，德語的「volk」，據說最早是出自日耳曼系的伏爾卡人，不過在民族大遷徙時期，這個用語則被普遍使用來與血緣無關的「武裝集團」或「軍隊」；但到了現在，這個名詞反而被用來解釋未被國家統合的血緣民族集團。在法德兩方，原本的意思和現在的使用法正好顛倒過來，實在是很有意思的變化。不管怎麼說，這兩種定義在思考民族的生成上，都是很重要的。民族有自血緣集團發展起來的一面，但也有和血緣無關、由政治共同體所建構而成的一面。

塔西佗（Tacitus）在《日耳曼尼亞志》（*Germania*）第七章中說：「他們（日耳曼人）的國王是按照出身推舉的，而選拔將軍則以勇武為標準。」國王既是按照「出身」推舉，換言之，其家世相當重要；至於將領則是「以身作則地統率著士兵，藉作戰的勇敢和身先士卒的精神來博取戰士們的擁戴」（見同章）。在這當中，已經包含了民族作為政治集團的雙重生成過程，也就是上述「血緣與武裝集團」的兩面性。

民族大遷徙時代，也是嶄新民族持續生成的時代。這些民族名稱的起源，從他們出身的氏族、或是軍隊首領的名稱，兩者皆可作為推測的根據。

◎民族大遷徙的開始

雖然據羅馬方面的報告，法蘭克人在三世紀中葉時已經出現在萊茵河左岸，不過汪達爾人（Vandals）、阿蘭人（Alan）、勃艮第人等日耳曼部族渡過萊茵河，開始侵入羅馬帝國的領域，則是五世紀初期的事。根據專門研究日耳曼大遷徙時期的專家沃夫朗（Herwig Wolfram）所述，這個時期正是許多民族形成的起源。他們失去了過去的居住地和民族名，只能從羅馬帝國時代的片斷記憶中，論起自己民族的歷史。

一般認為於西元四八一年（或四八二年）隨克洛維一世（Clovis I）即位成立的法蘭克王國，乃是法國作為一個國家的起源，但是它的核心民族法蘭克人，其起源在羅馬帝政時期以前，幾乎無跡可尋。克洛維的家系，只能回溯到他的祖父墨洛溫（Merovech）——亦即墨洛溫王朝的命名由來——而已。根據有關他們最初的傳記——七世紀的弗雷迪卡留斯（Fredegarius）所編纂的《法蘭克年代紀》（*Frankish chronicle*）所述，墨洛溫的祖父是沙利族（法蘭克部族之一）的克羅迪奧（Chlodio），而克羅迪奧則是類似米諾托（Minotaur，牛頭人身怪物）所誕下的孩子。換言之，墨洛溫家族在祖父輩以上，就全是神話人物。

像這樣的情況，正可說是新出身、新民族誕生的有力證據。不過另一方面，哥德人、汪達爾人、倫巴底人等在羅馬帝政時期以前就有史料記載的民族，在大遷徙後，各自占領了舊羅馬帝國一部分領土定居下來，但他們並沒有忘記以前口耳曼出身的記憶。

正如後述，這段遷徙的歷史往往能夠清晰地被陳述出來。雖然也有遠達伊比利半島（西哥德人）或北非（汪達爾人）的民族，不過渡海來到不列顛尼亞島的盎格魯撒克遜人也和哥德人一樣，在遷徙後仍未忘記自己的日耳曼出身。這種記憶乃是一種家系的繼承，透過王族的家系來將王國的權威傳承下去，因此視情況，也會有捏造的情形產生。

在羅馬帝國時代的凱爾特人當中，像是文內幾人、欽諾孟尼人、森農內斯人、波伊人等等，在阿爾卑斯以北的高盧（山外高盧／法蘭西）和以南的高盧（山內高盧／義大利北部），有許多具有相同人名的部族；不過與其說他們是民族，倒不如說他們是基於同一家系（至少是有這方面的意識），也就是對於「出身」的重視，如此方能解說他們的散布。當然，王室的歷史中，也包含了史實無法驗證的遷徙歷史。中世紀以降，西歐各地王族主張的特洛伊起源，以及亞瑟王傳承，正是這種歷史的表現；透過這樣的方式，他們將原本應該相當短促的民族系譜加以擴展開來。

◎列島在凱爾特語圈的名稱

在此統整一下不列顛群島在凱爾特語圈當中的專有稱呼。

如同前面所見，在前四世紀，伊艾爾聶（愛爾蘭）、阿爾比翁（阿爾巴／蘇格蘭）、不列顛尼亞這些稱呼就已被使用；到了凱撒的時代，不列顛島被稱呼為不列顛尼亞，愛爾蘭則被稱呼為海伯尼亞（與伊艾爾聶屬同一語源）。用來指稱布列塔尼半島的阿莫里卡一詞，在羅馬統治下的高盧持續使用，不過它原本是凱爾特語中「沿岸地區」的意思。威爾斯的稱呼則是拉丁語的瓦利亞（Wallia，瓦利斯）、瓦爾，在法語中則稱為「佩．德．卡爾」（pays de Galles，卡爾之國）。雖然有人認為這裡的「卡爾」與「高盧」是同一語源，不過最有力的說法還是認為，威爾斯的稱呼和德語的「Walhaz」，亦即「異邦人」是同一語源。這並非它的自稱，而是外部賦予的稱呼。也有人主張，用來稱呼愛爾蘭的戈伊德爾、卡耶爾、蓋爾等名詞，原本也都是從「卡爾」和「高盧」變化而來，所以這也是外來的名稱。

時序邁入三世紀之後，斯科特人（Scots，愛爾蘭人）、皮克特人陸續登場。斯科特人在三世紀以降，征服了皮克特人的土地，之後該地遂以「蘇格蘭」（斯科特人的土地）稱之。

威爾斯還有另一個稱呼——卡姆利（Cymru）或卡姆利斯，這個自稱是「同胞」的意思。

順道一提，自五世紀的聖希多尼烏斯·阿波黎納里斯起，開始出現用阿莫里卡（布列塔尼）指稱不列顛尼亞的情況。這時期的阿莫里卡另外還有兩個名稱——多姆諾尼亞（Dumnonia）和康諾威伊（Cornovii）；如後面會見到的，這兩者在布列塔尼與康瓦爾都有對應的地名，多姆諾尼亞即今日的德文郡（Devon），康諾威伊在不列顛尼亞島上指的是凱爾諾（Kernow，康瓦爾），在大陸則是指凱爾聶（Kernev，寇努艾爾〔Cornouaille〕，中文亦可譯成康瓦爾）。

關於專有名詞就如以上所述，應以西元前四世紀和後三世紀作為兩個分段點。前四世紀是希臘羅馬正式進入歷史時代的時期，三世紀則是波斯圖穆斯成立「高盧帝國」、卡勞修斯在不列顛尼亞島掀起叛旗，羅馬帝國危機表面化的時代，也是民族大遷徙開始的時期。這時候，匈人從黑海北岸發動侵略，使得日耳曼人開始大遷徙；當中的西哥德人於三七五年越過多瑙河，大舉入侵羅馬帝國境內，從此開始了嶄新的時代。

◎布立吞語和高盧語

如前所述，大陸的高盧語和不列顛尼亞島的布立吞語，不只屬於同一語派，在性質上也十分類似。雖然這是語言學家的客觀分析，不過從文化交流關係上，也有足以證明的證據。西元前一千年以來，兩地便斷斷續續地彼此交流，特別是在前一世紀更是緊密；既然如此，這樣的關係有一直持續下去嗎？

如前章最後所述，二九六年，馬克西米安皇帝的副帝君士坦提烏斯克服了羅馬帝國的危機，重新打開了不列顛尼亞島與大陸間的交通。有人認為，布立吞人移居阿莫里卡，也是從這時候開始的。這個時代的阿莫里卡地區相當荒廢，正處於容易接受移民的狀態。

另一方面，阿莫里卡也是少數到這個時代為止，還在持續使用高盧語的地區。在普盧威爾卡特村㊺出土的拉丁文字高盧語石碑，據推斷是三到四世紀的產物。從這點來看，說著同系統話語人們的存在，對於布立吞人的流入也有更加推進的效果。

布列塔尼的方言學者弗蘭索瓦・法爾漢主張，布列斯語圈東南部的圭內特（Gwened，瓦訥〔Vannes〕）方言，之所以和其他方言大相逕庭，並非因為不列顛尼亞島移居集團內部的分歧，而是和以前殘存下來、說大陸高盧語的集團相混合的結果。

歷史語言學家雷翁・弗羅利歐則和法爾漢抱持不同看法，認為高盧語是殘存在羅馬影響力稀薄、且城市文化未曾流入的阿莫里卡西北部。

◎是民族遷徙？還是文化傳播、吸收？

根據體質人類學者非常長期的研究調查，阿莫里卡地區在這一萬年間，在人種上幾乎沒有產生更替。距今一萬到八千年間，正是中石器時代轉移到新石器時代的文化變遷期；這時候人類開始了定居農耕生活，也開始傳入印歐語，因此有新集團的遷徙，也是不足為奇之事；不過在這裡似乎沒有這樣的跡象。布列塔尼地區的調查證實了這點：因為食物改善，所以成年男子的體格從一百五十九公分大幅增進到一百六十五公分，只是基本的骨骼特徵並沒有改變。

根據體質人類學的研究，從新石器時代末期到青銅器時代前中期，可以看見人種之間有些相互重疊。比方說雖然從以前開始，長頭系就一直居於主流，但在巴黎地區，短頭系的存在則相當明顯。在布列塔尼半島，短頭系、中頭系從鐵器時代開始有增加的趨勢。不過這種人種的重疊，與其當成是新人種的移入，不如把它想成是在原住民集團當中加入了新的要素，還比較妥當一些。總而言之，在阿莫里卡地方，人種從中石器、新石器時代最初定居以來，就沒有什麼太大的改變；在這之後該地社會產生的若干變化，與其說是因為大集團的移居，不如說是來自小集團人群的移入。

最新的基因分析也確認了這點。不論是確認父系遺傳的Y染色體的相關調查，或是確認母系遺傳的粒線體DNA調查，兩者都顯示在印歐語系中，傳承古凱爾特語言的愛爾蘭語圈人民、以及據說自新石器時代以前就已經成為當地語言的巴斯克語圈人民，在遺傳因子上幾乎沒有什麼改變。簡單說，至少發生在西歐的文化變遷，基本上不是透過民族的集體遷徙，而是經由文化傳播、吸收所致。即使有少數菁英集團從外部流入，但從最後一次冰河期生存下來、大約一萬年前的人們，與現在西、北歐全境的人群還是可以聯繫起來。雖然前七千到前六千年左右有印歐語系的進入，不過大體上還是文化傳播導致的吸收、同化，更甚於集體遷徙的影響。

◎民族遷徙與語言

不過，雖然人們在這一萬年間基本上處於定居狀態，但地區內的小規模遷徙還是相當頻繁。雖然這或許只是少數臣民隨著首領進行遷徙，不過我們還是有必要認知這種遷徙的意義所在。縱使是日耳曼人的大遷徙，移動的也不過是相當於羅馬人百分之三的人口，但是這種移動卻造成了重大的結果。正如前面所言，民族的名稱很多都是來自「出身高貴者」或是軍隊將領。

我們往往會把語言和民族同等看待；語言會伴隨著民族移動，被征服的民族，其語言也會跟著消滅，這是迄今為止普遍認知的常識。雖然從長期的眼光來看，語言和民族並不一致，不過在短期狀況下，語言和民族的移動在相當程度上，確實可以視為是相同的。高盧人被羅馬人征服後，便使用拉丁語作為日常生活語言。只是話雖如此，不列顛尼亞島的凱爾特語並沒有隨著羅馬的征服而消失，高盧的拉丁語也沒有隨著法蘭克人的支配而消滅。

從移居者的角度來看，語言的存續或消滅，重要的關鍵其實是在於這種移居究竟是攜家帶眷，還是單身前來？若是攜家帶眷的話，移居者的語言就會以家庭語言的形式存續下去；若是移居者以共同體的規模，進行集體移居生活的話，那共同體的語言就會被繼承下來。如果數量勝過原住民的話，那就可以透過同化方式加以覆蓋。即使在數量上不占優勢、甚至處於極少數，也可以透過抬高移居者語言權威的方式，慢慢取而代之——拉丁語在高盧，大概就是這樣的情況。一般來說，就算移居者屬於極少數，只要能夠在文化進展上給人一種集團的感覺，那這種文化就能夠展開同化。當然也會有引發反彈的情形產生，不過語言文化還是會持續被吸收。

至於不列顛尼亞島的拉丁語、以及高盧的法蘭克語，就沒辦法達到這種程度了。羅馬對不列顛尼亞的征服，以及法蘭克人對高盧的入侵，都只是透過一小撮軍隊，確立起軍事的支配體制，而沒有形成共同體等級、攜家帶眷的移居者集團，更不用說法蘭克文化根本不存在羅馬這般的權威了。即使以數量上來看，法蘭克人的軍隊總共不過三萬人左右，就算把奴隸和家族都算進去，推估也不會超過十萬人。故此，在羅馬帝國瓦解期的高盧北部，高盧人也沒有完全法蘭克語化，而不列顛尼亞的拉丁語也是一樣的情況。

盎格魯撒克遜人從五世紀中葉開始，對不列顛尼亞島正式展開侵略，但如果要說這造成了民族的更替，也未免太過輕率了。至今的主流看法都認為，盎格魯撒克遜人的侵略，使得布立吞人遭到向西驅趕的命運；不過和高盧的情況一樣，據推斷應該也有相當數量的布立吞人，和盎格魯撒克遜人在文化上同化為一體才對。

與之相反的情況是前往伊比利半島的西哥德人，因為在路上已經遭到羅曼斯語同化，所以原本的日耳曼語幾乎消失殆盡。也因此，在伊比利半島要發現日耳曼語的痕跡，可說相當困難。

誠如上述，在移動距離短的地方，進行密度較高的移居，就會產生共同體等級的語言替代，反之若距離甚遠，則不會產生類似現象。現在的法蘭西地區正好處於中間地帶，而法蘭克人居住的北法地區，就沒有產生這種替代現象。

◎凱爾特人真的有移居到不列顛尼亞島嗎？

對古代的研究，往往會反映出研究當時的時代背景。凱爾特學自十九世紀初以來，擁有相當悠久的歷史，但進入一九六〇年代時，凱爾特研究的議題，主要都放在外來侵略、入侵是否有帶來新的文化這一點上。這樣的討論，正反映出了當時有關殖民地主義的爭議。當時鐵器時代與凱爾特時代幾乎是被等同看待的，不過進入一九七〇年代後，這點也被視為頗有疑問，也因此將凱爾特文化與哈爾施塔特文化、拉坦諾文化之間，從緊密關係加以脫鉤的見解，逐漸廣為流傳。

在這以後的新考古學（New Archeology），認為文化的擴張、轉移，並非單單只用人的流動便能加以解釋，而是要考慮到諸如貿易或戰利品，以及首領、工匠、俘虜、奴隸等極少數人的流動之類，形形色色的可能性。就在這種論述當中，西元前一千年左右的凱爾特人是否有移居到不列顛尼亞島，也成了懷疑的焦點。

一九八〇年代末到九〇年代，乃是東西冷戰結構瓦解、民族問題在世界各地爆發的時代。在這種狀況下，凱爾特人的精神性、民族性，都遭到了毫不掩飾的質疑。這樣的質疑不只針對民族性本身，甚至還擴大到歷史概念上的凱爾特人，以及凱爾特文化。於是產生了一種主張，認為古典時代的「凱爾特人」，不過是外部給予的稱呼，本身並沒有作為一個集團的整體性存在，因此把凱爾特人的概念用在歷史上，其實是不適當的。這種論調對於「凱爾特」在歷史脈絡上的運用做出了全盤否定，而抱持這種想法的研究者也不在少數。雖說如此，我們至少可以確定的是，鐵器時代的不列顛尼亞島，並不能和凱爾特文化等同看待，這也是逐漸成為主流的論述。

◎民族起源的傳說

當某個民族的政治體制和國家機構開始產生機能後，便會為了編織歷史性的權威，而開始編纂氏族的歷史或是家系圖。西歐從中世高峰期（High Middle Ages）的十二世紀左右，開始出現這樣的編纂作業，其中為之錦上添花的，便是亞瑟王的登場；這點將會留待第七章再詳述，在此僅先概述西歐全體共通的民族起源傳說的形式。

首先是聖經的《創世記》。因為基督教教義本身不容質疑、對其記述也不容有疑問，因此直到十八世紀的西歐，套用《創世記》仍是老生常談的手段。不過，這些編織皇室或民族權威的歷史記述，倒不常擺出從天地初創開始的誇張架子；大部分的情況下，他們都是從「挪亞的大洪水」開始講起。當然這樣的脈絡，和次章曾提到的基督教普及與權威高漲，有著相當密切的關係。

接下來要提到的就是「特洛伊起源說」。從特洛伊戰爭中逃離的伊尼亞斯（Aeneas）成為了羅馬的祖先，這是有意識地運用傳說，來支撐羅馬的權威。「七世紀以降，法蘭西的史家固不用說，就連日耳曼、西班牙、義大利、比利時、波蘭、斯堪地那維亞的史家，也都令人驚訝地有志一同，不厭其煩地敘述著（特洛伊起源說）。」（波米安〔Krzysztof Pomian〕，〈法蘭克人與高盧人〉，收錄於諾哈〔Pierre Nora〕《記憶所繫之處》〔*Les Lieux de Mémoire*〕）法蘭克人源自特洛伊之說，首先出自七世紀的《法蘭克年代紀》；之後一直到十六世紀中葉，這種傳承史仍不斷被提起。

至於布立吞人的傳說則是，伊尼亞斯的曾孫布魯圖斯（Brutus）移居到不列顛尼亞島，因此這座島便以他為名。接著我們還會看見，在布列塔尼也有布立吞人從島上遷往阿莫里卡半島的傳說；這種起源神話一直到十九世紀，都還連綿不絕地流傳著。

◎布立吞人移居阿莫里卡的起源傳說

如前章所述，四世紀的阿莫里卡，和不列顛尼亞島或者紐斯特利亞（Neustria，諾曼第）等鄰接區域相比起來，不只在政治經濟上處於邊陲，就連文化也是荒涼一片。以這種狀況為背景，這個時代遂為移居傳說提供了絕佳的存在空間。關於這方面最早的記述，是西元八百年左右由內尼厄斯寫成的《不列顛人史》。有關內尼厄斯的生平一切不詳，只有在這本書的序文中有略微提到，他是北威爾斯班戈（Bangor）地方的神父，是聖艾爾波托克斯（Elvodugus）的弟子，因此應該是位瓦利亞（威爾斯）的聖職者。在這本《不列顛人史》中，對於布立吞人的移居做了以下的記述：

不列顛尼亞的第七代國王是馬克西米努斯（Maximinus）。他率領布立吞人的全體士兵離開不列顛島，殺害了羅馬皇帝格拉提安（Gratianus），掌握歐洲全境的主權。（中略）位在大海對岸阿莫里卡的布立吞人，都是跟隨首領馬克西米努斯作戰的將士；他們因為不願再回到島上，於是徹底破壞了高盧的西部地區，即使催促這些男人返鄉，也完全沒有效果。

馬克西米努斯（馬克西穆斯）率領布立吞人渡海進軍高盧，並在巴黎附近擊敗了西方的皇帝格拉提安，自己即位為帝，這是經過確認的史實。只是，關於這個時期的移居，在考古學上並沒有太多證據可尋。

十世紀以後，布立吞人在阿莫里卡最初的統治者，被設定為「柯南」（Conan）這號人物。雖然本書現已不存，不過柯南是在推測於十世紀後半寫成的《亞瑟事蹟之書》中首次登場；十五世紀的宮廷史家皮耶爾．路波（Pierre Le Baud，《布立吞人史年代紀》，一四八〇年），曾經做了以下的抄錄：

馬克西穆斯．梅拉渴望成為高盧的支配者，於是邀約他的友人兼族人——柯那努斯（Conanus，柯南）一同率領布立吞人大軍進行遠征。（中略）又被稱為雷歐尼達斯的

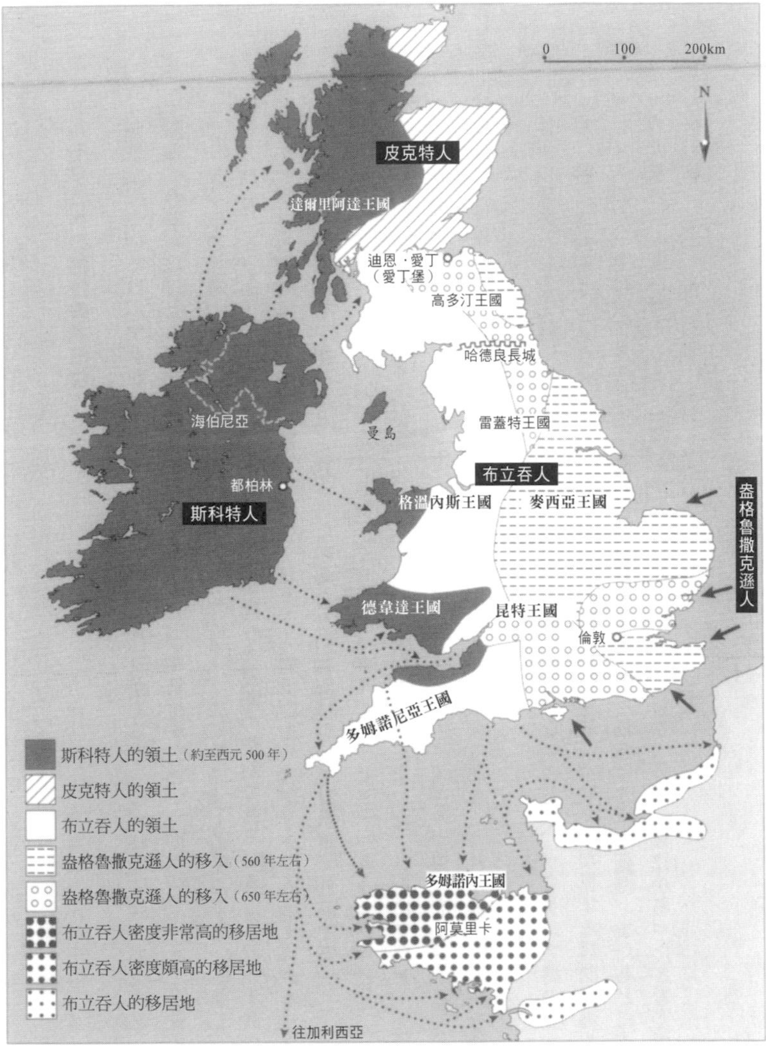

凱爾特文化圈的大遷徙　始於四世紀、盎格魯撒克遜人的到來。

馬克西穆斯征服了阿莫里卡，並任命柯那努斯為統治者。

馬克西穆斯．梅拉，應該就是內尼厄斯所講的馬克西米努斯，也就是真實存在的羅馬皇帝，但柯南則非實在人物。

十世紀瓦利亞的書籍《不列顛預言》（九三〇年左右）當中，就有英雄柯南（卡南）的登場。由於布列塔尼公爵柯南一世（Conan I）在位期間正好是十世紀後半，因此兩者之間或許有所關連也說不定。不管怎麼說，到了十二世紀，柯南傳說被編入「亞瑟王傳說」當中，逐漸地體系化。關於這點，我們後面會再談到。

◎真正開始移居阿莫里卡

在四世紀馬克西米努斯與柯南的移居傳說中，幾乎沒有任何可說是史實的內容；因此，真正的移居應該要到五世紀才展開。據六世紀拜占庭的史家普羅科匹厄斯（Procopios）所述，布立吞人移居大陸的導火線，乃是四四〇年左右盎格魯撒克遜人開始侵略不列顛尼亞島。八世紀的聖貝德（Saint Bede）說，撒克遜人開始來到島上，是在四五〇年左右，應布立吞人國王的邀請，以討伐皮克特人的傭兵身分前來。關於這方面的情形，將在次章詳述。

至於七世紀的史家弗雷迪卡留斯認為，允許不列顛人移居的，是克洛維一世及其子希爾德貝爾特一世（Childebert I），由此產生了大規模的遷徙。接著在法蘭克王達格貝爾特一世（Dagobert I）時，他和布立吞的多姆諾內（Domnonée）王朱迪卡（Judicael）簽訂協約，讓這樣的移居持續進行。於是，六世紀到七世紀初遂成為移居的鼎盛期，這便是移居的第二個時期。

有關移居證據的史料，事實上就只有這些，其他的幾乎無跡可尋。不過，從不列顛尼亞的凱爾特語、特別是和西南端康諾威伊（今康瓦爾）地方語言極其相似的布列斯語，之後在阿莫里卡半島西部落地生根，以及地名上的證據，再加上後面會提及的大量聖人傳來思考，我們不能不認定，在六世紀到七世紀間，確實曾有大規模的移居產生。

◎地名的共有

有關地名的證據，可以從拉尼利（Lannilis）、朗代韋內克（Landévennec）等地的字首「Lan」、特雷格爾（Trégor／Treger）、特雷布爾登（Trébeurden）的字首「Tre」，以及洛克倫（Locronan）、洛克蒂迪（Loctudy）的字首「Loc」察知。這些字首不管在布立吞語支下的哪種語言——包括威爾斯（卡姆利）語、康瓦爾（凱爾諾）語，以及布列斯語——都是共通的。「Lan」在布立吞語中指的是「聖地」、「修道所」，「Tre」指的是「居住地」，「Loc」指的是「場所」；無論哪一個，都是和移居聖人有關係的地名，由此也暗示了它和基督教的傳入彼此重合。這些地名大多分布在阿莫里卡西北部的雷翁地方㉙、特雷格爾地方㉒，以及西南部的凱爾聶（寇努艾爾）地方㉙，由此可知，這些地方過去曾經是移居的據點。

凱爾聶這個地名乃是源自不列顛尼亞島的康諾威伊人，這也是移居的證據。康諾威伊人原本居住在瓦利亞（威爾斯），之後南下移居到多姆諾尼亞（德文郡），並成為當地地名的由來。這個地名出現在阿莫里卡，據推定是五世紀末克洛維一世的時代，所以移居應該就是從這時候開始才對。雷翁地方的普盧蓋爾內（Plougerne），一三三〇年代的原始地名其實是普羅耶・凱爾聶烏（Ploe Kerneu vers）；九世紀在維萊訥河左岸的普雷布斯・寇爾諾，原本應該也與康諾威伊人有關。

當時阿莫里卡的凱爾聶地方，據推定其範圍應該是廣及半島的南半部，北半部則稱為多姆諾內，而此地也與不列顛尼亞的多姆諾尼亞彼此相通。由此可知，這時期的康瓦爾半島與布列塔尼半島，隔著英倫海峽，在廣域地名上出現了重疊的狀況。

更進一步說，布列塔尼與不列顛島也是如此。這兩者都是源自「不列顛尼亞」，共享同樣的語源。小至村落單位、大至區域乃至整體地名，全都是兩地共有。這正是此一時代，兩地彼此關係密切的實證。

◎移居的理由

從不列顛尼亞島來看，移居者主要是來自現在仍保有凱爾特系語言的威爾斯，以及包含康瓦爾在內的德文地區。一般都認為盎格魯撒克遜人的侵略是移居的原因，六世紀瓦利亞的布立吞人修道士基爾達斯（Gildas），在《不列顛尼亞的破壞與征服》（*De Excidio et Conquestu Britanniae*，五六〇年左右）中，就有這樣的描寫：「野蠻人將我們向大海驅趕，大海卻將我們趕回野蠻人這邊。我們只能在兩種死亡之間做出選擇：不是被砍死，就是溺死。」（第二十節）照這樣說來，首先遭到侵略的不列顛尼亞東南區域，應該也會有前往大陸的移民潮才對，可是卻沒有類似的記錄。要說當地人被盎格魯撒克遜人的侵略趕到島的西邊，再被逼得移居大陸，這樣的說法也不甚有說服力。

之所以這樣說，是因為不列顛尼亞島自三世紀後半起，除了遭到來自大陸的撒克遜人、弗里西人等日耳曼民族襲擊以外，海伯尼亞（愛爾蘭）島的斯科特人，島嶼北部的皮克特人也不斷展開攻擊。斯科特人在四到五世紀，形成了所謂的「達爾里阿達王國」（Dál Riata），六世紀末，該國占領了海伯尼亞北部和阿爾巴（蘇格蘭）西部，形成一大勢力。四一〇年和四二五年時，他們攻進了瓦利亞北部格溫內斯地方，四三七年左右又攻陷了南部的德韋達地方（Dyfed，德韋達王國）。然而縱使如此，還是沒看到瓦利亞的布立吞人被逼著往東邊移動的跡象。若是遇到侵略，大多數的情況應該會為了避難而逃離；不過在無法抵抗的情況下，反過來選擇屈從於侵略者的支配，這樣的狀況應該也相當多才對。

若是如此，那我們就必須重新思考布立吞人移居大陸的最大原因為何。既然現存的證據都與基督教有關，那麼首先就該從移居與基督教的關係開始仔細思量才對。如同接下來會看見的，因為移居和聖人的傳教彼此相關，所以把它想成是一種追隨聖人形成的共同體，其實是很合理的。在布列塔尼東側與諾曼第，還殘留有許多高盧人的共同體，但在布列塔尼西部，自三世紀以來便日益荒廢，因此提供了移居者相當充裕的進入空間；從這樣的角度思考，便很容易理解。

從聖人渡海傳說看「移居」

◎多神教與一神教

一般來說，民間信仰主要都是多神教，而多神教的態度也較為寬容。如同第一章所述，在前一世紀的羅馬，從東方傳播而來的太陽神密特拉廣受信仰，三世紀末戴克里先皇帝的時候，更一度將它列為國教加以信奉。君士坦丁大帝在改宗基督教前，據說也是密特拉神的信徒。

凱撒時代的高盧，當地民間信仰的神包括了財富與技術之神圖塔蒂斯、消災解厄之神佩勒努斯、豐收與戰爭之神艾蘇斯、統治上天之神塔拉尼斯等；不過這些神因為與羅馬的眾神——如麥丘利、阿波羅、馬爾斯、朱庇特等神性質相近，所以常常被當作同樣的神來加以信奉。阿莫里卡的雷東內斯人，也把守護神穆羅、河川之神維希努斯，和羅馬的軍神馬爾斯混在一起崇拜，變成馬爾斯·穆羅神，或是馬爾斯·維希努斯神。這和日本神道教與佛教發生融合的「神佛習合」宗教觀頗為相似。由此可知，民間信仰總是包容而非排他，多神教也是如此。

相對之下，一神教則是非寬容的，甚至往往會演變成狂信的狀態。因為狂熱的緣故，他們不只不反對殉教，甚至還將之視為英雄行為。耶穌本身也是以殉教結束一生，所以基督教也可以稱得上是「殉教教」。在初期的聖人傳記中，也屢屢提到殉教之事。

◎基督教化的開始

西元二九六年，當羅馬副帝君士坦提烏斯在不列顛尼亞島擊破自稱統帥的叛將阿列克托斯時，據說島上已經分成四個教區，開始有組織的進行傳教。羅馬帝國於君士坦丁大帝執政的三一三年時，正式公認基督教為帝國的國教。第二年在南法亞爾列（Arles）召開的公會議中，不列顛尼亞島據記載，也有三名主教作為代表出席。

高盧在西元三二五年，一共設有二十四個教區。就王國層級來說，被視為當今法國直屬起源的法蘭克王國，其創始者克洛維一世於四九六（亦有四九五、四九八年之說）年的聖誕夜，在蘭斯（Reims）接受主教聖雷米（St. Remi）的親手洗禮，從此基督教便在法蘭西地區受到官方的認可。

至於基督教究竟是何時來到阿莫里卡地方，這點我們並不是很清楚。

阿莫里卡最初的殉教聖人傳說，是戴克里先皇帝在位的三〇四年時，南特㊹地方的兩兄弟——聖多那托斯（多那西安）和聖洛卡提斯（洛卡西安）。據聖人傳所述，當時有位名叫西米利歐的神父在南特地方傳教，而首先成為信徒的，便是領主的兒子多那托斯。後來多那托斯的哥哥洛卡提斯在弟弟的勸告下，也成為了信徒；只是兩人在受洗之前，便遭到當局逮捕，並且在洗禮地點遭到處死。

因為殉教聖人被回溯到古老時代的情況很多，所以關於四世紀初的阿莫里卡是否真的已經接受了基督信仰，這點還是頗有疑問。研究布列塔尼中世史的學者瑟德維爾（André Chédeville）指出，五世紀後半，在高盧西部曾經召開四次宗教會議：四五三年在昂熱（Angers）、四五三年和四六一年在都爾（Tours）、四六三年在圭內特（瓦訥）。南特主教自四五三年以降、雷恩主教自四六一年以降、圭內特主教大概也是同一時期，開始參與宗教會議；這些都是出席者當中，可以確認來自阿莫里卡的人員。大約在四六一到四九一年間，圭內特舉行了當地第一位主教——帕迪努斯（Paternus）的祝聖儀式，同時也召開了教區會議。

從這些史事來考量，基督教流入阿莫里卡，應該是五世紀後半左右的事。早在五世紀初，羅馬對高盧國境地帶的統治力量便已瓦解；匈人的國王阿提拉在潘諾尼亞設置大本營，建立起從萊茵河到裏海的大帝國，不過他卻於四五一年六月，在高盧的沙隆（Châlons，巴黎東北），遭到西羅馬帝國將軍艾提亞斯（Aetius）指揮的西羅馬、西哥德聯軍擊敗。這時候日耳曼人——主要是法蘭克人——的侵略業已展開；同時，布立吞人也開始正式移居阿莫里卡。簡言之，這正是民族大遷徙宣告開始的時代。

◎揭露移居事實的聖人傳說

基督教官方公認的第一位聖人，是九九三年由教廷認證的奧格斯堡的聖烏爾里希（Saint Ulrich of Augsburg）。一一七〇年，教皇亞歷山大三世將列聖（認證聖人）的權利限定為教廷獨掌，一二三四年英諾森三世宣告教廷擁有製作聖人名簿的獨占權。之後在一六三四年，烏爾班八世又將列福（認證真福者）與列聖的手續加以明確化。不過在這之前，「聖人」這個名詞，則是普遍使用在尊稱進行重要活動的聖職者上。在布列塔尼，從八世紀到九世紀間，出現了為數眾多的聖人傳記；據推斷起源自這個時代的聖人傳記，現存的還有六十篇以上。

一直到法國大革命為止，布列塔尼在行政基本單位上主要是畫分為九個教區，其雛形初備大概是在西元一千年左右。在這當中，雷恩和南特兩個地區主要是從高盧內部開始基督教化，除此之外都是不列顛尼亞島渡海而來的聖人在產生影響力。在布列塔尼，這些渡海並且創立各自教區的聖人，被稱為「創始七聖人」（Seven founder saints）。從這裡也可以看得出「渡海而來」這件事，對阿莫里卡地區的意義有多麼重要。

在研究這些聖人的生涯時，也可以考察出相關的蛛絲馬跡。布列塔尼在地名上，以字首「plou」、「tre」、「lan」、「loc」等接續聖人名字的情況相當多，這是其他地方所無、相當特殊的例子。由此可見，聖人對地區的形成，毫無疑問提供了重要的貢獻。而且和撒克遜人或維京人的入侵不同，在此

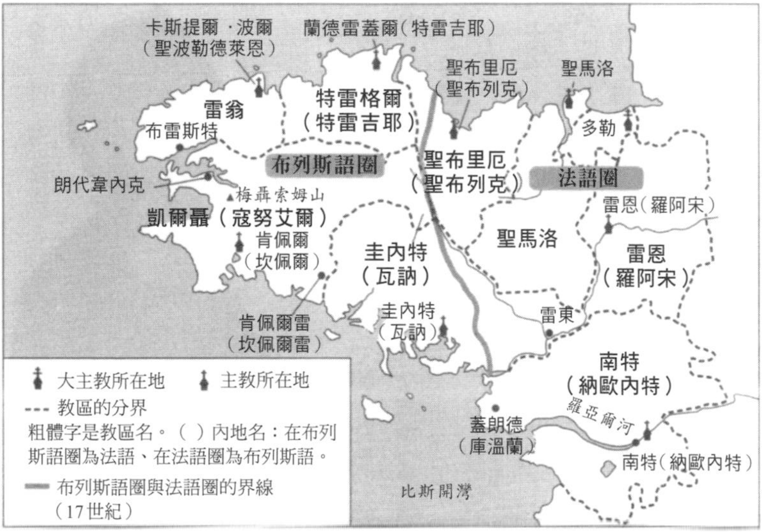

布列塔尼的天主教教區及主教所在地（19 世紀前）

地也幾乎不曾聽聞和地方民眾產生衝突的報告；從這點來思考，這應該也是聖人在移居上扮演重要角色的證據。

◎聖桑松傳

據稱撰寫於七世紀初（一說為八世紀末），在阿莫里卡渡海聖人傳記中最古老也最令人感興趣的，就是《聖桑松傳》（*Vita Sancti Samsonis*）。聖桑松（Saint Samson of Dol）是布列塔尼東北部多勒教區的首任主教，五五七年曾經出席法蘭克王查理貝爾特一世在巴黎召開的第三次宗教會議，這是可資確認的史實。他不只是明確存在的真實人物，也是創始七聖人當中，生涯描述最為詳盡的一人。

桑松出身自瓦利亞（威爾斯）西南地區的高貴家系，雙親皆是基督教徒。他從很小的時候，就已經被寄養在聖依爾契特（Saint Illtud）修道院。從他的經歷可以發現，布立吞人的上流階層，在五世紀末已經有部分基督教化了。

成為修道士的桑松，在五一〇年左右曾經一度隱居到瓦利亞南部的卡爾迪島（Caldey）進行苦修，之後進入海伯尼亞（愛爾蘭）的修道院，學習聖派翠克的傳教方式。接著他又前往多姆諾尼亞（康瓦爾）的洞窟中，再次進行避世苦修，最後於五四八年，來到阿莫里卡東北部的城鎮多勒。在這裡，他展現奇蹟，治癒了當地領主妻子和女兒的疾病，領主遂將一間修道院封賜予他。聖桑松因為這段軼聞，被當成治癒疾病——特別是風濕和眼疾（還有發瘋）——的聖人，而廣受尊崇。

聖桑松像　朗杜恩威斯村㉙聖桑松禮拜堂藏。

從桑松的生涯來看，他除了在以海伯尼亞為根據地的基督教進行學習以外，其他大部分時間都在布立吞語圈的多姆諾尼亞與阿莫里卡活動。阿莫里卡對基督教的接納，對於在海伯尼亞培植基督教來說是相當重要的事。布立吞語圈的文化一體性，從桑松的活動範圍可以得到證實。

◎創始七聖人傳

阿莫里卡半島西北端的卡斯提爾・波爾（Kastell-Paol，聖波勒德萊恩〔Saint-Pol-de-

Léon〕）教區首任主教帕里努斯（Paulinus，波爾・奧雷利安〔Paul Aurelian〕）的傳記，可以確定是在西元八八四年，由朗代韋內克的修道士撰寫而成。它是創始七聖人傳記中，僅次於聖桑松最詳盡的傳記。只是關於他的生涯，有不少是模仿《聖桑松傳》寫成，因此類似的地方很多。

帕里努斯原本是瓦利亞南部軍事貴族的兒子，卻不想成為軍人，於是在說服了雙親之下，進入卡爾迪島的聖伊爾契特修道院修行。十六歲時得到隱居苦修的許可，在故鄉建立修道院，並在六年後成為神父。他向當時的多姆諾尼亞王馬克（King Mark；在亞瑟王傳說中，此人是崔斯坦〔Tristan〕的叔叔）請求領地，卻遭到了拒絕，於是便渡海來到阿莫里卡。他抵達的地點，是位於半島西北部海上的烏薩（韋桑）島。接著他來到半島，在當地設立隱居所，並在附近建設起修道院。之後，在法蘭克王希爾德貝爾特的許可下，五三〇年，他以巴茨島（Île de Batz）為根據地，成為卡斯提爾・波爾教區的首任主教。

聖帕里努斯像　庫里米歐村㉙的石像。製於十六世紀末。

阿莫里卡西南部凱爾聶（寇努艾爾）教區的創始聖人科倫坦（St. Corentin），其傳記著於十二世紀，但是關於他的存在，其實有相當多的疑點。據說他活躍於五世紀後半至六世紀前半，渡海而來的是他的父親，他本人則是出生在阿莫里卡。

特雷吉耶（Tréguier）教區的創設者杜迪阿爾（Tudwal），其最古老的傳記是九世紀後半，在蘭德雷蓋爾（Landreger，特雷吉耶）當地編纂而成的。杜迪阿爾出生於不列顛尼亞島西南部的德文地區，母親龐培亞（Pompea，一稱庫帕亞）是阿莫里卡傳說中的國王奧爾一世（Hoel I Mawr）的王妃。龐培亞於五〇九年，因為躲避法蘭克人及與之同盟的弗里西人侵略，而渡海前往不列顛尼亞島。之後在五一五年左右，杜迪阿爾帶領龐培亞等七十二人，再次渡海回到半島。

他因為施展奇蹟，治癒病人的腳，於是獲得當地領主給予修道領地；接著他又在凱爾聶教區，建立起洛克倫（洛克馬利亞）修道院。據說當他在蓋修道院時，請求他治病的病人總是大排長龍。

聖布里厄（聖布列克〔Sant-Brieg〕）教區的創始者聖布里耶克（St. Brioc），他的傳記是十一世紀左右在昂熱（法蘭西中西部），為了彰顯發現的聖人遺物而編纂的。聖布里耶克出身於瓦利亞西南部的阿貝爾迪威，父親是異教徒，但母親卻頗能理解基督教。之後，聖日耳曼努斯（St. Germanus）因為捲入「伯拉糾異端」「論爭而來到不列顛尼亞島時，看中了布里耶克，於是便將他帶回巴黎教育。布里耶克受到天使的啟示，帶著一百六十八名弟子前往阿莫里卡。他最初在半島西北端的阿貝爾・布拉哈傳教，接著在聖布列克附近的奎特河（Gouët）口建立起修道院，這就是聖布列克教區的起源。

聖馬洛教區的創始者聖馬洛（St. Malo）的傳記，是於九世紀後半至十世紀編纂完成。他出身瓦利亞南部的庫拉摩根地區，這點和桑松以及帕圭努斯相通，不過時代則比他們晚了一個世紀。當他渡海來到阿莫里卡的時候，一開始是在阿雷特（Aleto）河河口處的亞隆島落腳，並在當地修道士的建議下，開始對阿雷特的居民傳教。不過後來他捲進了地方領主的爭執當中，無法順利展開傳教，於是被迫將據點轉移到半島南鄰的聖東日，繼續傳教工作。這段期間，阿雷特地區疫病蔓延，於是熱心治療病人的馬洛，又被請回了當地。馬洛就因為救助地方居民的功業，而被當成創始聖人廣受尊崇。

被視為圭內特（瓦訥）教區創始聖人的聖帕坦恩，雖然一般都認為他是出身阿莫里卡本地，不過也有人把他和六世紀瓦利亞的聖人帕達恩（St. Padarn）（德韋達地區蘭帕達恩・法爾鎮〔Llanbadarn Fawr〕的創始聖人）視為同一個人。他的父親是聖職者，曾經遠渡海伯尼亞修習，並在不列顛尼亞島建立修道院；據說聖桑松也是這間修道院的弟子之一。

以上所述的創始七聖人，包括是否真實存在頗成疑問的科倫坦、布列克、帕坦恩在內，幾乎都是六世紀前後渡海來到阿莫里卡，或者是有這方面的背景。當然，聖人渡海的年代多半是傳說，不能完全當成史實看待，但重點是九到十世紀左右的阿莫里卡知識分子，對於六世紀這個移居最為活躍的時代，有著相當清楚的認知。這可以說是他們對自己祖先的一種認知意識吧！

聖人傳記的執筆年代，雖然最早可以追溯到七世紀，不過大半都是九世紀末到十一世紀的產物。那時正是北方維京人入侵，基督教面臨瓦解危機的時代。據記述，布列塔尼九個教區的整體架構初現，大約是在西元一千年左右；換言之，創始七聖人傳的編纂，是在基督教面臨危機的背景下，作為傳教機構整飭的一環來加以推行的。

◎布列塔尼的守護聖人

所謂守護聖人，原本是指為了守護個別信徒，而賦予他們洗禮名的聖人，不過後來也擴張到家族、職業團體、村莊乃至國家的範圍。在俄羅斯之外的東正教會，以及新教各派中，對守護聖人的崇拜並不普及；不過在天主教中，它則是以網羅各個集團的形式，變成一種體系。雖然他們和教宗認證之前的聖人一樣，並沒有透過文件得到正式認可，不過在大眾支持下，這樣的信仰還是逐漸實體化。在這層意義上，它可說是在基督教中摻入了民間信仰的要素；換言之，也就是異教或前基督教的內容，透過這種方式，輕易滲透到了基督教當中。

一般認為，布列塔尼的守護聖人是聖母瑪利亞的母親聖安娜。雖然我們不太清楚這種信仰是起自何處，不過很有可能是來自於十字軍從東方帶回來的聖安娜信仰。因為是中世紀極盛期以降的信仰形式，所以這種信仰並不算太古老。如同我們之後會見到的，對聖安娜的信仰在十六世紀時，與布列塔尼最後一位女公爵安娜（安妮）的名聲結合，因此日益流傳廣泛；到了十七世紀，在祭祀聖安娜的聖迪斯・安那・維內托村[56]（Santez-Anna-Wened），傳出了聖安娜顯靈的事件，自此遂成為涵蓋布列塔尼全境的聖人信仰。十九世紀後半，祭祀聖安娜的幾個教會廣獲大眾支持，

聖艾爾旺的守護聖人祭　於阿爾維尼希村㉒。出自 *Histoire littéraire et culturelle de la Bretagne*。

舉行祭典的規模也十分盛大。

不過，布列塔尼其實還有另一位守護聖人，那就是聖艾爾旺（Erwan／Ivo〔布立吞語〕，伊華〔Ivo〕）。艾爾旺是十三世紀實際存在的人物，有許多傳記描寫他的生平。他特別熱心於救濟窮苦，因此被稱為「佩雷克·桑德爾（神聖的牧者）」。另一方面，因為他學習法律，為貧困者辯護，所以也被視為律師的守護聖人。

聖艾爾旺像　左右分別為貧者與富者。十六世紀的木像。朗德雷瓦賽克村㉙禮拜堂藏。

艾爾旺死後不久，弟子便展開推動列聖手續；一三四七年，羅馬教皇克雷門六世認證他為聖人。一九二四年，在布列塔尼主教們的請求下，教皇庇護十一世宣布他為布列塔尼的守護聖人。故此，從教廷的角度來看，聖艾爾旺才是布列塔尼的正式守護聖人。聖艾爾旺在大眾之間也很受愛戴，在他逝世的五月十九日，不只保存聖遺物的蘭德雷蓋爾（特雷吉耶）大教堂，在布列塔尼全境都會舉行聖艾爾旺祭。在特雷格爾地方，他的知名度和人氣遠比教區聖人聖杜迪阿爾要來得高出許多。

◎擁有三個乳房的聖女

八七〇年左右，朗代韋內克修道院除了撰寫聖帕里努斯的傳記以外，也編纂了該修道院的創始聖人——聖克溫諾雷（Gwenole）的傳記。聖克溫諾雷和聖科倫坦的時代差不多，雙親也都是瓦利亞的移民。

他的父親聖布拉坎名聲並不顯著，不過母親聖闊恩則因身為「擁有三個乳房的聖女」，而相當有名。克溫諾雷另外還有兩位兄姊，闊恩為了替三個孩子哺乳，因此擁有三個乳房；這座特異的聖女像，在聖布列克以及布列塔尼的好幾個地方都能看到。

事實上，在瓦利亞的傳說中，也有一位幾乎如出一轍、「擁有三個乳房的聖女」。雖然丈夫的名字不太一樣（叫做阿涅斯），不過母親同樣叫做聖闊恩。她的孩子叫做聖嘉德旺，是從阿莫里卡渡海來到不列顛尼亞的聖人；看樣子，應該是同一個傳說分岐的結果。

克溫諾雷在阿莫里卡北岸的拉烏雷修道院中，跟隨海伯尼亞系統的傳教士聖維多克修行。就在他修行的過程中，某一天，愛爾蘭的守護聖人聖派翠克忽然出現在夢中，勸他建立一間新的修道院。於是，他就在凱爾聶地方的海岸邊，建起了朗代韋內克修道院。當時是西元四八五年，正好和因沉沒海中的伊蘇傳說而聞名的葛拉冬王（Gradlon）同時代；據說葛拉冬在罪孽深重的女兒與城鎮一起沉入水中後，便在這間修道院裡迎接生命的終點到來。有關克溫諾雷治癒疾病的傳說也相當之多，包括用祈禱治癒父親的腳，把被雁啄走的女孩眼睛成功要回來，讓修道士的母親死而復生，逐走危害村莊的蛇等等。據說，他在治療眼疾、腹痛等方面十分靈驗。

◎被水淹沒的城市——伊蘇的傳說

根據古希臘的皮西亞斯以及羅馬的斯特拉波等人所述，在布列塔尼地區，有不少被水淹沒的城鎮傳說，如科爾比奧（位在聖納澤爾㊹近郊），以及蓋朗德㊹沼地上的克利斯鎮等，但是當中最有名的，還是非伊蘇（Ys）莫屬了。在伊蘇傳說中，主要登場的人物包括了凱爾聶之王葛拉冬、他的女兒妲尤（Dahut），以及聖克溫諾雷。

葛拉冬王在九世紀中葉的《聖朱利歐傳》中，被記載為「布立吞人的王子」，在《聖克溫諾雷傳》（八八〇年左右）則以「凱爾聶王」的身分登場。

葛拉冬王指揮著大船隊，在海上接連取得輝煌的勝利；然而，在寒冷海上作戰的士兵或者戰死，或者因為疲憊不堪，而掉頭回到家人等待的布列塔尼，最後只剩悲嘆不已的葛拉冬王一個人，獨自漂流在海上。這時，就在明月高懸天空之際，出現了一位留著紅色長髮的美女；她是統治北國的王妃瑪爾蔻文。在王妃的引誘下，葛拉冬殺害了年老的北國國王，奪走財寶踏上歸途。這時候，他駕馭的是一匹稱為「莫爾瓦嵒夫（海之馬）」，能夠在海上疾馳的漆黑駿馬。馬兒雖然追上了歸還途中的船隊，不過卻因為遭遇暴風，不得不在海上多停留一年；這段期間誕生的女兒就是妲尤。王妃在生下妲尤之後不久便過世了，於是葛拉冬便帶著女兒一起返國。

妲尤非常喜歡大海，當她長大以後，便向父親提議，要在大海的入口處建造一座城鎮。葛拉冬接受了這個建議，於是便動用上千名人力，將城鎮建造起來。為了從巨浪和暴風中守護這座城鎮，他築起了高大的牆壁，出入口只有一處，而鑰匙掌握在他自己的手中；這座城鎮的名字，就叫做伊蘇。在伊蘇，每晚都會召集船員舉行宴會，被公主妲尤選中成為伴侶的男性會戴上黑色面具，但是到了早晨宴會結束後，面具便會絞緊男人的脖子，然後將他的遺體獻給大海。

某個春天的日子，有位穿著一身火紅的騎士來到伊蘇城。他的手腳相當細長，還留著尖銳的指甲。這天晚上，他被選為公主的伴侶；這時狂風巨浪大作，眼見城鎮似乎就要沉沒，但是逃出城鎮的唯一一把鑰匙，卻掌握在國王手中。於是，騎士便勸公主說：「國王已經睡著了，將那把鑰匙拿出來，不會有問題的。」聽了這話，妲尤便進入國王的寢室；當她從國王頸子上將鑰匙拿下來的瞬間，像山一樣高的大浪猛然湧起，而葛拉冬也醒了過來。妲尤勸國王說：「快騎上莫爾瓦魯夫逃走吧！」於是兩人便騎上漆黑的駿馬，但這時忽然響起了一個聲音：「葛拉冬，放棄公主吧！」原來是聖克諾溫雷。克諾溫雷對妲尤大聲說：「是妳奪走了伊蘇的鑰匙，造成了這場災難！」葛拉冬於是放開了妲尤的手；就這樣，妲尤公主和城鎮的人們，一起消失在海中了。葛拉冬越過原野、翻過山嶺，最後來到七座山丘與兩條河川的匯流點，在這裡定居下來，這就是現在的坎佩爾（肯佩爾）鎮㉙。

後來，妲尤變成了海中的人魚。每當海上風平浪靜的時候，還可以聽到妲尤的歌聲。在杜阿爾內斯（杜阿爾訥內）東方，有一處名叫「普盧達維特」的場所，這裡在布列斯語中稱為「妲尤的洞穴」，也就是相傳妲尤被波浪吞沒的地方。

對於伊蘇的故事，我們可以將之當成是對海洋怠忽警戒的一種警世故事來看待。不過它又牽扯到渡海聖人的事蹟，因此也暗示著基督教與之前文化的關係。換句話說，消逝在海中、化為人魚的妲尤，其實就跟愛爾蘭神話裡那些「異界的人們（地下的妖精）」一樣，是柳田國男所謂「前代神明凋零姿態」的體現，也是隨著基督教到來滅亡的異教徒文化象徵。不只如此，這個故事撰寫的時代——九世紀，也是北方維京人襲來的最高峰。葛拉冬被北國的王妃所引誘這個設定，也因此帶有濃厚的警世色彩。

今天，人們對伊蘇傳說中的妲尤並不見得完全抱持者負面觀感，而是多少帶著對前代文化的憐憫或懷古之情，來看待這樣一段故事。在瓦利亞的《聖桑·賓恩》（音譯）（十二世紀）中，也有片斷的同類故事，由此可見，它應該是屬於整個布立吞的共通傳說。

◎布立吞人和法蘭克人的關聯

如上所見，當四世紀布立吞人從不列顛尼亞到來的時候，他們和高盧人以及羅馬，算得上是比較友好的關係，與法蘭克人則處於敵對；但到了五世紀，情況為之一變，他們和羅馬之間保持著距離，反而對法蘭克人抱持友好態度。之所以如此，大概是因為進入五世紀後，羅馬人在高盧的權力極度弱化之故，也就是和當地的支配關係有關。

法蘭克王克洛維一世於五一一年十一月逝世；在他過世之前的七月，在奧爾良召開了一次宗教會議。在這場會議上，五世紀後半成立教區的雷恩、南特、圭內特等地的主教都有與會，但除此之外的阿莫里卡教區則都沒有參加；這和創始七聖人傳教的記述也是一致的。

在六世紀西法蘭克（法蘭西）都爾地方的史家額我略撰寫的《法蘭克人史》（六世紀末）當中，不列顛尼亞這個地名曾經十一度登場，但指涉的都是阿莫里卡半島。換句話說，隨著布立吞人的移居，在高盧／法蘭克人眼中，「不列顛尼亞」已經不是指不列顛島，而是布立吞人居住的阿莫里卡半島，至少在高盧有不少人是這樣認為的。這也就是說，到了六世紀末，阿莫里卡已經變成了布立吞人的土地——不列顛尼亞。

在聖人傳中不只一次登場的多姆諾尼亞王國，雖然從名稱來看會讓人想起羅馬時代居住在阿莫里卡的高盧部族——多姆諾尼族，但從以上的狀況來思考，也可以明瞭它在五世紀到六世紀間，乃是橫跨阿莫里卡半島與不列顛尼亞島、屬於布立吞人的共有王國。雖然未必具有王國該具備的一致性，不過我們仍然可以窺見當時交流的關係之緊密。前述額我略的《法蘭克人史》中，也有多姆諾尼亞王國的國王克諾莫爾斯登場，這也可以作為該王國確切存在的前提。

順道一提，多姆諾尼亞的國王馬克，在後面會看到的亞瑟王傳說中也會登場。在布立吞語中的「馬」念作「馬爾夫」，所以是馬變成了王。在海伯尼亞遭入侵的傳說中，也有共通的事例存在。所謂的馬王，其實是異教神明改頭換面之後的模樣；在這當中，也可以看見基督教傳入前的記憶，依然殘存的影子。

1 伯拉糾（Pelagius）主義，是一種強調人類自由意志、主張因信稱義的神學，被基督教視為異端。

第六章

海伯尼亞與北方之民

《凱爾經》　八百年左右代表性的裝飾手抄本。33 x 25cm，都柏林三一學院圖書館藏。

海伯尼亞與基督教

◎關於海伯尼亞文化圈

雖然並非直接證據，不過前章的創始七聖人渡海傳說，相當生動地描繪出從「阿莫里卡」到「布列塔尼」，作為轉變重要契機的移居實況。同時，它也顯現了這個時代中，不列顛尼亞島與阿莫里卡半島，還有海伯尼亞（愛爾蘭）島在人文上的交流關係。透過這些聖人的事蹟，我們得以談論這個地區的文化一體性。若從語言的類似性質來考慮，或許我們可以稱為「凱爾特語圈」或「凱爾特文化圈」，不過為了尊重當時的說法，我稱之為「海伯尼亞文化圈」。接下來，我想再舉兩個布列塔尼與此文化圈關係密切的聖人為例。

在布列塔尼，人氣僅次於聖艾爾旺的聖人是聖茂迪斯（聖芒代〔Saint-Mandé〕），他是六世紀從海伯尼亞渡海而來的聖人。茂迪斯是當地領主的兒子，從小就進入瓦利亞（威爾斯）的修道院修習。當他踏上傳教之道後，一開始先是來到康諾威伊（康瓦爾），接著又轉往阿莫里卡，最後於五二八年，沿東北部海岸抵達了多勒。作為治癒傷病的聖人，他相當受到民間崇敬，舉凡蛔蟲、小孩發高燒、眼疾、皮膚病、腳病、被蛇咬等，都可以向他祈禱。

祀奉聖茂迪斯的禮拜所，在布列塔尼就有六十處之多。

威爾斯的守護聖人聖迪威（英語稱大衛〔Saint David〕、布列斯語稱迭威），是北威爾斯特別愛戴的聖人。雖然他不曾渡海來到阿莫里卡，但布列塔尼地區也信仰他；之所以如此，是因為迪威的母親聖諾娜（儂恩〔Saint Non〕）和阿莫里卡有關係之故。諾娜是海伯尼亞貴族出身，在瓦利亞南部受教育；因為她長得很美貌，所以受到地方上一位名叫桑特（庫桑托斯）的領主誘惑，結果生下了迪威。之後，諾娜渡海前往阿莫里卡繼續傳教，在聖努卡村㉙建立修道院；在康諾威伊，也有她傳教的足跡。《聖女諾娜傳》是現存用布列斯語寫成最古老的聖人傳劇本，現在還留有十五世紀的抄本。不只是聖人戲劇，在布列塔尼也有很多教會祀奉諾娜；她在治癒疾病、保佑安產與治療小兒下痢等方面相當有名。

就像這樣，聖人不只會從不列顛尼亞島渡海而來，也會從海伯尼亞前來，海島凱爾特語圈交流之顯著，由此可見一斑。重點是，在這個時期，幾乎沒有看見從其他地區——比方說北歐、德意志、西班牙、義大利——前來，而且留下名聲的聖人。作為在基督教化以前就有相似語言文化的地理圈，不列顛尼亞群島在這個基督教化的時代中，被賦予了嶄新的意義。

◎對文化圈外傳教

當時在不列顛尼亞島的瓦利亞、康諾威伊，以及大陸的阿莫里卡，因為都屬於現今所謂的布立吞語圈，所以在語言溝通上，照理說都能相互理解；也因為這樣，它們之間會產生緊密交流，也是可以想見的事。特別是像聖伊爾契特修道院這樣，以瓦利亞為據點培育修道士的例子，更是值得注目。

不過，在這裡有一個很大的疑問：這些布立吞人傳教上，幾乎沒有留下任何前往不列顛尼亞島撒克遜人地區傳教的記錄。為何如此？

正如下面會看到的，海伯尼亞聖職者有前往皮克特人和撒克遜人地區傳道的事蹟，但瓦利亞的布立吞聖職者卻沒有。只是，對大陸日耳曼人的傳教，也都是由七王國的撒克遜聖職者來擔任；因此，若從語言文化類似的同系統境內，流通乃是普遍現象這點來看，或許就能清楚說明這樣的狀況。就像民間信仰一樣，地方宗教也必須依附於當地才有意義，因此本來就不會有想往外地傳播的念頭。羅馬的地方信仰之所以會傳到高盧，是因為那裡被羅馬所支配，而不是積極傳教的結果。抱持使命感投身異國之地，需要相當大的覺悟。

要讓這種情況變成可能，需要對自身文化充分的自負心、還有以文化權威為背景的「文明開化」思想才行；而這與基督教原本就抱持的普世性（catholicity）思想之間，也有密切關聯。在羅馬與海伯尼亞的基督教中，都存在著這種特質。但是瓦利亞的基督教，或許並不具備產生這種覺悟的文化背景。故此，他們並沒有投身異文化之地，而是停留在文化圈相同、語言也類似的阿莫里卡進行傳教。

這是一種解釋，不過還有另一種可能，那就是傳教並非第一目標，移民才是。既然如此，那就不能前往持續作戰的撒克遜人地區，而是要往人煙稀少、尚未開發的地區前進。從這層意義上來看，阿莫里卡對不列顛尼亞島居民來說，正是絕佳的場所。關於這一點的證據是，也有少數布立吞人移居諾曼第半島與塞納河口地區，並留下形跡；另外還有一些人移居到阿莫里卡更南方的伊比利半島北岸，也就是現在的加利西亞到阿斯圖里亞斯（Asturies）地區。

◎加利西亞的布立吞人

加利西亞這個地名，是源自於羅馬時代伊比利半島的加利基人（Gallaeci），據說他們也是凱爾特民族的一支。五六九年，在加利西亞中北部盧戈召開的宗教會議中，有關於「布立吞人教區」的記錄。五七二年在布拉加（Braga）召開的宗教會議中，有一位名為馬洛克的人，署名「布立吞人教會的主教」。由這些記述可以想見，移居的布立吞人應該是成集團居住，並且有自己的教會與修道院。布立吞人主教的名號，直到六三三年的托雷多宗教會議與六七五年的布拉加第三次宗教會議都還能見到。雖然之後就消失無蹤了，不過布立吞語一直被使用到下個世紀，直到九世紀諾曼人侵襲才徹底瓦解，這是研究者的看法。

第二次世界大戰後，在布列塔尼中南部的安．諾里昂（洛里昂）市舉辦的「Interceltic Festival」（凱爾特文化交流祭），除了傳統的凱爾特文化圈六大地區（布列塔尼、康瓦爾、威爾斯、蘇格蘭、曼島、愛爾蘭）以外，加利西亞和阿斯圖里亞斯也會參加；之所以如此，就是因為有這樣的來龍去脈。只是，現在的加利西亞語屬於正統的羅曼斯語，幾乎完全看不到凱爾特的痕跡了。

◎海伯尼亞的史前時代

雖然同屬海島凱爾特文化圈，不過因為布立吞諸語之間仍有差異，所以光從語言的親近性來說明阿莫里卡與海伯尼亞間的交流，其實是不夠周密的。畢竟至少在西元前一千年左右，兩地的語言就已經產生分歧，到了中世初期，幾乎已經不太可能相互理解。因此，從阿莫里卡渡海往海伯尼亞修行的聖職者，就必須要懂得愛爾蘭語；而他們前往海伯尼亞的理由無他，正因為當地乃是基督教文化的中心地區。

既然同屬凱爾特語圈，本書就在這裡統整性地介紹一下迄今為止沒什麼談到的海伯尼亞島吧！

不列顛尼亞島大約從西元前七千年左右開始和大陸分離，但海伯尼亞島則是早在前八千年左右，就已經和大陸隔離了。在新石器時代，它產生了紐格萊奇等在巨石文化中也相當著名的遺跡，到了青銅器、鐵器時代，它也保持著相當的獨立性，形成了海島凱爾特語中的戈伊德爾語派。又，從前三世紀到前二世紀，在當地也有和大陸拉坦諾期文化共通的遺物出土，由此可知它與大陸之間，自古便有斷續的往來。儘管迄今為止一直有人認為，這些出土品正是凱爾特人從大陸移居該島的最好證明，但現今的主流看法，對於前一千年左右是否有大規模移居，多半抱持著否定的態度。

由十二世紀聖職者所寫成的《侵略之書》（*Lebor Gabula Erenn*），記載了渡海來到這座島的眾神來歷。根據這本書，島上最初的居民是大洪水時代，挪亞的孫女西賽爾（Cessair）和她的追隨者。接著到來的是「海巨人」佛摩雷斯（Fomorians）；之後數千年間，這座島一共迎來了五波征服者：第一是帕爾特隆（Partholón）、第二是尼美特（Nemed）、第三是菲爾．沃爾格（Fir Bolg）、第四是達南神族，最後則是人類集團，來自伊比利半島的「米列的子嗣們」（米列族〔Milesians〕）。他們就是「蓋爾人」，也就是愛爾蘭現存所有人們的祖先。

這段五次征服的傳說當然不能當成史實來看待，不過從中可以讀取出中世紀時海伯尼亞的歷史意識，在推測基督教化以前的眾神與聖性上，也是相當好的題材。

比方說尼美特的意思是「神聖的事物」，這和古代凱爾特的聖域尼美頓之間，就有可想見的關聯，也就是包含了異教眾神的意思在其中。至於第四波征服者，如我們在第一章所見，乃是以女神達奴為中心的一群神明（達南神族），但是他們被米列的子嗣們所逼，只能成為「異界的人們」，或者「前代神明凋零的姿態」。

◎羅馬文明的外緣

關於海伯尼亞（愛爾蘭）最古老的記述，是前六世紀馬薩利亞（馬賽）一位航海者提及的「伊艾爾聶」；不過因為它免於羅馬的征服，所以和不列顛尼亞比起來，在文化上受羅馬影響的成分遠遠稀薄許多。至於羅馬作家方面，西元八〇年代的塔西佗對該島曾有若干記述，不過並沒有像高盧和不列顛尼亞那樣，對於究竟有什麼民族住在島上，有著詳細的瞭解。

但它在歷史上登場，還是與羅馬帝國脫不了關係；因為它是三世紀末，襲擊羅馬治下不列顛尼亞的斯科特人的根據地。就這樣，海伯尼亞並沒有進入羅馬領地內，而是形成了自己的獨特性格。對當地人而言，跟他們合拍的所謂「羅馬文化」，就只是羅馬化的基督教而已。

在社會的獨特性方面，他們並沒有像高盧那樣打造大型的要塞城市，而是以親族集團組成的「clan」（氏族）為社會機制中心，持續進行運作。愛爾蘭語稱之為「托瓦夫」（托瓦斯〔túath〕），意指家族、鄉里的意思。從這個詞彙裡，明示了當時的社會實際狀態；一般來說，他們是由「ri」（國王）所支配的部族聯合體，約三千人形成一個集團。在基督教化前的時代，在海伯尼亞島上，大約有一百五十個「托瓦夫」存在。

據傳五世紀左右，在托瓦夫當中出現了五個有力的家族，這個體制被稱為「cóiced」，其意為五分之一、五等分的意思，也就是五個勢力強大的地區，當中之一則以「ard-ri」（上王）的身分君臨全境。上王的名號取自古老的聖丘，所以又稱為「塔拉之王」；其中以相傳為三世紀傳說中上王科馬克的子孫威・納爾（伊・尼爾、歐尼爾〔Ó Néill〕）家最為有力。後面會提到的聖寇姆奇爾（Saint Columkill，高隆），也是出身這個家族。

在關於「cóiced」的傳承當中，有一部分是關於居住在今日厄斯特（北愛爾蘭）地方的烏拉德（烏拉）人。根據這段傳承，科納雷・莫爾（Conaire Cóem）在一七七到二一二年間擔任上王，他的兒子之一卡爾布雷・里阿達（Cairpre Riata）在三世紀中葉，建立起跨越愛爾蘭與蘇格蘭的達爾里阿達王國（Dál Riata）。這項傳承和羅馬人記載斯科特人入侵不列顛尼亞的記錄是一致的。蘇格蘭與愛爾蘭在語言文化上的交流一直堅持到十七世紀，不過它的起源從這時代就已經展開了。

海伯尼亞這種以托瓦夫為社會基礎的機制，到了基督教化之後，其基本單位並非轉變為以教會為中心的城鎮，而是被修道院等聖職者的自治組織所取代。

◎基督教的到來

在三一四年的亞爾列公會議上有約克等地的主教出席，由此可知四世紀初期，基督教已經在不列顛尼亞落地生根。第一位出身不列顛尼亞群島的基督教傳教士是伯拉糾

（Pelagius），一般公認他是於西元三五〇年左右，出生於曼島。伯拉糾主張人是神所創造的善良之物，並不存在原罪；因此只要憑藉人的自由意志累積功德，就有獲得拯救的可能性。他因為這樣的主張，和同時代羅馬的奧古斯丁與傑羅姆產生了論爭，結果在四一六年被判為異端遭到排斥。在二〇〇四年上映的電影《亞瑟王》中，亞瑟被描寫成一位伯拉糾派信徒。

接下來出現的是聖尼尼安（Saint Ninian）。他是不列顛尼亞島北部一位首領的兒子，自父親的時代便已改宗基督教。他在羅馬鑽研基督教義長達十五年，與在高盧傳教的聖馬丁結為好友，同時也以將基督教引進不列顛尼亞北部阿爾巴（今蘇格蘭）地區而聞名。只是在他過世之後，阿爾巴地區一直到聖寇姆奇爾開始傳教（五六三年）為止，整整有一百三十年的空白。

再接下來登場的是聖派翠克（Saint Patrick）。他的傳記是於七世紀後半到九世紀末間編纂而成，同時也形成了所謂的派翠克傳說。派翠克的出身或說是阿爾巴、或說是瓦利亞，不過出自不列顛尼亞島乃是毫無疑問。他的母親是法蘭克人；當他很小的時候，就被不列顛尼亞的賊人當成奴隸擄到海伯尼亞島，在那裡度過六年的時光。後來，他聽從神的指引逃離當地，回到不列顛尼亞。他在那裡成為聖凱爾瑪努斯的弟子，並在都爾的聖凱爾瑪努斯

（Saint Germanus）修道院修業；到了六十歲時，因為受到天使的啟示，於是前往海伯尼亞傳教。

他在異教的聖地塔拉，與前述威．納爾家的李爾王，以及「身為智者、長於魔術的德魯伊」展開對決。結果派翠克擊敗了德魯伊，宣告基督教對異教取得勝利。就這樣，李爾王認可了聖派翠克的傳教。在之後的六十年間，派翠克一直致力於傳教工作；他建立了七百座教堂和修道院，培養了五千名神父，一直到一百二十歲才壽終正寢（因為有點超乎現實，所以現在認為應該有兩個派翠克才對）。

◎與偽德魯伊的對決

就像描述與德魯伊鬥法的聖派翠克傳記中所顯示的，在五世紀時傳教並非一件簡單的事，而且至少在三、四百年後，眾人仍然意識到這一點，由此可見其重要性。這和在阿莫里卡的情況，可說大相逕庭。在阿莫里卡，德魯伊的權威早已隨著羅馬的支配而消滅，因此基督教幾乎沒遇到什麼像樣的抵抗，就被當地居民所接納。但是海伯尼亞並沒有受羅馬支配的經驗，因此德魯伊的薩滿權威仍然持續不輟，而基督教也不得不被迫與之進行嚴酷的對峙。

儘管說是「德魯伊」，不過這裡的德魯伊如前所述，和大陸高盧的正統德魯伊迥然不同。在海伯尼亞，他們不過是施行咒術的祭祀者，也就是屬於基督教傳教以前，民間信仰的普遍形式。因為在文獻上並沒有八世紀以前的抄本留傳下來，所以有時候也會把「德魯伊」，當成「magos」——也就是魔法師——的同義詞來加以表達。「Magos」是東方波斯對賢人的比喻；故此，以德魯伊來稱呼古代高盧的占卜者系統，或是在語彙上借用來表現，也是很合理的。

無論如何，在高盧的德魯伊和海伯尼亞的德魯伊之間，存在著五百年以上的空白期。如第四章所見，大陸凱爾特的正統德魯伊，乃是具備希臘有體系知識的賢人集團，並且自前一世紀起，就已經失去了集團運作的機能。到了西元前後的階段，這個系統遂被截然不同、包含女巫在內的薩滿集團所取代，這個新集團也被稱為德魯伊。

或許有人會因為海伯尼亞的祭祀者也被稱為「德魯伊」，所以就認為大陸的傳統仍在這座島上殘存下來，但事實並非如此。它們是兩種截然不同的事物，只是因為其異教性質，所以被當作同樣的東西來稱呼罷了，因此在談及海伯尼亞時，或許避免使用德魯伊的名稱會比較好。事實上，和高盧的情況不同，在文獻上，我們並無法確認這些薩滿曾經自稱過「德魯伊」。

◎三大守護聖人

說到派翠克的後繼者，就是聖布里吉德（Brigid，布里德）了。布里吉德是倫斯特地區（海伯尼亞島東南部）異教斯科特王的女兒，母親則是皮克特人奴隸。當她長大成人之後，曾經有一段時間在國王的底下工作，但不久就跟著聖派翠克的弟子們學習作為聖職者的種種，並設立了女子修道院。因為她是女性聖職者的先驅，所以成為乳幼兒、女僕、修女、乃至於船員、旅行者、家畜等的守護聖人。和派翠克相比，她明明沒有那麼顯眼的功業，人氣卻相當的高；之所以如此，或許是因為和異教女神布里德混為一談的緣故吧！布里德是侵略傳說第四波的達南神族首領——達格達（Dagda）的女兒，擅長詩歌、醫術、工藝，因此成為這方面的守護神。

和這兩人並列為愛爾蘭三大守護聖人的，則是聖寇姆奇爾（高隆）。與上面兩人相異，寇姆奇爾是土生土長的愛爾蘭人。他出身自島西北多尼戈爾地方的王族——威・納爾家族，在島內修行鑽研後，於二十五歲開始傳教。儘管他建立了二十七所修道院與四十間以上的教會，但因為捲入王族內外的權力鬥爭不得不逃離，於是在四十二歲那年，帶著十二名弟子渡海來到赫布里底群島中的愛奧納島，在那裡創立了修道院。之後他便以此為據點，對不列顛尼亞島北部進行傳教。他的弟子們遍及英格蘭北部與西歐各地，將海伯尼亞系修道院往外擴散開來。為此，寇姆奇爾也被視為海伯尼亞系修道院之父。他的弟子之一就是聖高隆邦（St. Columban）。

◎巔峰期的海伯尼亞系教會

在六世紀後半到七世紀，亦即寇姆奇爾到高隆邦的時代，是以海伯尼亞培育出的修道院為中心的基督教——或稱海伯尼亞系教會——的極盛期，而作為其象徵的，就是高隆邦的傳教活動。高隆邦在海伯尼亞修業後，帶著十二位弟子前往阿爾巴（蘇格蘭），接著又來到英格蘭。這種遠離鄉里的傳教，被稱為「exile（贖罪巡禮）」。「exile」現在通常被當作流浪或放逐的意思來使用，不過它原本在基督教當中指的是猶太人被擄往巴比倫的那段放逐時間，以及根基於此而進行的贖罪巡禮。

高隆邦在西元五八五年越過大海前往法蘭克王國，向法蘭克人宣揚基督教。接著他又在六一二年翻越阿爾卑斯山抵達義大利，最後在義大利北部的波比奧迎接人生的終點。在他的傳記中寫道，他在這二十年間的「exile」，正是一場體現贖罪的嚴峻旅程。

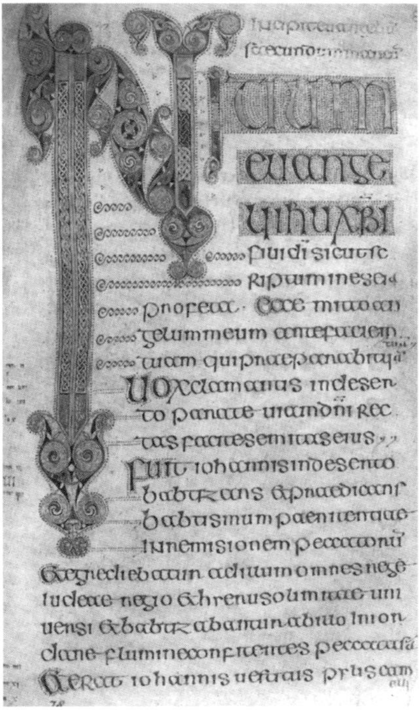

《杜若之書》　七世紀後半裝飾手抄本的代表作。都柏林三一學院圖書館藏。

巔峰期海伯尼亞系教會的另一個象徵，是在美術領域上的呈現，其代表則是附有裝飾的手抄本。由聖寇姆奇爾所創建的杜若修道院，完成了作品《杜若之書》（*Book of Durrow*，六八〇年左右）。在寇姆奇爾的弟子——聖艾丹（Aidan，六五一年逝世）建立的林迪斯斯法恩修道院中，一位名叫埃德弗斯（Eadfrith，七二一年逝世）的修道士，製作了一本《林迪斯法恩福音書》（*Lindisfarne Gospels*，六八九年左右）。另外還有原本在寇姆奇爾的據點——愛奧納修道院進行製作，但因為受到北方之民襲擊，只好轉移到海伯尼亞的凱爾斯（都柏林近郊）完成的《凱爾經》（八百年左右）。這三本書被後世合稱為「三大裝飾手抄本」。

在一八五〇年發現的「塔拉胸針」（七百年左右）等工藝品上，可以發現漩渦、繩結、動物之類共通的裝飾圖案；十九世紀後半，奧古斯塔·法蘭克斯（Augustus Wollaston Franks）將之命名為「晚期凱爾特美術」。到了二十世紀，它被定位為「晚期島嶼拉坦諾文化」，也就是將可愛優美的凱爾特全盛時期文化，當作拉坦諾的延長來加以考量。當然，它雖然有著拉坦諾的曲線模樣，但兩者之間相距有一千年之久，能否串連在一起，在歷史上實在頗成問題；因此，現在普遍傾向將兩者視為沒有直接聯繫的文化，也傾向不使用這樣的名稱。

進入八世紀以後，在盎格魯撒克遜的書籍上，也可以看到同類的裝飾。比方說八世紀末的《貝爾貝里尼福音書》（*Barberini Gospels*，製作於麥西亞或約克），九世紀前半貝德所撰的《教會史》、《農娜敏斯特之書》（製作於麥西亞）等作品。最值得注目的，是位在德本河口的薩頓胡（Sutton Hoo）遺跡。此遺跡被推定為七世紀後半，東盎格里亞王雷德沃爾德（Rædwald）的墓地，而在這裡出土的金

金製扣環　英格蘭東南部薩頓胡出土，長 13.2 公分。大英博物館藏。

製皮帶扣環，其上的繩結和動物圖案設計，都與《杜若之書》明顯有著類似之處。在這處遺跡中也出土了與斯堪地那維亞共通的頭盔和鈕扣等，從中可以看出兩地的交易之緊密。綜合以上種種狀況，將七到九世紀的島嶼基督教文化，稱為包含政治上的敵對關係、「由海伯尼亞與日耳曼共有的基督教文化」，或許最恰當不過了。

方言書寫文化的誕生

◎凱爾特諸語文學的興起

關於凱爾特語圈，還有一項同樣從修道院文化中產生，且絲毫不遜於美術面的重要事物，那就是方言（vernucular）文學的誕生。

法語最初的文學作品是十一世紀末讚頌騎士功勳的詩歌《羅蘭之歌》（一〇九八年左右），德語的《尼伯龍根之歌》則要到十三世紀。英語的方言文學起步略早，古英語（盎格魯撒克遜語）的英雄傳說《貝奧武夫》在八世紀初就已經完成了。

至於在海伯尼亞的愛爾蘭語（蓋爾語）方面，現存最古老的典籍《納．努德雷（東根）之書》（一一〇六年左右）、《拉格涅佩（倫斯特）之書》（一一六〇年左右）都是十二世紀的產物，但其起源則可一直回溯到六世紀。其中最有名的就是六世紀時由達朗．福爾基爾所撰的《寇姆奇爾（聖高隆）頌歌》。在瓦利亞的卡姆利語（威爾斯語）方面，現存的典籍都是十三世紀以降的產物，不過研究者之間一致的見解都認定，《阿內林之書》（*Book of Aneirin*）、《塔利埃辛之書》（*The Book of Taliesin*）等卡姆利語詩歌創作的年代，從歷史狀況來看，應該可以回溯到六世紀左右。

既然西歐主要語言開始出現文學都是在十一到十二世紀以降，即使最早的英語也要到八世紀左右，那為什麼像蓋爾語或卡姆利語這些不管怎樣偏袒，都不能稱得上「主流」的語言，會在六世紀這麼早的階段，就開始進行文學書寫呢？

這個答案，恐怕要從其文化邊陲性來看了。法國社會語言學家帕西歐尼（Daniel Baggioni）主張，在羅馬帝國的邊陲（limes）及其鄰接地帶，比方說不列顛尼亞群島、德意志東北部、斯堪地那維亞、波希米亞等地，拉丁語即使對有教養的人士來說，仍然是一種外國語，使用方式也都保持著古風。因為是權威性的語言，無法在日常生活中自由使用，所以他們便會想要以當地的方言來加以代用；於是，與拉丁語類似、用方言寫成的書面語，便在這種情況下應運而生了。

就這樣，使用日常方言書寫而成的文體，在羅馬帝國的邊陲地帶內外誕生，而這種方言與現代的國語、民族語的形成，又有著密切的關聯。從不列顛尼亞群島的語言來看，明顯處於羅馬帝國外部的海伯尼亞，在六世紀不只出現了詩歌，就連編年史與法律文件，也都有用蓋爾語書寫的作品。卡姆利語的法律文件出現在十世紀，將聖人傳從拉丁語翻譯成方言，則要等到十一世紀末，和蓋爾語相比，使用頻率較低；之所以如此，大概和瓦利亞有一部分屬於羅馬帝國領地有關吧。

◎文化的邊陲性與獨立文字的出現

在斯堪地那維亞，早在羅馬帝國仍保有活力的二世紀，就已經誕生了盧恩文字；在北德地區，四世紀也有僧侶烏爾菲拉（Ulfilas）帶頭，試圖用哥德文字來翻譯哥德語新約聖經。在文學誕生以前，獨立的書寫文化就已經隨著文字被創造出來，而這也正是羅馬帝國的邊陲地區，企圖創造出語言權威的一種嘗試。從這點來看，凱爾特語的歐甘字母也屬於這類嘗試之一，不過它從三世紀末到八世紀，都只被運用在墓誌銘等碑文上面，因此可以說是一個失敗的例子。

相較於此，在拉丁語普遍被當成有教養人士語言的地中海區域，因為拉丁語始終未曾失去在書面語上的權威地位，結果使得方言文字的使用大幅拖遲。另一方面，在法蘭西，歷經羅馬帝國時期的通俗拉丁語後，古典拉丁語的權威於九世紀正式確立，一直持續到近代初期的十六世紀；之後，他們一直試圖讓法語承繼這種超越國家的權威。他們這種對於法語應該及於歐洲全境的主張，正是從拉丁語的普遍性改頭換面而來。

至於阿莫里卡的情況，因為它曾經是高盧這個受羅馬文化強烈影響地區的一部分，所以在這裡，拉丁語的權威比起其他凱爾特語地區更加深刻地殘存著。這個時代之所以沒有用佈列斯語書寫的文學作品，和此其實脫不了關係。

◎書寫字體的共有

在採用拉丁文字的情況下，誕生出獨特的書寫字體，並透過這種方式，對地區文化的獨特性產生自我認知；這種發展形式，同樣是值得我們注目的焦點。伴隨基督教一起傳入不列顛尼亞的拉丁文字，至少在六世紀末坎特伯里的聖奧斯定（St. Augustine of Canterbury）時代，就已經以「安色爾體」（uncial）的書寫方式廣為人所知。（代表作為八世紀前半的《維斯帕先詩篇》）至於古代羅馬的正統書寫字體，則是所謂的「方體大寫」，但這種字體並沒有傳進海伯尼亞。

在海伯尼亞，人們使用的是「島嶼半安色爾體」。海伯尼亞現存最古老的手抄本，《維賽利亞努斯抄本》（*Codex Usserianus Primus*，西元六百年左右，都柏林三一學院圖書館藏），使用的是義大利的半安色爾體與島嶼字體中間的過渡型字體，因此可以推定海伯尼亞在文字使用方面，並非經由不列顛尼亞，而是從義大利直接傳入。《林迪斯法恩福音書》也是使用這種字體，從這方面也足以證實，當時不列顛尼亞北部的修道院文化並非從羅馬經高盧傳入島上，而是屬於海伯尼亞系統。

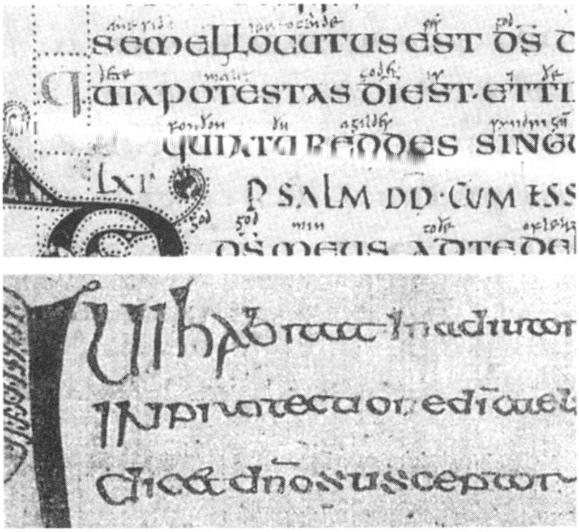

字體範例　上為不列顛尼亞的拉丁．安色爾體，出自八世紀前半的《維斯帕先詩篇》。下為海伯尼亞的島嶼半安色爾體，出自七世紀初聖高隆邦的《卡塔克（戰士）》。

在稍後一點的時代裡，布列塔尼現存最古老的文件——書寫於九世紀，大約有四十件左右——也多半都是用島嶼半安色爾體寫成。這和同時期卡姆利語的文獻以及書寫字體相當類似。另一方面，當時在法蘭西，加洛林王朝使用的主流字體是加洛林小寫體，不列顛尼亞島通行的，則是盎格魯撒克遜系的島嶼小寫體（八世紀後半以降），兩者都與前者屬於明顯不同的集團。故此，從七世紀到九世紀間，就算光從書寫方面，我們也可以說，所謂的「海伯尼亞文化圈」已經自成一體。

現代的愛爾蘭共和國，試圖以舉國之力，推動這種島嶼半安色爾體的使用。他們之所以這樣做，是為了顯示自己繼承了六世紀以來，未受盎格魯撒克遜汙染之前的太古傳統，也是一種民族自負的象徵。

北方之民的侵入

◎羅馬對不列顛支配的終結

阿爾巴，也就是現在的蘇格蘭，自古以來便是夢幻之民皮克特人的居所。皮克特人在拉丁語中，指的是「彩色人、刺青之民」。這當然不是他們的自稱，而是羅馬人冠給他們的稱呼。他們的起源不詳，不過語言上一般則認為應該接近凱爾特人。另一方面，在哈德良長城的北側，亦即現今蘇格蘭南部邊界地區（The Border，英格蘭與蘇格蘭交界處），則有部分的布立吞人居住。二世紀托勒密在《地理學》中曾經提到的沃塔迪尼人，在布立吞語中稱為寇圖汀人；他們在五世紀時形成了「高多汀王國」（Gododdin），因此為人所知。卡姆利語最初期的英雄史詩——前述的《阿內林之書》，正是以這個王國為舞台。

皮克特的石碑　位於蘇格蘭南部的唐法蘭迪（Dunfallandy），年代約為八到九世紀。雖然上面的記號狀圖畫至今仍未能解讀，不過從中央的十字架來看，應該是與基督教有關的主題。

如前章所述，自三世紀後半起，撒克遜人和弗里西人等日耳曼民族，已經開始侵襲不列顛尼亞島。而同一時期，海伯尼亞的斯科特人也開始進軍不列顛尼亞；據傳說，他們在三世紀中葉左右，建立了橫跨海伯尼亞北部到阿爾巴的達爾里阿達王國。根據羅馬史家的記述，在四世紀中葉，斯科特人與皮克特人，曾經屢次對作為羅馬帝國北疆的哈德良長城發動襲擊。

為了對抗這些蠻族的入侵，皇帝瓦倫提尼安派遣西班牙行省出身的將軍狄奧多西前往不列顛尼亞，以求挽救眼前的危機。這時在狄奧多西底下，有一位名叫馬克努斯．馬克西穆斯的武將；他在三八三年，渡海入侵高盧成為西方皇帝。而在馬克西穆斯手下，又有一位據說是同族的柯南．梅里亞狄克（Conan Meriadoc）；如前章所述，這位柯南就是阿莫里卡／布列塔尼傳說中的建國始祖。

因為馬克西穆斯盡率軍中精銳渡海前往高盧，所以不列顛尼亞的防備極度空虛，結果哈德良長城被皮克特人所奪取，瓦利亞各地的堡壘也不得不放棄。到了五世紀，日耳曼人在歐陸開始對高盧攻城掠地，在不列顛尼亞島，則有一個布立吞底層民眾出身的士兵自稱「君士坦丁三世」掌握軍權，並於四〇七年，為了稱霸帝國而渡海前往大陸。羅馬的高官顯要大多隨著君士坦丁渡海，當地的統治組織也陷於解體。就這樣到了四一〇年，西羅馬皇帝霍諾留向島上各城市發布命令，要他們「自己保護自身的安全」，至此羅馬對不列顛尼亞的支配遂告一段落。

◎盎格魯撒克遜人的侵入

就在羅馬軍撤退、統治機構瓦解的過程中，布立吞人在不列顛尼亞島中南部地區，出現了堪稱「復興」的局勢。迄今為止一直作為羅馬盟友、受其保衛的各部族，此時完全獨立自主，形成了一個又一個小王國。在與阿爾巴的交界地帶，東部出現了沃塔迪尼王國，西部誕生了斯特拉斯克萊德王國（Strathclyde），南方則有雷蓋特（里吉特）王國登場。

在瓦利亞地區，大約西元四百年左右，從西北部沃塔迪尼移居而來的戰士團領袖基內沙（Cunedda ap Edern）創立了格溫內斯（Gwynedd），接著中部的波伊斯、南部的昆特、莫爾加努格等小王國也紛紛興起；在康諾威伊，則出現了多姆諾尼亞王國。

據八世紀修道士聖貝德的《英吉利教會史》（*Ecclesiastical History of the English People*）所言，「撒克遜人入侵」的時間，大約是在以特伯里的聖奧斯定渡海來英（西元五九七年）的一百五十年前左右，也就是西元四百五十年前後。當時布立吞人的首領佛提根（Vortigern）為了壓制皮克特人的勢力，於是招攬了傭兵——撒克遜人、盎格魯人、朱特人——首領漢格斯（漢吉斯，Hengist），及其弟霍爾沙（Horsa）前來助陣。

佛提根招攬撒克遜人傭兵的事蹟，在六世紀基爾達斯的《不列顛尼亞的破壞與征服》中也有登場。雖然基爾達斯並沒有明確寫出國王與首領的名諱，不過在不列顛尼亞知識分子心中，很早便已意識到布立吞人招攬盎格魯撒克遜人，與他們遭到征服之間，乃是密不可分的事實。

以往人們一直認為，盎格魯撒克遜人的入侵，是在相對短暫的期間中，展開大規模的組織性移居，但現實並非如此，反倒是持續相當長時間、由自主性小型戰士集團主導的寇掠，才是這種入侵的真面目。根據對五至六世紀墳墓與葬制的考古學調查所示，這些小戰士團主要是沿著羅馬街道，在戰略要地以點狀散布的方式形成定居地，然後再沿著河川往內陸擴大。在地名學的研究成果上，也可以看出類似的狀況：比方說「黑斯廷坎斯（今黑斯廷斯）」，並非像過往想的一樣，意指「黑斯特一族及其子孫」，而是指「跟隨黑斯特的人們」；「雷阿丁坎斯（今雷丁）」，指的則是「跟隨雷阿達的人們」。換句話說，作為盎格魯撒克遜初期聚落特徵的「坎斯」語尾地名，其實並不是來自大的部族集團，而是源出各個小戰士團。

雖然在這裡也有移居和傳播的歷史基本問題在，不過和羅馬相比，盎格魯撒克遜的文化權威絕對不會比較高。故此，若從權威上相抗衡的觀點來看，撒克遜人的文化——也就是後來的英語——能夠成為不列顛島支配性的語言，政治軍事上的支配關係，實為關鍵重點。換言之，撒克遜人掌握了政軍支配權，也就獲得了文化上的霸權。這點在之後的歷史史料和故事中，也都能得到確認。

◎亞瑟王的原型

西元四七六年，西羅馬帝國終於瓦解；四八一年（一說四八二年），法蘭克王國在高盧成立。撒克遜人踏足大陸愈發困難，於是開始積極將目標轉向不列顛島。據貝德所言，當漢格斯壓制皮克特人之後，便從日耳曼召喚更多同胞前來，對佛提根掀起叛旗；他占據了不列顛島東南的肯特地區，自任領主，一步步鞏固地盤。在古英語敘事詩《貝爾武夫》中，漢格斯也以丹麥武士的身分登場。

在後面會提到、由蒙茅斯的傑弗里於十二世紀寫成的《不列顛諸王史》中說，佛提根謀殺了敵對國王康斯坦丁的長子，剩下的兩個兒子——安布羅西烏斯（Ambrosius）和烏瑟（Uther），為了逃避權勢高漲的佛提根而逃難到布列塔尼。後來，這兩個兒子回到島上，為遭殺害的長兄報了仇，並得到預言者梅林（馬利努斯）的信任。之後，安布羅西烏斯成為不列顛尼亞的大王，率領包括佛提根之子在內的布立吞人，向以漢格斯為首的撒克遜人發動戰爭。西元四九〇年到五〇〇年左右，他們在巴多尼克斯山（巴當山，Badon Hill）展開包圍戰；在這場戰役中，在安布羅西烏斯的指示下，指揮軍隊擊破撒克遜人的，正是亞瑟（阿爾托斯）。（也有一說認為，安布羅西烏斯本人就是亞瑟）

基爾達斯在四十年後，記下了關於這場戰役的歷史，不過他將勝利歸於安布羅西烏斯，至於亞瑟的名字則隻字未提。首次提及這場戰役的勝利者乃是「亞瑟」的作品，是內尼厄斯的《不列顛人史》。到了十二世紀的《不列顛諸王史》，這個故事才正式完成，並且像我們在後面會看見的一樣，以此為基礎，在歐洲各地普遍流傳起亞瑟王傳說。

◎七王國的形成

如上所述，盎格魯撒克遜人在五世紀後半，首先在不列顛尼亞島東部、南部、沿海地區站穩了腳步，然後慢慢攻入內陸地區。到了六世紀末，以現在倫敦周邊區域為首，英格蘭東南部與中部，都已經被盎格魯撒克遜人的支配所取代。在七世紀時，這一帶有約二十個小王國相互競爭，到了八至九世紀，已經收斂為所謂的「heptarchy」，也就是七個主要王國。

就算在這種情況下，主要也是政軍支配上的取代，而不是民族的替代。這點從英格蘭中部仍有艾爾梅特王國（Elmet）等布立吞人王國，以及沃爾頓（肯特、艾賽克斯等地）、沃爾考特（蘭開郡、北安普頓郡）等地名（「沃爾」是瓦利亞人居住的意思），或許也可以加以類推得知。

自五世紀前半聖凱爾瑪努斯來訪起，便一直持續發展的羅馬教會對盎格魯撒克遜人的傳教活動，到了七世紀初一時之間陷入停滯。據貝德所言，當成功引導七王國之一——肯特王國的國王埃塞爾伯特（Ethelbert）改宗基督教的本篤派修道士奧斯定於七世紀初去世之後，包含倫敦在內的島嶼東南部便又回歸異教的懷抱。受到埃塞爾伯特勸告而改宗基督教的東盎格利亞王雷德沃爾德，則是讓基督教教會與異教神殿並存。前面所見、一般被認為是雷德沃爾德陵墓的薩頓胡遺跡，也是兩種宗教混在一起，彼此共存的感覺。

盎格魯撒克遜人秉持日耳曼傳統，信奉自然崇拜的多神教，除了主神沃頓（軍神、商業神）之外，還有蘇諾爾（雷神）、提夫（軍神）、弗立克（家庭神）等眾神；他們將這些神或是神格化的自然物做成偶像，建起木造的神廟加以祀奉。這種信仰方式與凱爾特人基本上無甚差異，也就是保持著多神教的普遍性。這種不完全的基督教化狀態，在這之後也一直持續下去，這點我們在後面也會提及。

順道一提，基督教傳教士在這個時期，也已經對異教習俗與崇拜產生了警戒心。五六七年在法蘭西的都爾教會會議上通過了教會法第二十三條，明文規定「一月一日的祝祭乃是異教儀式，應該加以禁止；對木、泉、湖、石的崇拜，也應予以戒除」。教會發表這種禁令，正足以證明這種行為存在於現實之中；而這樣的慣習，有一部分依然延續到現在。不過也如第一章所述，並不是每個領域的習俗都一概延續下來；之所以如此，主要還是因每個地方的情況不同所致。

◎海伯尼亞系基督教與盎格魯撒克遜人

布立吞人在不列顛尼亞島上的支配領域，到了六世紀末時繼續產生分裂；多姆諾尼亞（康瓦爾）從瓦利亞（威爾斯）分離出去，進入七世紀後，撒克遜人在英格蘭北部靠阿爾巴的邊界地區，也逐漸占了上風。在這當中，由埃德溫樹立的諾森布里亞王國，統治疆域自英格蘭中部一路延伸到瓦利亞北部，於七世紀末至八世紀前半達到極盛。埃德溫與肯特王埃塞爾伯特的女兒結婚，從而使得王國一度納入基督教的影響下，但之後他便被麥西亞王所擊敗，因此這種情況並沒有持續太久。

不過到了六二三年，奧斯瓦爾德（Oswald）繼承了埃德溫的遺志，再次統一了諾森布里亞。當他在北方流亡的時候，曾經請求愛奧納島修道院派遣傳教士前來；六三五年，應他的要求，修道士艾丹一行仿效愛奧納的先例，在諾森伯里亞東北岸的小島林迪斯法恩建立修道院。於是，諾森布里亞便納入了海伯尼亞系基督教的麾下　並完成了《林迪斯法恩福音書》。

時序進入七世紀，在艾丹弟子們的積極傳教下，海伯尼亞系基督教已經滲入「七王國」當中的麥西亞、艾塞克斯、威塞克斯等地；他們不只在海伯尼亞、阿爾巴、瓦利亞等地，就連在英格蘭也日居上風。只是基督教並沒有獲得絕對權威，就算在首領階層中，仍可看見異教殘存的蹤影。之所以如此，多少也有受到七世紀時，盎格魯撒克遜人引入文字的影響所致。

同一時期，在歐陸各自獨立建國的日耳曼各民族也產生了成文法，不過使用的都是拉丁語。和他們不同，七王國的盎格魯撒克遜人在法律上，使用的是古英語。他們口傳的習慣法，全部都是使用盎格魯撒克遜語；這些習慣法的成文化，某種程度上也反映了拉丁語在當地已經無法保持絕對的權威，這點比起歐陸來得更加清晰。在這種情況當中，我們也可以看到方言書寫這種嶄新的形式，在邊陲文化地區誕生的過程。

◎羅馬教會的征服

七世紀後半，海伯尼亞的基督教會以諾森布里亞為據點，持續向不列顛尼亞島南部展開傳教。相對於此，羅馬教會則從坎特伯里北上，也持續擴大勢力。雖然同樣是對異民族傳教，不過或許是出於文化上的自負吧，雙方在剃髮的樣式、復活節的計算方法、修道生活的規律等各方面，都有很多相異之處。特別是羅馬教會，其組織的中心乃是由主教管轄的教區，這點和海伯尼亞教會以院長管理的修道院為核心，可謂截然不同。在海伯尼亞教會這裡，沒有按地理分割的教區，雖然有主教，但所有的修道士都必須服從於大修道院長。

世俗的國王並不怎麼喜歡這樣的對立，因此六六四年，諾森布里亞王奧斯威（Oswiu）在英格蘭中東部沿岸的威特比（Whitby）召開了一次教會會議。會議中最直接的爭議點就是復活節的計算方法，最後在主持人奧斯威的意向下，通過採用羅馬方式；從此以後，不列顛島的教會便決定性地服從於羅馬的權威之下。不過這樣的擴張並非一蹴可及，愛奧納修道院於七一六年才納入羅馬管轄、瓦利亞則要到七六八年；至於阿莫里卡，朗代韋內克修道院到八一八年、雷東修道院到八五一年，都還保持著海伯尼亞的形式。換句話說，羅馬教會直到完全勝利為止，花了整整兩個世紀的時間。

英格蘭地區在六七三年於哈特福召開了宗教會議，進行教區的整飭與主教的任命。此後，政治面上處於小國分立狀態的英格蘭，在信仰面上遂被納入了統一的組織之下。八世紀的英格蘭，王室貴族階層大力支持教會，不只積極捐贈土地財產，修道院的設立也與日俱增；除此之外，貴族出身的修道士也日益增加，從而邁入了修道院的初期黃金時代。雖然坎特伯里早在七世紀就已經設立了學校，不過這時候以修道院為學術中心，學者更是輩出。

其中的代表人物是聖貝內迪克特．比斯科普（Benedict Biscop），及其弟子貝德。貝德是最早採用基督教編年曆——也就是西曆——進行歷史記述的人物，因此他所撰寫的《英吉利人教會史》，在史書中也是一部繼往開來的重要作品。另一方面，這本書將渡海前來不列顛尼亞島的日耳曼系各部族統括為「英吉利人」，並描繪了英格蘭教會的統整發展，因此在民族史上，也是一部值得大書特書的作品。

在七世紀到八世紀間，積極對歐陸日耳曼人、特別是萊茵河以東的德意志人宣揚基督教的，也是諾森布里亞修道院出身的傳道士。就跟布立吞人的情況一樣，英吉利人對歐陸日耳曼人的傳教，也是以語言文化的同族性為背景，出於同胞之間的聯繫意識而產生的。

◎丹麥人來襲

八世紀末，儘管不列顛尼亞群島仍存在著異教民間信仰，不過在海伯尼亞教會屈從於羅馬後，大體上基督教是以比較均質的方式，持續地傳播開來。然而，這時候異教的浪潮再次洶湧而至；帶來這波大浪的，乃是來自北方的丹麥人——又稱「維京人」。

根據九世紀末威塞克斯王國阿爾弗雷德大帝（Alfred the Great）所編纂的《盎格魯撒克遜編年史》（*Anglo-Saxon Chronicle*）所言，丹麥人最初來襲，是在西元七八九年（一說為七八七年），當時他們派了三艘船，在英國南部的波特蘭島登陸。七九三年，他們襲擊了林迪斯法恩修道院；八〇二年，海伯尼亞教會的據點愛奧納島遭到燒毀；八〇六年，該島有六十八名修道士遭到殺害。面對這種局勢，修道院不得不被迫轉移；《凱爾經》就是在這樣的情勢下，於海伯尼亞中部的凱爾斯地方製作完成的。

在喀里多尼亞（今蘇格蘭）西北部的赫布里底群島等地，早自九世紀前半開始，就已經有斯堪地那維亞人前來殖民，並與當地的蓋爾人產生混血。他們對當地的支配，一直持續到十三世紀中葉為止；至於同時誕生的「卡爾．蓋耶爾（異邦人的蓋爾語／異邦的蓋爾人）」這種稱呼法，則一直殘存到十七世紀。畢竟聖職者可以遷徙逃離，但一般民眾階層就只能接受征服了。和羅馬入侵高盧的情況不同，因為斯堪地那維亞的文化權威並不高，所以反過來和地方民眾產生了同化，這就是所謂「異邦人的蓋爾語」。即使在這裡，語言的同化也一樣是令人相當感興趣的事例。

順道一提，這些「異邦的蓋爾人」和斯科特人一樣，對於殖民冰島相當積極。十世紀末時，冰島原是以信奉基督教的民眾為主，但不久之後便被諾爾斯人（挪威人）、以及丹麥人所同化。

◎曼島與海伯尼亞

在這裡，我想大略說明一下曼島的狀況。曼島從西元前五千年左右的新石器時代起，便已存在人類居住的證據。到了羅馬時代，造訪不列顛尼亞的凱撒曾經記載過一座叫做「莫娜」的島嶼；有人說這座莫娜島就是曼島，但也有人認為他指的是威爾斯北方的蒙恩島（英語稱為安格爾西島）。

不論如何，我們並不清楚「曼」這個詞的語源究竟出自何處；據推斷，這個稱呼可以回溯到凱爾特語以前，有人認為這個詞在該語言中，本身指的就是「島」的意思。在海伯尼亞傳說中登場的海神瑪納南·麥克李爾（Manannán mac Lir），乃是海洋彼端的異界支配者，不過這個名字據推斷，很有可能也是來自「曼島的支配者」。從這點可以察知，曼島和海伯尼亞自古就有相當密接的關係；在島上同樣可以看見歐甘文字的使用，這也顯示出該島確實受到海伯尼亞文化的強烈影響。在曼島現存的五件歐甘文字石碑，其中一件是以拉丁語雙語並行的方式寫成，由此也暗示了它與不列顛尼亞島之間的交流。

從這些語言證據，以及其他考古學出土品進行推斷，我們大概可以認定，曼島原本是布立吞人的居住地，後來被海伯尼亞所征服。在威爾斯和康瓦爾，最後是原住當地的布立吞人被同化，但在曼島，卻是前來征服的海伯尼亞人遭到吸收。在語言文化上也是這樣，直到現在，曼島仍然是屬於蓋爾語（Q凱爾特語）文化圈的一部分；之所以如此，原因大概是該島曾經被北方之民支配過的緣故。

◎曼島與北方之民

早從聖派翠克的時代——也就是五世紀左右，曼島便已經開始基督教化了。在島上有好幾個源自派翠克的地名與教會名，也有祭拜同時期的布里吉德的教會存在。傳說中，曼島最初的國王是卡斯瓦隆的兒子麥格溫。六世紀以降，它和蒙恩（安格爾西）島等地，一起受到瓦利亞北部領主的支配，這樣的情況一直持續到十世紀初。

西元七九五年，當阿爾巴的斯開島與北海伯尼亞的拉斯林島遭到襲擊之際，曼島也遭到北方之民的入侵。不同於不列顛尼亞島東部的入侵者以丹麥人為主流，這裡的侵襲者幾乎都是諾爾斯（挪威）人。他們從九世紀後半開始進行有組織的侵略，特別是在斯開島、路易斯島，乃至於都柏林等海伯尼亞東部地區，諾爾斯人國王的支配一直維持到十世紀。

第一位統治曼島的諾爾斯王，據說是九三八年抵達島上的奧力王（Orry，戈力、戈弗雷）。奧力王同時也將阿爾巴西南部的伊斯雷群島、琴泰岬半島、阿倫島等地納入掌中，形成所謂的「曼島暨各島王國」（Kingdom of Mann and the Isles）。他更召集各地區的自由民代表，組成「Tinvaal」（曼島語的「議會」之意）；這就是持續至今的曼島議會的起源。然而，奧力王只是傳說中的人物，史實所能確認的第一位國王，是十一世紀的戈德雷．克洛溫（Godred Crovan）。不過從戈德雷在蓋爾語中也可以讀成「戈弗雷」，又能簡寫為戈力、奧力這點來看，也有人主張這位國王就是傳說中的奧力王。總之，諾爾斯人建立的「曼島暨各島王國」一直延續到十三世紀中葉的瑪克努斯王（Magnus）時期，此後控制權便落入英王愛德華一世的手中。

◎正式展開襲擊

八四一年以降，諾爾斯人對海伯尼亞的入侵開始常規化，不過他們和稍晚前來的丹麥人之間相處得並不是很好，所以沒能像在曼島一樣達成整體統一的支配；諾爾斯人、海伯尼亞代表性的王族威・納爾家，以及丹麥人三者間的權力鬥爭，一直持續到十一世紀初期。

在這過程中，出現了一位傳說中的國王——布里昂・波爾馬・馬可・凱涅迪克（英語寫作布萊恩・博魯〔Brian Boru〕），留下了諸多英雄事蹟。根據編纂於十二世紀、由奧布里昂家代代相傳的《科嘉特・蓋耶爾・雷・卡拉伊夫（蓋爾人防衛記）》（*Cogad Gáedel re Gallaib*）所述，布里昂在西元一〇〇二年登上海伯尼亞的王座，並於一〇一一年統一全島，不過在一〇一四年的克隆塔夫戰役中便遭到擊敗，因此他的光輝只持續了極短的一段時間；但在後世，他仍被當成擊破入侵者、統一國家的英雄來加以崇敬，這個形象直到二十世紀，依舊沒有改變。

在這裡，也有一個和遷徙、傳播相關，令人深感興趣的事例。和曼島的情況一樣，因為北方之民的文化權威並不甚高，所以這些入侵者反過來，遭到了被征服者的文化所同化。相較於不列顛島，北方之民對海伯尼亞島的文化影響，遠遠要小上許多；至少在這裡，基督教文化完全不曾中斷過。

據《盎格魯撒克遜編年史》所言，北方之民對不列顛尼亞島正式展開殖民，是西元八六五年的事。當時丹麥人率領了大船團，在東盎格利亞登陸；他們表示希望能在當地殖民，但遭到國王反對，於是以提供軍馬作為交換條件，換得他們將兵鋒北指。八六七年，他們趁著諾森布里亞王國內亂之際，建立起第一個丹麥人國家——約克王國。接著他們陸續征服了麥西亞、東盎格利亞，在不列顛尼亞島東部一帶，建立起由丹麥人支配的領地，也就是所謂的「丹麥區」（danelaw）。

在這段期間中，盎格魯撒克遜人的威塞克斯王國出現了阿爾弗雷德大帝；他一面改革軍制，一面編纂法典和編年史。有鑑於丹麥人的侵略導致修道院破壞殆盡，憂心知識文化衰退的大帝，於是仿效歐陸的查理大帝，設立宮廷學校與修道院學校。不只如此，據說他還自己翻譯貝德的《教會史》等拉丁語古典作品。透過這種方式，他展現了盎格魯撒克遜文化的優越性，並成功促使東盎格利亞的丹麥王古斯魯姆（Guthrum，艾塞斯坦〔Æthelstan〕）改宗基督教。古斯魯姆是第一位受洗的丹麥人領袖，之後基督教便在丹麥人之間漸漸普及開來。

大帝的孫子艾塞斯坦於西元九二七年擊破約克的丹麥人，和斯科特人、布立吞人締結和平，成為第一位統一英格蘭的國王。但是當他逝世後，約克又再度落入丹麥人的掌握當中。英格蘭的統一最終要等到十世紀後半，和平者埃德加的時期方能達成。埃德加和當時的斯科特王基納艾德（Cináed，凱尼斯〔Kenneth〕）二世締結協定，相約以特威德河（River Tweed）為英格蘭和阿爾巴的邊界。

◎阿爾巴王國的誕生

橫跨海伯尼亞到阿爾巴地區的斯科特人王國——達爾里阿達王國，和以海伯尼亞島東部沿岸為據點的諾爾斯人——或稱異邦的蓋爾人（被蓋爾文化同化的諾爾斯人）——之間，保持著頗為友好的關係；雙方一直攜手合作，來對抗皮克特人以及布立吞人。但到了九世紀後，海伯尼亞島上的北方之民與斯科特人（蓋爾人）的關係日趨惡化；在阿爾巴地區，斯科特人則有與皮克特人聯手的傾向。

根據十一世紀的拉丁語史料《阿爾巴王年代紀》所述，阿爾巴（阿爾比翁、蘇格蘭）王國的首任國王，是九世紀時的基納艾德（凱尼斯）·馬克阿爾賓（Cináed mac Ailpín）。基納艾德雖是出身達爾里阿達王室血統，但他的母親是皮克特人，因此他雖是征服者，在繼承皮克特王國上倒也順理成章。但是基納艾德征服皮克特人的說法，是到了十三世紀才出現，在這之前的說法，都只說他是皮克特人的（第五任也是最後一任）國王。

不管怎麼說，在北方之民殖民的影響下，九世紀的阿爾巴切斷了與海伯尼亞島之間的親密關係，開始呈現當今蘇格蘭的統一雛形。在這段期間中，皮克特人或斯科特人之類的民族出身，在意義上漸趨稀薄，反倒是南北對立的意味日趨濃烈；這也就是今日高地（北部）和低地（南部）蘇格蘭關係的基礎。

支配高地的是斯科特人文化，低地則是以盎格魯撒克遜人居優勢。在這裡，決定優劣的並非民族人數，而是語言文化的威望高低。於是，蘇格蘭和海伯尼亞及英格蘭不同，並未達成語言文化的一體化，而是樹立起各自獨立的地區性認同。這和我們後面會見到的法國布列塔尼地區，在語言文化上的狀況極為類似。

基納艾德將愛奧納島的一部分聖遺物，轉移到阿爾巴中東部的鄧凱爾德（Dunkeld）。愛奧納島在受到北方之民襲擊後，便成為異邦蓋爾人的聖地，不過這些人到了十世紀末，也接受了基督教。就和英格蘭的情況一樣，在阿爾巴，有很多地方的基督教曾經一時斷絕，重新正式接受基督教，大概都要等到十世紀末以後了。

「蘇格蘭」這個地名的成立，據推斷也是在十世紀左右。在文獻中，它最初是以蓋爾人的土地「斯科細亞」（Scotia）為名，出現在《盎格魯撒克遜編年史》（九世紀末）當中。按照通說，最後一位講蓋爾語的斯科特國王，乃是十一世紀的馬克白塔德（又稱馬克白，也就是莎士比亞《馬克白》主角的原型）；報父仇後即位的馬爾科姆三世，年少時乃是在英格蘭王懺悔者愛德華的宮廷中度過，因此深受盎格魯撒克遜文化的薰陶。一〇七二年，他對英王行臣服禮，正式從屬於英國王室。之後，他更與北方之民出身的英格博格結婚，在諾曼人征服英格蘭之際，讓自己的領地成為盎格魯撒克遜人的避難所。因此，我們可以認定，蘇格蘭宮廷在十一世紀時，在文化上其實已經盎格魯撒克遜化了。

◎卡姆利的建國

九世紀後半，隨著北方之民正式進軍不列顛尼亞島，島嶼中東部遂落入了以丹麥人為中心的北方之民支配當中。在它的北邊，有斯科特人與諾爾斯人（進入十一世紀後，變成斯科特人與盎格魯撒克遜人）；南邊有威塞克斯，中部有麥西亞，這兩個王國仍屬盎格魯撒克遜人統治；至於西部，則有瓦利亞（威爾斯）和康諾威伊（康瓦爾）兩個布立吞人居住地分布著。

布立吞人居住的瓦利亞，在六世紀末到七世紀間，隨著與盎格魯撒克遜人的戰爭，語言文化的獨立性日趨堅強。到了八世紀後半，他們與英格蘭麥西亞王國的奧法王之間，按照防線畫分了一條國界。然而，這只是所謂「在外部壓力強加下產生的地區限定化」，至於內部的政治統一則仍然不存在。

這個地區首次實現政治統合，要到九世紀的國王——羅德利．茂爾（Rhodri Mawr，羅德利大帝）時代。羅德利原本是出身自瓦利亞北部格溫內斯王國血脈的國王，當他在八五六年擊敗丹麥人後，遂掌握了瓦利亞全境的支配大權。但當他過世後，王國又陷入分裂，特別是北部瓦利亞，更落入了盎格魯撒克遜的大帝阿爾弗雷德所率領的威塞克斯王國庇護下。

十世紀，卡姆利終於再次出現統一的景象，這次的主導者是羅德利的孫子——南部德赫巴思王國（Deheubarth）的國王豪威爾．沙（Hywel Dda，善良的豪威爾）。他在成為德赫巴思王之後，便於九二八年前往羅馬巡禮，透過基督教權威強化本身的支配權力。值得注目的是，豪威爾也編纂了以卡姆利語寫成的法律集。雖然現在僅存十二世紀的抄本，不過這仍然是份保留了相當多有關當時統治機構與民眾生活資訊的史料。

在豪威爾王之後，因為德赫巴思和格溫內斯的齟齬，卡姆利再次陷入分裂狀態。格溫內斯王——格里菲斯．埃普．利威林（Gruffydd ap Llywelyn）曾經一度達成統一，但這樣的功業也只限於一代便告終；而後，卡姆利第三次落入盎格魯撒克遜人的保護下。儘管如此，九世紀到十一世紀這三次國家統一的經歷，仍然為卡姆利（威爾斯）在政治上形成一個整體，鋪下了重要的歷史條件基礎。

◎凱爾諾的歷史整體性

凱爾諾是原本居住在瓦利亞的康諾威伊族，於五世紀斯科特人襲擊後南下所出現的地名。它在布列斯語中的念法是「凱爾聶瓦爾」，意即「大凱爾聶」，和布列塔尼地方菲尼斯泰爾省南部的凱爾聶（寇努艾爾）是同一個語源。九世紀到十一世紀間，不列顛島和布列塔尼同樣都被稱為「不列顛尼亞」，因此若要特別區分時，就會稱之為「大不列顛尼亞」和「小不列顛尼亞」；這種稱呼方式與上面的「大凱爾聶」，有異曲同工之妙。

凱爾諾的聖人傳記也和海伯尼亞與阿莫里卡一樣，呈現出凱爾特文化圈的緊密交流。相傳為四世紀聖人的聖梅利阿塞克（Meriasek，布列斯語稱為梅里亞迪克〔Meriadeg〕），他的傳記《梅利阿塞克傳》，是為數不多保存至今的凱爾諾語傳記。此人出身自阿莫里卡傳說的建國之王——布立吞人柯南·梅里亞迪克的家族，在阿莫里卡誕生。柯南原本要為他安排一場政治婚姻，但遭到他所拒絕；之後，梅利阿塞克便以聖職者的身分渡過海峽，在凱爾諾的坎伯恩建立禮拜堂，最後並成為了當地的守護聖人。據說梅利阿塞克禮拜堂裡的泉水，擁有治癒瘋狂的力量。

當然，因為阿莫里卡的布立吞人居住區一直到五世紀後半才有教區設立，所以這完全是捏造的聖人傳說；但在這個故事中，也清楚呈現了凱爾諾與阿莫里卡的一體性。

同時代還有另一位有名的聖人——聖烏蘇拉（Ursula）。德國科隆的聖烏蘇拉教會、一五三五年設立的女子修道會「烏蘇拉會」、漢斯．梅姆林的畫作《聖女烏蘇拉的聖遺物箱》、英屬維京群島的徽章等，都是以她為主題，是位著名的傳說人物。

關於烏蘇拉的傳說有兩種，其中一種說，她是四世紀凱爾諾王迪奧諾多斯（Dionotus，唐納德）的女兒。當柯南．梅里亞迪克征服阿莫里卡後，他便對迪奧諾多斯提出要求，希望對方能夠提供足以匹配自己的王妃人選，同時也為戰士們提供伴侶。國王答應了柯南的請求，於是決定將烏蘇拉下嫁給柯南，同時更送來一萬一千名處女與六萬名平民女性。雖然船隻只花了一天時間便抵達阿莫里卡，但烏蘇拉請求將婚期暫緩三年，好讓她進行大陸巡禮。不幸的是，當她來到科隆時，在那裡遇到了匈人，結果包括烏蘇拉在內，一萬一千名少女全部慘遭殺害。

柯南在歷史記述中登場是在西元十世紀；十二世紀的《諸王史》中說，柯南從不列顛尼亞島帶往大陸的人數，一共是平民十萬人與士兵三萬人。當他平定阿莫里卡後，為了避免與高盧人混血，因此從不列顛尼亞島召喚女性前來；一萬一千名處女與六萬名平民女性云云，就算不是事實，也是相當合情合理的記述。在這故事當中，也可以看出凱爾諾與阿莫里卡之間的同族意識。

◎海島凱爾特文化圈中的凱爾諾

雖然五世紀後的聖人多少可能具備一點史實性質，不過他們的傳記也都是編纂於九世紀之後；在這些傳記中，同樣強調著海伯尼亞文化圈的一體性。

聖佩朗（Peran，皮朗、拜朗），既是錫礦工的守護聖人，也是凱爾諾的守護聖人。黑底白色的「聖佩朗十字架」，至今仍是凱爾諾的民族旗，因此他可說是凱爾諾最具代表性的聖人。佩朗除了是海伯尼亞有名的修道院——克朗麥克諾伊斯（Clonmacnoise）修道院的創始人外，也是錫礦的發現者。

在海伯尼亞另外還有一位聖奇耶朗（奇蘭、蓋蘭），他是愛爾蘭十二使徒之一，也以克朗麥克諾伊斯的創設聖人而著稱；因為蓋爾語（Q凱爾特語）的「蓋」與布立吞語（P凱爾特語）的「佩」音相當，所以佩朗與奇耶朗縱使有時代異同，應該還是同一個人。雖然在羅馬人到來之前，不列顛群島的居民應該就已經知道如何精煉錫礦，不過這種技術中間曾經一度失傳，直到聖佩朗抵達凱爾諾傳教，這種技法才被再度發掘出來。

七世紀後半的多姆諾尼亞王蓋倫（Geraint，蓋朗德、蓋隆迪烏斯〔Gerontius〕），實際存在的史實性就更高了。威塞克斯王國馬姆斯伯里的主教聖亞浩曾經寫信給他，這封信至今尚存。信件寫成的年代是在西元七〇〇年左右，內容是就復活節的計算方式與剃髮樣式，請求他改變原有的海伯尼亞教會形式。

從這裡可以看出，多姆諾尼亞在時間上，較早就已經站在羅馬教會一方。如前所述，愛奧納要十幾年後、瓦利亞要五十年後、阿莫里卡更要一世紀後，才改變他們的海伯尼亞方式。

蓋倫王在七一〇年被威塞克斯的伊涅王（Ine）所殺，是多姆諾尼亞最後的國王。到了阿爾弗雷德大帝的時代（九世紀後半），凱爾諾被納入盎格魯撒克遜人的支配之下。諾曼征服後，布立吞人系統的領主被逐走，此地也變成了康瓦爾伯爵領地。

一三三七年，愛德華三世的長男黑太子愛德華成為康瓦爾公爵，從此這個稱號遂代代為英國皇太子所繼承擁有。在這種情況下，因為凱爾諾持續保持著領土上的一體性，所以凱爾諾語（康瓦爾語）也可能持續存活下去；但也有一種見解認為，因為這個時期英語取代法語流入，所以凱爾諾語早就已經衰退了。

順道一提，英國王位第一繼承者獲得「威爾斯親王」稱號的情況，是自西元一三〇一年，日後的愛德華二世（當時的皇太子）開始的。和「康瓦爾公爵」一樣，這也是英國王室為求安定，用來懷柔近鄰地區的政治手段之一。康瓦爾和威爾斯，這兩個屬於凱爾特語文化圈的區域，對英格蘭來說是最重要的地區；因此進入十四世紀之後，它們便被加以整頓，並納入和王國繼承權相關的機制當中。

說到康瓦爾公爵，這裡還有另一個軼聞可以提提。在十二世紀的《諸王史》中，曾經有這樣的記載：當時，康瓦爾公爵克洛伊斯（Gorlois）對國王烏瑟・潘德拉岡掀起叛旗，結果遭到烏瑟的軍隊殺害。勝利的烏瑟看上了克洛伊斯的妻子伊格蕾妮，於是借助魔法師梅林的力量，讓自己幻化成克洛伊斯的模樣，和伊格蕾妮共度春宵，兩人這樣生下的孩子就是亞瑟。從這個故事中也可看出，亞瑟王傳說雖是以五世紀的不列顛尼亞島為舞台，但在其中實際上也包含了十世紀以後的社會背景。

第七章

諾曼王朝與亞瑟王傳說

亞瑟王的圓桌　高懸於南英格蘭的溫徹斯特城（Winchester Castle）。12 世紀的作品。

加洛林王朝與阿莫里卡

◎查理大帝的加冕

不列顛尼亞島的布立吞人，在五世紀後半到六世紀末，隨著盎格魯撒克遜人的勢力伸張，失去了今日諾森布里亞、蘭開郡等地區的主導權，只剩在瓦利亞——即今威爾斯，還能保持多數派的地位。

往阿莫里卡的第二波移民潮，就是在這種島內民族主導權變遷的情況下，於六世紀後半一直持續到七世紀前半。當然，這樣的遷徙或許也稱不上大規模；一般都認為，它應該是一種以戰士和聖職者為中心、小規模集團性的持續遷徙。

七五一年，矮子丕平（丕平三世）登上法蘭克王國的王位，開啟了加洛林王朝。他的兒子查理大帝（查理曼）在西元八百年的聖誕節，被教皇利奧三世加冕為「羅馬人的皇帝」，從而登上羅馬帝國（西羅馬）的帝位。在這時候，阿莫里卡完全處於法蘭克王國的勢力籠罩之下。

正如前章所述，瓦利亞的政治統一，最早是在九世紀中葉，由羅德利·茂爾王開頭，之後斷斷續續，由十世紀前半的豪威爾・沙、十一世紀後半的格里菲斯・埃普・利威林所繼承。阿莫里卡的情勢，和瓦利亞也十分類似。

◎阿莫里卡獨立國的布立吞人

在阿莫里卡，第一位真實存在、且在政治上遠近馳名的國王，名叫諾米諾耶（Nominoe，努梅諾歐、內維諾耶）。根據本篤會大修道院長——布魯姆的雷吉諾（Regino von Prüm）編纂的《編年史》（十世紀前半）所述，諾米諾耶於八三七年，被查理大帝的繼承人——路德維希（路易）一世（虔誠者路易），任命為布立吞人的「多卡托斯」（Duke，公爵）。不過，依據最近研究者的看法，諾米諾耶的權力僅限於圭內特周圍，實際上只是皇帝的「missi（委任統治者）」罷了。

八四〇年虔誠者路易過世後，他的孩子們便展開了繼承者之爭。為了對抗支配北義大利的長子洛塔爾的攻勢，路易的三男——東法蘭克（德意志）的首任國王路德維希二世（日耳曼人路易），與父親再婚的兒子——西法蘭克（法蘭西）首任國王禿頭查理之間締結約定，發誓相互合作，這就是歷史上著名的「斯特拉斯堡誓言」（八四二年）。這份至今抄本尚存的文件，並非用拉丁語，而是以羅曼斯語及日耳曼語寫成，被認為是法語誕生的劃時代作品；而在這份宣誓中，諾米諾耶也以西法蘭克王底下的忠臣身分參與了見證。

諾米諾耶在不久之後，便對主君掀起了叛旗。八四五年，他在「巴隆之戰」（Battle of Ballon）中，擊敗了禿頭查理。雖然這只是一時的勝利，不過十九世紀布列塔尼的浪漫民族

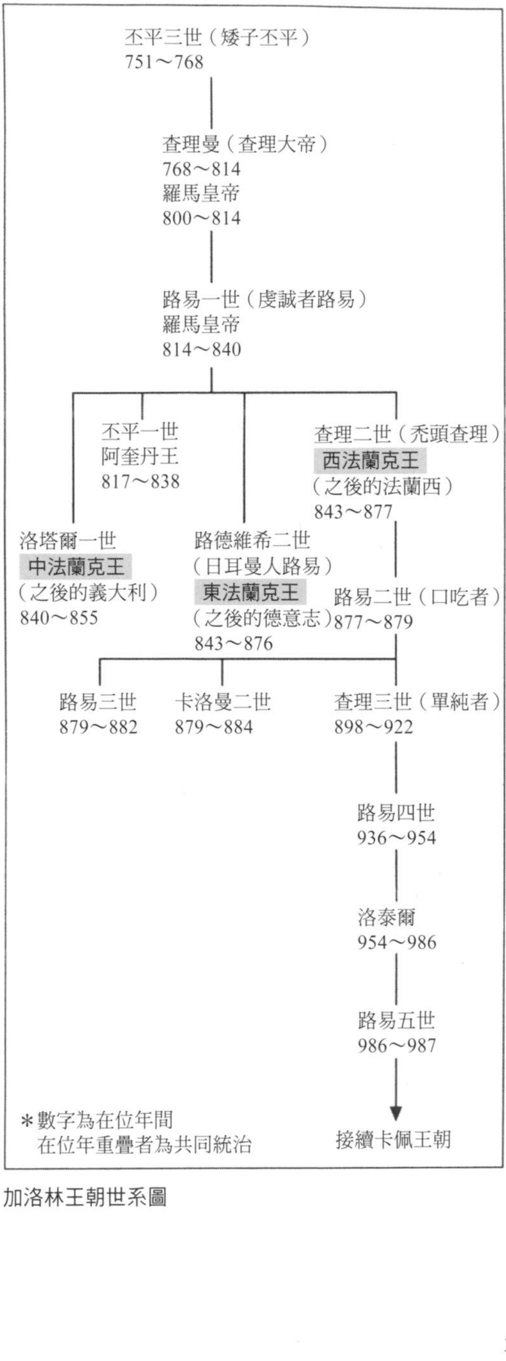

加洛林王朝世系圖

主義者，則將它當成是對法王的初次勝利而大加彰顯。八五一年，諾米諾耶的兒子兼繼承人、自稱「布立吞人之王」的艾利斯波耶（Erispoe），又在「詹古朗德之戰」（Battle of Jengland）中擊敗查理。然而，他的光輝也沒有維持多久。

艾利斯波耶後來遭到堂兄弟所羅門暗殺；所羅門將阿莫里卡的王權掌握到手之後，於八六三年併吞了西安茹，八六七年又將今日諾曼第全境納入領地。阿莫里卡的布立吞人國王將法蘭西西部地方置於支配之下，這樣的榮耀在十四世紀布列塔尼獨立王國的國史中，仍然記憶猶新。以記載亞瑟王傳說而聞名的十二世紀《不列顛諸王史》中，不見諾米諾耶或是艾利斯波耶的名諱，但所羅門王卻曾經好幾度登場；由此可以證明，他在時人眼中是多麼重要。

就像這樣，自九世紀中葉以來，對阿莫里卡的布立吞人來說，與法蘭克王國的關係始終是政治的中心。同時在文化上，加洛林文藝復興的影響也擴散到了阿莫里卡；這點從

所羅門王　掌握阿莫里卡王權的布立吞人之王。朗維蘭村56教會所藏，十七世紀後半的木像。

「magister（教師）」、「grammaticus（文法學家）」在布列塔尼的增加，就可以清楚窺知。這些知識分子在宮廷或貴族宅邸內擔任教師、顧問，有時也兼任聖職者。在阿莫里卡，知識分子的增加與第五章所見、朗代韋內克修道院等地開始量產拉丁語聖人傳記的時間是一致的；而第六章所述，剃髮樣式等海伯尼亞文化圈基督教的色彩漸漸褪去，羅馬教會的影響力取而代之、日益擴大，也是發生在這個時期。換句話說，雖然這時的阿莫里卡人大量編纂渡海聖人傳記，對自身的島嶼起源在記憶上有所自覺，但他們的文化已經開始拉丁化，和凱爾特諸語的文化圈也漸行漸遠。這種知識分子階層，在接下來所要講的維京人時代後——也就是十一世紀，為數愈發增長。

◎諾曼第的形成

諾曼第半島在羅馬帝國時代，曾是高盧部族文內里人的居住地（這也是古地名瑙斯托利亞的語源）；到了三世紀君士坦丁大帝時，則稱之為「君士坦丁的土地」，諾曼第半島的別名「柯騰丁半島」（Cotentin Peninsula），便是來源於此。至於諾曼第的語源，指的當然是「諾曼人的土地」，也就是「北方之民」（Norman）入侵以後的新地名。

五世紀末時，法蘭克人與撒克遜人入侵此地、競逐霸權，最後是由法蘭克人贏得勝利，成為當地的支配者。但是就跟高盧／法蘭西的其他地區一樣，現在當地已經找不到法蘭克語的殘留痕跡；這些征服者，都跟拉丁語化的高盧人同化了。

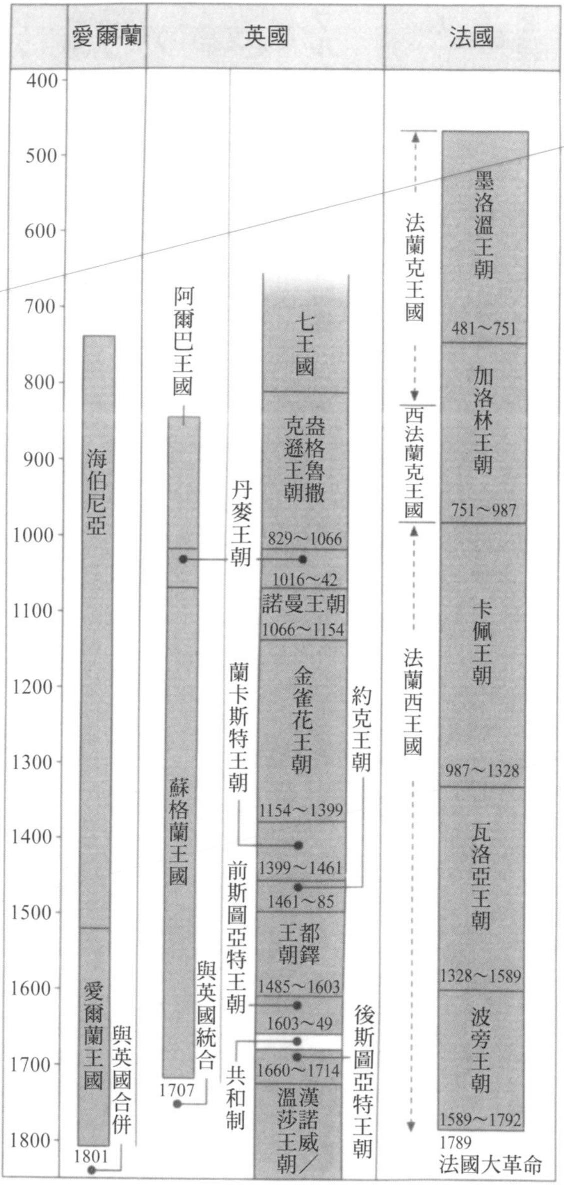

英法主要王朝的興亡

在阿莫里卡，八四三年在南特首次有維京人出現的記錄，諾米諾耶王的時代也已經有北方之民襲擊的經歷，不過在所羅門的統治時期，這樣的侵襲似乎收斂了不少。但在九世紀末的布立吞人統治者——大阿朗的時代，諾曼人又再次地活躍起來。

九〇七年，諾曼人破壞了朗代韋內克修道院；九一一年，他們在羅洛（Rollo，又稱弗洛夫、羅隆）的率領下，包圍了沙特爾。西法蘭克王查理三世（單純者）和他們簽訂和約，將柯騰丁半島賜予羅洛，並封他為公爵；「諾曼人的土地」諾曼第，於焉誕生。

羅洛改了一個法語風的名字「洛貝爾」，並接受基督教的洗禮，不過在十世紀初期這個階段，要躋身社會頂端階層，並不一定要成為基督教徒。另一方面，諾曼人對基督教的接納，和他們對西法蘭克文化、也就是尚處搖籃期的法語文化的接納，其實是相互重疊的。五世紀入侵高盧北部的法蘭克人，和高盧的拉丁語（拉丁俗語）文化產生了同化；十世紀的諾曼人則在這條延長線上，和法語文化成為一體。同樣是處於這條文化延長線上，諾曼人對基督教也毫無抵抗地加以接受。就這樣，在羅洛定居不到一世紀後，諾曼人的語彙和口音便和當地混合，形成了諾曼法語（Norman French）。

雷東修道院所藏的《編年史》，在九二〇年有這一條記載：「諾曼人破壞了小不列顛尼亞（布列塔尼）全境，布立吞人或者遭到殺害、或者被逐出當地，聖遺物也四散遺落。」不只是在所羅門王時代曾納入旗下的諾曼第，就連雷恩和南特也落入諾曼人之手。九三三年，羅洛的兒子長劍威廉（威廉一世，九四二年逝世）自稱「布立吞人的公爵」。諾曼人一時之間，完全壓制了法國西部一帶。

在這種情勢下，諾曼第主教區在八六〇年陷於癱瘓，不過到了九一一年又再次復興。九四二年，盧昂修道院獲得重建。到了十世紀末，聖米歇爾山等地的修道院活動也重新展開，諾曼第開始在基督教傳教任務中，擔負起核心的角色。

◎布列塔尼的兩大特徵

九三六年，布立吞人國王大阿朗的孫子、在不列顛尼亞島避難的阿朗．巴爾布托特（Alan Varvek，阿朗二世、「捲鬍子的阿朗」、布列塔尼公爵）擊破諾曼人，凱旋返回大陸。儘管如此，他並沒有取回布列塔尼全境的支配權，只是勉勉強強以南特伯爵的身分，獲得了布列塔尼東南部的控制權。

自十世紀中葉到十一世紀初，作為支配基礎的伯爵領地，其疆域也開始明確化。阿朗二世的南特伯爵領似乎是第一個這樣的區域，而雷恩伯爵領也在幾乎同一時期成立。雖然八世紀後半以來，這兩個伯爵領在加洛林王朝的支配下已經存在，不過實質支配者的明確化，則是要等到這個時期。我們現在所知的「布列塔尼地區」，其領域也是在這個時期畫定。至於布列塔尼公爵這一稱號，則是要到十世紀後半，南特伯爵領與西部地區的凱爾聶（寇努艾爾）伯爵領合併、勢力覆蓋整個地區後才出現。

這樣出現在歷史上的布列塔尼，其主要特徵有二：第一是前面已經提過的，它和島嶼文化圈的關係。從九世紀後半以來，布列塔尼知識分子大量編纂渡海聖人傳這點可以看出，他們一方面對於祖先自不列顛尼亞渡海的經歷、以及和海伯尼亞文化圈的關聯有所意識，另一方面又以羅馬基督教及拉丁語文化圈的一員自居。

在十世紀前半諾曼人入侵的混亂時代，布列塔尼公爵阿朗二世曾經一度逃到不列顛尼亞島避難，但當時他是託身於英王愛德華（長者愛德華），而非布立吞人之下。九三六年當他凱旋的時候，給他幫助的也是愛德華的兒子埃塞爾斯坦。換言之，他是接受了歷史上的世仇——盎格魯撒克遜王的庇護。布立吞人從不列顛尼亞島上展開的移民大約在西元七世紀前半左右告一段落，在那之後經過三百年，島嶼和半島布立吞人之間的羈絆也相對衰弱，這件事正是相當明顯的象徵。

另一個特徵是，當布列塔尼確立其歷史一體性之際，其內部的語言文化也一分為二。這點和蘇格蘭相當類似；在蘇格蘭，文化語系分為高地（北部）的凱爾特—蓋爾語系，以及低地（南部）的蘇格蘭英語系，在布列塔尼，則分為西部的凱爾特—布立吞語系，以及東部的拉丁—法語系。蘇格蘭在九世紀時，和海伯尼亞的關係日趨淡薄，這與它內部的獨特性逐漸形成有密切關聯。即使從時期來看，這種一分為二的情況也十分神似。

◎語言文化的盛衰

說到宮廷的語言文化，蘇格蘭在十一世紀前半的馬爾柯倫（馬爾科姆）三世（Máel Coluim／Malcolm）時代，產生了明顯的盎格魯撒克遜化，至於布列塔尼宮廷則是在十世紀末，幾乎完全法語化。換句話說，南特、雷恩兩個伯爵領的貴族，在十世紀時都已經加洛林化。所謂「加洛林化」，並不是同化於日耳曼系的法蘭克語，而是以九世紀誕生的法語為基礎，所產生的法蘭西化。

在雷恩伯爵領的領主當中，文獻所能確認最古老的公爵是柯南一世，據說他是出自法蘭克人貴族家系；故此，我們可以認定布列塔尼的主要宮廷，在十世紀末已經法語化。當然，中小貴族與農民則又另當別論，至少當地的民眾階層一直到十九世紀，仍然在使用布列斯語。

十世紀時，隨著高階貴族的法語化，「不列顛尼亞」的法語念法——「布列塔尼」，這個地名稱呼遂也逐漸普及開來。既非阿莫里卡也非不列顛尼亞，而是布列塔尼，在十世紀誕生了這樣一個嶄新的地名。順道一提，不再使用「西法蘭克」，而是採用「法蘭西」這個稱呼，也是始於十世紀。

若從凱撒征服、羅馬帝國統治高盧的時代算起，在法國西北部地區，一千年間歷經了好幾次的語言文化興衰。首先是凱爾特系的高盧語遭到凱撒率領的羅馬軍摧毀，民間拉丁語取得支配權。接著在四世紀，法蘭克人從東北侵入，柯騰丁半島一帶變成法蘭克語化。五到七世紀間，自不列顛尼亞島到來的布立吞人，將阿莫里卡半島西北部變成布立吞語地區。在八世紀興起的加洛林王朝法蘭克王國底下逐漸成形的法語，急速地擴展到柯騰丁半島與阿莫里卡半島的統治階層當中。九世紀襲來的諾曼人，雖然在文化上法蘭西化、基督教化，不過在語言上，則留下了獨特的諾曼法語。換言之，這段期間中，至少有凱爾特系的高盧語和布立吞語、拉丁系的民間拉丁語和法語、日耳曼系的法蘭克語和諾曼語，一共六種語言在競逐霸權。

這些語言盛衰，往往伴隨著民族的遷徙而產生。不過就像前面一直強調的，這樣的遷徙規模不見得很大，多半只是小規模的戰鬥集團、聖職者集團的定居罷了。即使是羅馬人對高盧的移居，也稱不上是大規模；儘管如此，因為他們的文化權威較高，還是引起了語言的同化。

諾曼征服與布列塔尼

◎丹麥人的「北海帝國」

如前章所見，十世紀時，不列顛島的主要地區如阿爾巴（蘇格蘭）、英格蘭、瓦利亞、凱爾諾等，都已經畫定了現今的界線；而在這過程中，七到八世紀成形的海伯尼亞基督教會島嶼文化圈，其影響力也日益減退。到十世紀時，我們甚至可以說，「海伯尼亞文化圈」已經完全喪失了機能。儘管大陸與不列顛島在十一世紀構成了新的文化圈，但很諷刺的是，在這個語言有親近性、文化交流關係卻相當淡薄的階段中，堪稱「另一個島嶼文化」的亞瑟王傳說，卻出現了全新的發展；這點我們在後面會詳述。

另一方面，羅馬基督教仍持續在普及，到了十世紀，至少已經將王族層級的北方之民都納入掌中，涵蓋範圍也已經擴展到歐洲全境。島嶼文化圈這時候熱中編纂聖人傳，也是因為塑造文化權威乃是重要之事。當然，基督教化的主要課題還是在於民眾層級，而這仍然需要更多的時間。

讓我們再將目光放回十世紀的英格蘭。九世紀末，在威塞克斯的阿爾弗雷德大帝領導下，盎格魯撒克遜人確立了自己在文化上的優勢，基督教也在領導階層之間日益普及。西元九二七年，大帝的孫子埃塞爾斯坦成為首位統一英格蘭的支配者；到十世紀後半的和平者埃德加時，終於達成了英格蘭的統一。

但是九七五年埃德加逝世後，國內便再度陷入混亂。自九八〇年到九八八年間，以丹麥為據點的維京人、丹麥人對不列顛頻頻發動侵襲；這時候，丹麥人會利用諾曼第半島，來進行戰利品買賣和糧食調度。時任諾曼第公爵的理查一世（無畝理查），因為祖父羅洛是挪威出身，所以和丹麥人保持著友好關係。不過到了九九一年，在教廷的主導下，盎格魯撒克遜人和諾曼第人締結了友好協定；又過了十一年，英王埃塞爾雷德二世（決策無方者）和諾曼第公爵理查二世的妹妹艾瑪結婚，兩方之間的關係愈發緊密。

就這樣，現在已經在地化、成為異鄉支配者的兩股「北方之民」——英格蘭與諾曼第，面對仍然持續襲擊的亂源——同屬北方之民的維京人，開始同盟起來進行抵抗。但就算如此，丹麥人仍然持續侵略不列顛島；盎格魯撒克遜人不得不支付稱為「danegeld（丹麥金）」的歲幣，以買得丹麥人撤退。九九一年時首先支付一萬英鎊，到一〇四〇年為止，總數已經達到二十五萬英鎊。

一〇一三年，丹麥王斯韋恩（斯溫）．哈拉爾德森（Sweyn Forkbeard）企圖征服英格蘭，於是帶著王子克努特（Canute，庫努斯、卡努特）一同展開侵略。斯韋恩雖然在第二年逝世，不過克努特在一〇一六年時，終以二十三歲之齡登上英格蘭王位，並和三十歲的前王妃艾瑪結婚。至此，克努特遂建立起一個環繞北海，包括英格蘭、丹麥，以及含現今瑞典在內的挪威等地的大帝國；但這個帝國的權力全繫於他個人一身，因此當他在一〇三五年逝世後，這個帝國也立刻土崩瓦解。

就在持續的混亂當中，一〇四二年，愛德華三世（懺悔者愛德華）自諾曼第歸國，即位為英王。他是盎格魯撒克遜英王埃塞爾雷德二世的兒子，母親艾瑪則是諾曼第公爵的女兒，因此自小便在諾曼第長大；而緊接在後登場的，便是諾曼第公爵吉約姆（Guillaume），也就是威廉一世（征服者威廉）。

◎諾曼王朝的建立

由於威塞克斯王室出身的愛德華三世並沒有兒子，因此他在一〇六六年一月，指定外甥哈羅德二世為英王，之後便過世了。哈羅德的兄長托斯底格覬覦英王的地位，於是在丹麥王支援下，向哈羅德發起戰端，卻在九月的斯坦福橋（約克東方）戰役中兵敗戰死。之後，哈羅德與征服者威廉（吉約姆）之間，便發生了有名的黑斯廷斯之戰。

一般通稱的威廉是英語讀法，不過他本人常用的語言是諾曼法語，在征服後的宮廷中也持續使用這種語言，所以用法語的「吉約姆」來稱呼他，反倒較為適合。吉約姆繼承父親洛貝爾一世成為諾曼第公爵之後，於一〇五〇年，娶了有威塞克斯阿爾弗雷德大帝血統的法蘭德斯伯爵鮑德溫五世之女瑪蒂爾達，因此也成了英格蘭王室的姻親。當愛德華去世後，吉約姆也被列名在王位繼承者的清單當中。

吉約姆在一〇六六年十月，於黑斯廷斯擊破了哈羅德軍，並在十二月於西敏寺加冕為英王，至此英格蘭的諾曼王朝遂正式成立。自諾曼王朝以降，英格蘭直到現今從未遭受外國征服，其王室也全都繼承了吉約姆的系譜。自凱撒率羅馬軍侵略以來的一千年間，英格蘭遭到盎格魯撒克遜人、斯科特人、丹麥人、諾曼人一波又一波的侵入，唯一向外移動的就只有布立吞人；但在接下來的一千年間卻反過來，涉足外國變成一種潮流，最後終於形成涵蓋全世界的大帝國——大英帝國。

諾曼王朝與金雀花王朝的國王在位年

王朝與歷代國王	在位年
諾曼王朝	
威廉（吉約姆）一世	1066～1087
威廉（吉約姆）二世	1087～1100
亨利一世	1100～1135
史蒂芬	1135～1154
金雀花王朝	
亨利二世	1154～1189
理查一世（獅心王）	1189～1199
約翰	1199～1216
亨利三世	1216～1272
愛德華一世	1272～1307
愛德華二世	1307～1327
愛德華三世	1327～1377
理查二世	1377～1399

至於不列顛島和阿莫里卡半島之間同屬布立吞人的羈絆，正如在九世紀以降的聖人傳記中可窺見的那般，其實是有意識地延續著；但在領主層級上，卻因為政治謀略之故，使得兩地陷入敵對狀態。在吉約姆公爵的黑斯廷斯戰役中，有很多和雷恩伯爵敵對的東北部領主參戰，事後作為褒賞，他們也在英格蘭各地獲得了領地。即使到了諾曼征服後的一百年，在英格蘭王國全部約五千處騎士領地中，有百分之五（兩百五十處）還是歸布列塔尼出身的騎士所有。順道一提，吉約姆家族占有不列顛島一半的領地，其他諾曼出身的貴族取得四分之一，至於原本的支配者撒克遜人，所保留的領地則僅僅只有百分之五而已。

這樣的背景，對於島嶼系的亞瑟王傳說流傳到法國以及歐陸其他地區，可說相當重要。

繼不敵諾曼第公爵吉約姆、敗走的雷恩伯爵柯南二世後擔任布列塔尼公爵的，是凱爾聶（寇努艾爾）伯爵阿朗四世。他雖然是布列斯語地區的伯爵，但因為法語宮廷文化的滲透速度實在太快，所以一般都認為他是最後一位說布列斯語的領主。阿朗和征服者吉約姆的女兒結婚，企圖和王室更加親近，結果卻反而強化了從屬的立場。到了他的孫子柯南四世的時代，政治上的緊張形勢愈發深刻；之所以如此，是因為橫跨英法兩國的「安茹帝國」成形之故。安茹帝國在亞瑟王傳說的形成與流傳上，可說是重要的根據地，因此我們有必要探討下這個帝國成立的來龍去脈。

◎橫跨英法的安茹帝國

征服者吉約姆的兒子——英格蘭王亨利一世的女兒瑪蒂爾達，嫁給了安茹伯爵喬布洛瓦（傑弗里）四世（Geoffrey），他們的兒子亨利二世，在一一五四年創立了金雀花王朝。亨利二世從父方繼承了安茹伯爵領地、從母方繼承了英格蘭與諾曼第公爵領地、接著又在一一五二年與阿奎丹公國的女繼承人艾莉諾（Eleanor of Aquitaine）結婚，將法蘭西西南部的阿奎丹公爵領地也納入手中。

占有現今英法兩國相當程度土地、疆土廣大的安茹帝國遂就此誕生。當然，對這個帝國，是不能期待它在支配上有多少實效的。國王為了解決有力諸侯的爭端，不斷奔走於大陸領土之間，停留在法蘭西的時間甚多，因此實際上的首都，其實是諾曼第的盧昂。這是自諾曼征服以來，諾曼王朝歷代英王共通的狀況；正因如此，他們大多不會說英語，日常溝通都是用諾曼法語。

亨利二世在一一六五年，也恢復了對瓦利亞（威爾斯）的支配，一一七一年更揮軍攻向海伯尼亞（愛爾蘭）。布列塔尼也不例外；一一六六年，他逼使柯南四世讓出公位，一一六九年，又迫使法王路易七世認可他對布列塔尼的統治權。亨利二世的兒子理查一世，於一一八九年到一一九二年間參與了第三次十字軍，生涯大半都在戎馬中渡過。理查因其勇猛而被稱作「獅心王」，同時也因具體展現了中世紀騎士精神，而廣受後人盛讚。他從年幼時起便在法蘭西西南部的阿奎丹地區長大，在擔任國王的英格蘭地區停留時間加起來不超過六個月，所以當然也幾乎完全不會說英語。

金雀花王朝對布列塔尼的支配權，一直持續到亨利二世的孫子亞瑟一世時代。亞瑟原本是英王理查一世理所當然的繼承人，但他的地位卻被亨利二世的么子約翰（失地王）所奪，更在年僅十六歲的時候，便遭到約翰的支持者暗殺。這位短命的布列塔尼公爵亞瑟，就是最明顯的時代象徵之一；他因為受到彷彿中世紀騎士精神化身的叔叔理查一世殷切期盼，所以才取名叫亞瑟，而這時也正是亞瑟王傳說流傳全歐的時代。

海峽國家——安茹帝國　1190年左右。

詩歌、口傳與書寫

◎島嶼文化圈的吟遊詩人

在我們探討亞瑟王傳說的傳播之前，我想先提提傳說是如何進行流傳的。口傳詩歌乃是不曾文字化的社會下共通的產物，因此並非凱爾特文化獨享的特權。像是斯堪地那維亞的斯卡特（skald）、盎格魯撒克遜的斯科普（scop）、南法的特魯巴托爾（troubadour）等，在歐洲各地，吟詠傳承詩歌的詠唱者相當地多。在凱爾特文化圈中，這些以吟唱詩歌為業的集團則被稱為「巴爾德」（bard）；他們在很多情況下，也與德魯伊有所關聯。

據十二世紀瓦利亞的學者——威爾斯的傑拉德（Gira dus Cambrensis）所言：「康布里亞（卡姆利、威爾斯）的巴爾德、歌唱者、吟唱者們，會將國王的家系用康布里亞語寫下來，當成神聖的古老文件加以珍藏，並且不斷進行默背。」（《康布里亞素描》，一一八八年）

海伯尼亞的吟遊詩人「菲里」（賢者、預言者之意）也是屬於這個系統。當基督教流入，咒術師被基督教聖職者取而代之後，這項技巧便作為世俗技藝被傳承下去。後面會提到的阿內林、塔利埃辛等布立吞宮廷詩人，應該也可以看做是同一系統。卡姆利語一般將這些人稱為「卡瓦路西阿德（專家、故事傳承者）」，不過有時也會稱為「凱爾索蘭（小詩人、藝人）」。在古布列斯語中，他們則被稱為「烏爾維魯特」（透視者、預言者，《雷東文件集》）、「瓦蕾塔」（女巫，在十九世紀布列塔尼作家夏多布里昂的作品中登場），和海伯尼亞的「菲里」應該是出自同一語源。在不列顛與海伯尼亞島，這些詩人一直到十一、十二世紀，仍然可見其蹤影。

在布列塔尼於十一至十二世紀間彙總的《卡秋雷爾（文件集）》（*Cartulaire*）中，可以看見職業為「吉他里斯塔（吉他演奏者）」、「康多爾（歌手）」的人物登場。除此之外，也有「巴爾德的兒子」（一一三〇年代，《坎佩爾雷文件集》）這樣的稱呼方式出現，由此可知吟遊詩人乃是以職業的形式，持續傳承下去。

◎安茹帝國的吟遊詩人

在完成於十二世紀末到十三世紀前半、作者不詳的法語寓言集《狐狸的故事》（*Le Roman de Renart*）中，有一個橋段是主角狐狸化身成善說多種語言的吟遊藝人。（這本書

現在仍然保有十四世紀初期的抄本）

狐狸一開始操著不甚流利的法語，於是對方問他說：「你是從哪國來的呀？聽你的口音，不像是法國土生土長的呢！」狐狸答道：「我是從布列塔尼來的唷（中略），我也希望能把法語說得更流利一點呢！」「那麼，你擅長的技藝是什麼呢？」「這個嘛，我很擅長表演喔！（中略）不管是梅林的故事、老鷹的故事、亞瑟王的故事、崔斯坦的故事、聖華倫坦的故事、忍冬樹的故事，還是布列塔尼的輕鬆小詩，不管什麼都可以讓您聽得心滿意足喔！」「那，伊蘇的小詩你懂嗎？」「當然，當然！」（鈴木覺等譯，部分為作者改譯）在這段對話中，也可以一窺將布列斯語故事改譯為法語，四處巡迴賣藝的藝人身姿。

在古法語中，有一個叫做「拉迪尼耶」的詞。這個詞原本指的是「說拉丁語的人」，不過根據佛提艾爾（Antoine Furetière）的《大辭典》所說，它在上布列塔尼的方言中，指的是「通譯」的意思。換句話說，它指的是和說拉丁語的人之間，透過通譯彼此溝通。但根據凱爾特學者弗羅利歐的考證，所謂「拉迪尼耶」，其實是用來指稱通曉英語、卡姆利語、布列斯語，以及諾曼語四種語言的人物，而在他們身上，也確切反映出了安茹帝國的語言狀況。

順道一提，因為卡姆利語和布列斯語的分歧，在語言史上大約是設定在西元一千兩百年左右，所以上面的記述大概是在這個時間點左右、或是在它之後的事。在後面會見到的《布立吞人頌詩（布魯特傳奇）》（*Roman de Brut*，一一五五年）當中，就有一位口才無礙、能跟撒依森（薩克遜）人交談的「拉迪米耶」（同拉迪尼耶）凱雷迪克，這是關於此類人物的最初記載。卡姆利語稱通譯為「拉多梅爾」，明顯也與拉迪米耶有所關聯。從這裡我們不難想像，這些「通譯」活躍於安茹帝國宮廷，翻譯講述布立吞故事的景象。

十二世紀後半，拜安茹帝國之賜，南法的特魯巴托爾也會造訪不列顛島與布列塔尼，並展現出受其影響的痕跡。他們在那裡，主要是學習布立吞人的吟詠風格，以及樂器的使用方法。因此，相較於北法的吟遊詩人特魯貝爾（trouvère），南法的特魯巴托爾提及「布列塔尼風物」的頻率，遠遠來得更加頻繁；從這當中，正可見到安茹帝國宮廷的影響力。

◎書寫和口傳

從前面傑拉德對吟遊詩人介紹的引文中，我們可以看到縱使詩人多採默背形式，也還是保有寫下來的文本。這顯現了西歐的口述文學，從很早開始就有書面語的寫作作為輔助支持。根據研究口傳與文本關係的克蘭奇（Michael T. Clanchy）等學者所述，我們同樣可以反過來說，一直到十二世紀為止，就算是攜帶有文件的場合，也依然相當重視口語的傳達。

舉例說，當英格蘭要召集州法庭時，即使已經發出文字命令，也還是要特地進行口頭通知。十二世紀後半，亨利二世曾經寫過一封信給腓特烈皇帝（巴巴羅沙），在上頭特別註明，「箇中要事須由使者自己口頭陳述」，由此可見發聲的重要性。這種口傳與文本的密切關係，對於確定文本落成年代也有很大的影響。

和亞瑟王有關的卡姆利文獻，包括了《卡艾爾威爾金（卡馬森黑書）》（*Llyfr Du Caerfyrddin*，十三世紀中葉）、《塔利埃辛之書》（十四世紀初）等作品，不論哪一本的記述內容，都可以回溯到六至七世紀。重點在於，它們基本上是十二世紀以後，將從前的文本重新建構而成的作品；換言之，這些文本的作者，是有意識地將自古以來的口傳以書寫方式保存下來。因為卡姆利語仍持續為貴族階層所使用，所以為了建構語言權威，就有必要發掘出相關的歷史。

但是在布列塔尼，自十世紀以來，貴族階層便已出現法語化的徵兆，十一世紀更是全面性地法語化。因此自十二世紀以後，上流階層就沒有必要為了鞏固權威，而進行史料的整理建構。這也就是為什麼在布列斯語中，找不到十三世紀以前的文獻，甚至連推定存在的文獻都沒有的理由。

在海伯尼亞，另外有一種稱為「伊姆拉（伊姆拉瑪）」的航海故事（遊記）書寫傳統。

據傳撰寫於八世紀的《馬艾爾．多恩》（*Immram Curaig Maile Dúin*），一般咸認是有名的《聖普林尼（布倫丹）遊記》（*Navigatio Sancti Brendani Abbatis*，九世紀）的原型，前面提及的布列塔尼《聖馬洛傳》，也曾經從中採擷內容；到了十二世紀之後，這部作品又被翻譯成英法等多種語言。就像亞瑟王傳說一樣，它也被傳播到歐洲全境，而在這樣的翻譯過程中，書寫的媒介乃是不可或缺的。

◎韻文詩的傳統

雖然韻文明顯是屬於口傳的傳統，不過也有人認為，凱爾特語的「內部韻」這一巧妙技藝，因為必須借助有系統的學習才能理解，所以學習機構的存在與書寫的媒介，都是不可或缺的。

儘管剛剛講到布列斯語並不存在十三世紀以前的文獻，不過在拉丁語史料中，還留有能用八到九世紀拉丁語加以對照的註釋語彙以及專有名詞，因此仍然可以類推出古代的語型。最早被書寫下來的布列斯語詩歌，推估約在一三三〇年左右，由伊凡內特．歐姆尼斯這位抄寫員所書寫的「Lai」（八音綴短詩）。這首詩被寫在某拉丁語抄本的空白處，為古詩的一

部分，其語型似乎可以回溯到十一世紀左右；詩中出現了內部韻。關於其事例，請看以下的內容：[1]

妳純淨無瑕的微笑擄獲了我（An wen hewen an rowenes）
蔚藍的眼睛充滿笑意（An hegarat an ragat guras）
妳願意接受我的愛情嗎？（Mar ham guorant va harantis）
晚上請與我共枕吧（Da vid in nos oho e hostis）

雖然內容近似於後面會提到的宮廷風戀愛作品，不過在各行末尾的韻（第一第二行的as，第三第四行的tis）之前的音節中，第一行出現了三次「wen」，第二行出現了兩次「at」（rat、gat），第三行出現了兩次「rant」（guorant、harantis），第四行的「os」（nos、hos），都是押內部韻。這樣的結構是將卡姆利語中的二種內部韻，加以更仔細的定格化而產生的結果。雖然這是愛爾蘭與和凱爾特語古詩歌的特徵，不過晚期拉丁語也有用這種格式撰寫詩歌的情況，所以並不能說是凱爾特語圈獨有的文化。但不管如何，寫作這樣的詩歌需要相當的學識，也需要書面語的輔助，這樣的主張是有道理的。

亞瑟王傳說的傳播

◎傳說誕生的背景

亞瑟王傳說，是西歐全境耳熟能詳的故事。它家喻戶曉的程度，大概就跟《三國志》（三國演義）在東亞的情況差不多。當這個故事在十二世紀前半建構起來之後不久，便立刻被翻譯成法語及德語、在歐陸宮廷間一舉傳播開來，並以理想的騎士團隊之姿，為人朗朗上口。更重要的是，它不只是描述國王個人的英雄故事，國王的家臣們——也就是所謂的「圓桌武士」，也各自形成了生動鮮明的傳說；這些傳說加總在一起，形成了一個完整的「亞瑟王故事群」，不斷被傳承下去。

被湖中仙女養育長大、與王妃墜入情網，最後成為圓桌武士瓦解主因的「湖上騎士蘭斯洛」，康諾威伊的騎士崔斯坦與海伯尼亞公主伊索德之間的悲戀故事，還有代父追求聖杯的帕西法爾與蘭斯洛之子加拉哈德探索聖杯的故事等，圓桌武士本身的故事也不斷向外擴張。

在十九世紀的德國，華格納將這樣的騎士世界，當成道德高尚的理想社會大加歌頌；即使到了現代，從迪士尼動畫《石中劍》（一九六三）到最近的《亞瑟王》（二〇〇四），電影對亞瑟王傳說的描寫也是絡繹不絕。

一九九八年八月七日，英國《衛報》頭版的大標題寫著：「透過這些文字，我們可以確定亞瑟王傳說乃是事實嗎？」報導中指出，在康瓦爾的廷塔哲城堡（Tintagel Castle）發現了一塊石板，上面刻著「阿爾托格諾（阿爾托斯、亞瑟）」的名字，而這座城池長久以來便相傳是亞瑟王的城堡。還不只如此，不論從石板的字體和附屬品的樣式，都可以將時代鎖定在六世紀；換言之，這正是亞瑟實際存在的證據。

正如前章所述，亞瑟王的原型乃是一位五世紀末的武將，但是並沒有史實可以確定這個人是否真的存在——至少肯定沒有打敗羅馬軍、支配全歐洲的國王就是了。但是就像這次發掘所顯現的，在五世紀末的不列顛島南部，有一位名叫阿爾托斯的武將，而他正是亞瑟王的原型，這種見解基本上已經是歷史學的主流。

珍藏在威爾斯南部卡爾迪斯（卡地夫）中央圖書館的《阿內林之書》，雖然是十三世紀末用古卡姆利語寫成的作品，不過它的成書年代可以回溯到六世紀。作者是位叫做阿內林的詩人，他和前面提到的塔利埃辛一樣，都是在六世紀初期，於布立吞「高多汀王國」底下的領國——雷蓋特王國（Rheged），侍奉傳說中國王尤里安（Urien）的頌歌詩人。雖然僅有一句話，不過在這篇頌歌中，確實提及了「阿爾契爾（亞瑟）」這個專有名詞——當然，這也有可能是後人插入的結果就是了。

亞瑟在文本中首次被提及，是在聖職者內尼厄斯執筆的《不列顛人史》（八百年左右）當中。這本書到現在共有四十部中世手抄本流傳下來，而且每一部的內容都有不小的差異；現存最古老的抄本是在阿莫里卡寫成，成書時間約在九世紀後半。不論如何，重點是亞瑟王傳說在九世紀便已確立，而且我們也不難想像，它在這個時期，已經擴散到整個相關地區——也就是阿莫里卡、康諾威伊、瓦利亞等地。

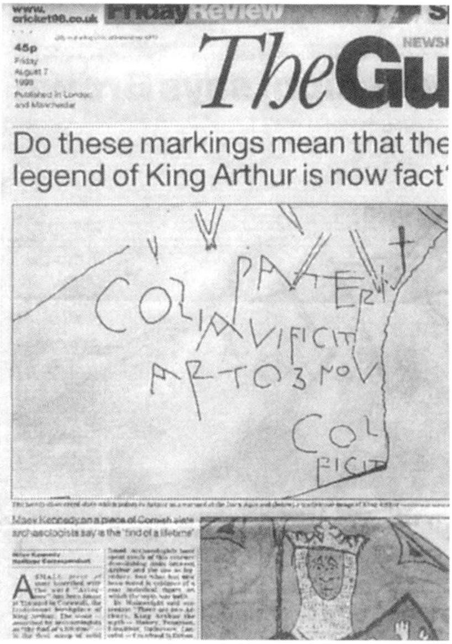

發現亞瑟王真實存在的證據　以頭版大標報導的《衛報》，1998年8月7日。

在第五章的結尾已經約略提及過，在五世紀到六世紀間，有一個橫跨阿莫里卡與康諾威伊的「多姆諾尼亞王國」存在；因此，我們可以將這個王國，就當成是亞瑟王傳說的舞台中心來看待。

據推定形成於一千一百年前的卡姆利語故事《安溫的戰利品》（*Preiddeu Annwfn*）、

《基爾夫與奧爾溫》（*Culhwch and Olwen*）、《馬比諾吉昂的四個分支》（*Four Branches of the Mabinogi*）中，都有與亞瑟王相關的故事情節，而且和內尼厄斯的《不列顛人史》之間，也以許多共通點存在。雖然我們無法斷定這三本書就是直接照抄內尼厄斯的作品，但是兩者之間確實存在著相互影響；而這也證明了《不列顛人史》並非出自一人之手，乃是經過多次加工，以集團、口傳的內容為基礎寫成的作品。

◎對於「亞瑟王歸來」的信仰

十二世紀初期，在阿莫里卡、康諾威伊、瓦利亞的布立吞民眾間，繪聲繪影地流傳著「亞瑟王將要歸來」的傳說。這個時候，亞瑟王傳說已經在凱爾特布立吞語文化圈中廣為流傳；在它的背後，隱藏著民眾熱切渴望英雄的心情。

在威爾斯的民間信仰中，相傳為亞瑟王與騎士在時刻到來之前，暫陷長眠的洞穴有好幾處。即使在英格蘭，於曼徹斯特附近以及索美塞特郡，也都有類似的說法。至少在十二世紀後半，已經有亞瑟在地下長眠的信仰被列入報告當中（艾提恩·德·盧昂，《德拉哥·諾瑪尼克斯》，一一六九年左右）。這讓人不禁想起海伯尼亞傳說中，王被新的入侵者逼迫，不得不潛入地下的故事。這同時也可以作為佐證，證明亞瑟乃是基督教到來以前的神明變形，並深植於一般民眾的意識當中；關於這點，後面會再詳述。

一一九〇年（或翌年），在不列顛島西南部克萊斯頓貝里修道院墓地的一角，發掘出亞瑟王與王妃桂妮薇的遺骨（不過當然是捏造的）。這正是亞瑟王傳說開始席捲全歐洲的時代。對信奉歸還傳說的布立吞人來說，「亞瑟是真實存在」的安心感，與「亞瑟已經不會回來」的氣餒心情，兩種矛盾的情感，在心中想必是糾葛萬千吧！儘管如此，在威爾斯一直到十九世紀為止，仍然持續信仰著「亞瑟的歸還」。

◎《不列顛諸王史》

為亞瑟王傳說在宮廷普及奠下基礎的，是公認成書於一一三八年左右的《不列顛諸王史》（*The History of the Kings of Britain*）。雖然研究者的意見仍有分歧，不過本書的作者——蒙茅斯的傑弗里（Geoffrey of Monmouth），大概是西元一一〇〇年左右生於瓦利亞南部的蒙茅斯，他的家系是諾曼征服後，從阿莫里卡移居過來的移民。傑弗里本人一生中大部分的時間，都是在牛津度過。

在此謹大略介紹一下《諸王史》中有關亞瑟王的生平故事。

康諾威伊公爵克洛伊斯在廷塔哲城堡中，跟美貌的妻子茵蓋爾倫過著快樂的日子。不過不列顛島的國王烏瑟．潘德拉岡覬覦茵蓋爾倫的美貌，於是藉由魔法師梅林的藥，變身成不在城內的公爵，和不知情的茵蓋爾倫共度春宵，這樣生下的孩子就是亞瑟。不久克洛伊斯戰死，烏瑟遂娶茵蓋爾倫為妻，亞瑟的誕生也因此合理化。但是，烏瑟後來又遭人毒死，於是亞瑟便以十五歲之齡即位。亞瑟陸續征服了海伯尼亞各地，在大陸也協助阿莫里卡的國王奧爾作戰；然後，他娶了人稱不列顛島最美麗的女子、出身羅馬貴族家系的關芙瑪拉（桂妮薇）為妻。不久之後，亞瑟前往大陸和羅馬人作戰，將國內的統治權託付給外甥莫德雷德；但就在他轉戰各地的過程中，得知了莫德雷德背叛的消息，於是他將戰場的指揮權交

亞瑟王　描繪臣服於國王的三十個王國名（底下的王冠），與想像中的國王形象。十四世紀的手抄本，大英圖書館藏。

給奧爾，自己回到島上。在康諾威伊的卡姆蘭，亞瑟與莫德雷德展開最後決戰，結果莫德雷德敗死，但亞瑟也受了瀕死的重傷，於是踏上前往阿瓦隆島的旅途。

整體看來，這本書的意圖乃是期盼不列顛島的布立吞人，以及瓦利亞的復興。十三世紀時，它被翻譯成卡姆利語（有兩種譯本），十四世紀又多出兩種譯本；一直到十八世紀為止，包含從前版本的重編本在內，通行的版本總共達到六十種之多。雖然我們不知道布列斯語版的風行狀況如何，不過從它所引起的驚異迴響看來，它在布立吞文化圈的風行程度，恐怕絲毫不遜於在歐陸地區的傳播。

◎體現騎士精神的圓桌武士

一一四〇年左右，一位名叫傑弗里・蓋馬爾（Geffrei Gaimar）的人士，用諾曼法語撰寫了一本《英吉利人史》，這是第一本用方言寫成、有關亞瑟王傳說的文獻。雖然我們並不清楚傑弗里的生平，不過他應該是在不列顛島完成這本書的。

一一五五年，《布立吞人頌詩（布魯特傳奇）》編纂成書。它也是用諾曼法語寫成，作者是出生在英倫海峽澤西島的洛貝爾・魏斯（Robert Wace）。這本書獻給了當時安茹帝國亨利二世的王妃艾莉諾，並在歐洲各地廣為流傳。「圓桌」至今仍存在於阿瓦隆島，並且終將隨著布立吞人的期望而歸還，這樣的說法也是在本書中首次出現。這本書已經不再那麼強調布立吞人的復興，而是改以騎士精神為基調，堪稱是亞瑟王傳說的轉捩點。順道一提，首先記載布勞賽良德森林的帕蘭頓之泉具有奇蹟（參見第一章）的，也是魏斯。據說魏斯為了確定這點，還曾經親身涉足過布勞賽良德森林。

接下來，大約在一一五五到一一六〇年間，有一位名為托馬（Thoma）的人士，在亨利二世的宮廷中，用諾曼法語撰寫了《崔斯坦的故事》。儘管本書的原本已經佚失，不過德意志人奧貝魯格的阿爾哈特（Eilhart von Oberg）在一一七〇年左右，曾經用法語手抄了一份內容，同時在十二世紀末，諾曼詩人貝洛爾（Béroul）也撰寫了悲戀故事《崔斯坦》，這部作品的大半內容現在仍存於世。接下來十三世紀德意志的戈弗雷，以及同時代的挪威譯本，據說也都是根基於托馬的創作。從這點可以看出，當時諾曼法語乃是宮廷通行的語言，同時也是最具權威的方言。

接下來登場的，是十二世紀末特魯瓦的克雷蒂安（Crétian de Troyes）所創作的一連串散文作品。這些有關亞瑟與圓桌武士的故事，包括《艾利克與愛妮德》（*Erec and Enide*）、《獅子騎士伊凡》（一一七四年左右）、《囚車騎士蘭斯洛》、《帕西法爾與聖杯》（一一九一年以前）等，都廣為人知。《蘭斯洛》是獻給路易七世與艾莉諾的女兒（也就是她和亨利二世結婚前生下的小孩）香檳的瑪莉之作品，也就是為了安茹帝國宮廷而寫的一篇故事；在這層意義上，克雷蒂安可以說是亞瑟王傳說在歐洲大陸擴散最重要的推手。據克雷蒂安本人所言，《艾利克》的起源是來自口傳故事，《帕西法爾》則是根據法蘭德斯伯爵提供的書籍為基礎寫成。換句話說，他本人也有自覺，認知到這些故事乃是誕生自口傳與書籍的夾縫之間。

這類用法語寫成、和亞瑟王有關的故事，在法語中被總稱為「阿契爾・德・布列塔尼（來自布列塔尼的故事）」。

據推斷完成於一一六〇年至一一八九年間，由法蘭西的瑪莉（Marie de France）所寫的十二篇「lai」（八音綴短詩），在日本被譯為《十二個戀愛故事》，是法國最早由女性寫成的方言敘事詩。雖然和亞瑟王的關聯比起克雷蒂安的書要來得淡薄些，不過她也是活躍於安茹帝國宮廷的詩人。

◎聖杯傳說擴及全歐

時序進入十四世紀後，歐洲對聖杯傳說的關注驟然高漲起來。引發這股熱潮的起源，是一二〇〇年左右，由洛貝爾．德．波隆（Robert de Boron）執筆寫成的《亞利馬太的約瑟》（*Joseph d'Arimathe*）一書；在本書中，描述了亞利馬太的約瑟如何將基督被釘上十字架時的聖血注入聖杯中，並運到不列顛島的經過。波隆也寫了《梅林》和《帕西法爾》，於是基督、聖杯、約瑟、梅林、亞瑟、圓桌、帕西法爾、加拉哈德……這些本來屬於異教的故事，遂在基督教的統合下一體成形。在一二三〇年左右，分為五部、堪稱傳說之集大成的《聖杯的蘭斯洛》宣告完成。

在英語系世界，以一三〇〇年左右的《崔斯坦》，以及十五世紀托馬斯．馬洛禮的《亞瑟之死》（一四七〇年執筆、一四八五年出版）最為有名。

在德意志，一一九〇年代，沙茲克宏的烏爾里西（Ulrich von Zatzikhoven），用德語寫成了《蘭茲雷特（蘭斯洛）》。因為這本書和克雷蒂安的蘭斯洛特內容並不相同，所以

遇見天使的帕西法爾與騎士波爾斯　出自愛德華．伯恩—瓊斯（Edward Burne-Jones）的「聖杯傳說」系列作（Holy Grail tapestries）。19 世紀。伯明罕博物館藏。

應該是翻譯自更早之前（已經佚失）的書籍。接著在一二〇五年左右，艾森巴哈的沃弗蘭（Wolfram von Eschenbach）也寫了《佩茲法爾（帕西法爾）》。大約同一時間，亞維的哈特曼（Hartmann von Aue）則是完成了德語版的《艾利克》與《伊凡》。

至於崔斯坦的故事，如前所述，是由十二世紀末的奧貝魯格的阿爾哈特（法語），以及十三世紀的史特拉斯堡的戈弗雷（Gottfried von Straßburg）所傳播開來。據奧貝魯格記載，崔斯坦故事一共有布列斯語、卡姆利語、拉丁語、法語等四種講述方式。就像《狐狸的故事》裡講到的一樣，宮廷的說書人靈活運用多種語言，並透過這種方式蒐集情報、活躍其間；透過崔斯坦故事的傳播，我們得以一窺當時的景象。

在北義大利，十二世紀初也已經有亞瑟王傳說散布的證據。在一一一〇年代到二〇年代間，在帕多瓦、摩德納等波河流域地區，已經有貴族將名字取為阿爾托西烏斯（亞瑟）、瓦爾瓦努斯（高文）等名諱；考量到這是在《不列顛諸王史》成書之前的事，所以應該是口傳的可能性為大。至於決定性的證據則是一〇九九年至一一二〇年間製作、位於摩德納大教堂北側拱門上的浮雕；在那上面標示著溫若凱（桂妮薇）、阿爾托斯（亞瑟）、凱伊等名諱，明顯是根據傳說而來。一〇九六到九七年的冬季，第一次十字軍曾經駐紮在巴里（義大利東南部的一座城鎮）；因此很有可能是那時候，布列塔尼公爵（當時是凱爾聶伯爵阿朗四世）

和他的隨從們談起亞瑟王故事，並在當地流傳開來的吧！

◎亞瑟王傳說中的異教世界

凱爾特學者弗羅利歐指出，保留最多古風的短詩（lai）《妖精之詩》等作品，反映的乃是基督教以前的民間信仰世界；其範圍不只是阿莫里卡，也包括了海伯尼亞以及瓦利亞等島嶼地區。雖然詩中的登場人物，大部分都是凱爾聶（寇努艾爾）、雷翁、圭內特（瓦訥）等地日常可見的領主及其家族，但據推定，原本他們應該都是所謂「異教的神」。就這點來看，亞瑟王傳說應該也是一樣的。往返於異界的妖精原本也是神明，這正是「前代神明凋零的姿態」。

作者不詳的短詩《金卡莫爾》（*Guingamor*）中，有狩獵白豬的場面；在「來自布列塔尼的故事」當中，也可以看到狩獵白色母鹿的情節（如克雷蒂安的《艾利克與愛妮德》）。白色在凱爾特語中，意味著神聖。

順道一提，《艾利克與愛妮德》的前半段故事，和海伯尼亞神話非常類似。以追蹤帶有魔力的動物（克雷蒂安使用的是白色母鹿）開始，到和女主角接吻作結。海伯尼亞神話中，神變身成優美的女性；克雷蒂安的愛妮德則是換下襤褸的衣裳，披上一件豪華的斗篷，搖身一變成為桂妮薇。透過接吻與性交獲得聖性（魔力），從而得以變身，這是神話的基本形式；但在亞瑟故事群當中，這種聖性遭到剝奪，變成單純的人類變身故事，這應該是受到一神教——也就是基督教——流入的影響所致吧！

另外還有一篇作者不詳的短詩，名叫《吉爾．奧爾菲歐（奧爾菲歐王）》。雖然題材明顯是取自希臘神話的奧菲斯，不過從中也可以窺見基督教到來以前異教的心理世界，因此在這裡大略介紹其概要。

在不列顛島，有一位名為奧爾菲歐的國王。他總是演奏著豎琴，和王妃愛路迪斯（希臘神話中是歐律迪刻）過著相依偎的日子。然而，在五月的某一天，散步中的王妃得到了天啟；一群純白的騎士降臨在她面前，提出警告，要她和他們一起踏上異界的旅程。王妃在第二天，便在魔力的引導下前往了異界；悲嘆不已的國王，於是帶著唯一的慰藉——豎琴，也踏上了旅程。有一天，他在河岸邊遇到了一群女孩子，在她們的引導下踏進了一座城裡。奧爾菲歐演奏的音樂擄獲了所有人的心，於是作為代價，他要求城堡主人將妻子賜給他，而那位妻子正是愛路迪斯。得到允許後，他便帶著愛路迪斯返回國內；然而，他的樣子已經變得太多，因此人們都認不出他了。最後，人們總算憑著優美的演奏認出國王，而國家也回復到幸福的治世。

純白的騎士團預告了異界，河邊的女孩子則暗示了妖精。城堡是異界，回到世間的國王，就像浦島太郎一樣，忘卻了時間的流逝；然而，和浦島傳說不同，等待著他的是幸福。從這裡我們可以看出，前面介紹的島嶼文化圈世界，就算邁入中世紀盛期、形式上已經被納入基督教世界，也還是保持著民間信仰的內涵。

在瓦利亞與布列塔尼的《伊諾克與愛莉》中，故事的結局則是和浦島一樣，以主角自己變成老人作結。作者不詳的《金卡莫爾》中，也有待在女兒身邊三百年，滄海桑田、人世流轉的內容。從這裡我們也可以認定，浦島故事乃是民間傳說的一個基本形式，具有其普世性存在。

◎森林之神米爾汀（梅林）

在亞瑟王傳說中登場的魔法師梅林，在島嶼布立吞語派文化圈中，乃是有別於亞瑟王、擁有悠久歷史的存在。卡姆利語中稱他為米爾汀；卡艾爾威爾金（卡馬森）在語源上，就是「米爾汀的城市」。關於這座城市的軼聞，接下來引用的是傑弗里在《諸王史》中的記載。

在亞瑟王登場之前，曾有一位名叫佛提根的布立吞王登場。當他遭到撒克遜人追擊、逃亡到瓦利亞北部時，曾在史諾多尼亞建起一座高塔；但是，每當工人建好基礎時，第二天就會往下沉沒。占卜師說，只要將父親不詳的孩子的鮮血灑在石上，基礎就能穩固；佛提根於是到處尋找，最後找到的是迪梅迪亞（德韋達）王的公主之子，據說那是個被夢魔侵犯所生下的孩子。這個孩子叫做梅里努斯（梅林），從此以後這個城鎮便被命名為「米爾汀之城」。

梅里努斯在佛提根的宮廷中解釋城下沉的原因，乃是地下的池子裡有兩頭龍在相鬥。此後他又作了好幾次預言，這些故事從《諸王史》中被切離出來，以《梅里努斯的預言》（*Prophetiæ Merlini*；蒙茅斯的傑弗里，《梅里努斯傳》，一一五〇年左右）形式獨立展開。關於梅林，傑弗里似乎參考了許多卡姆利語的文獻（或是口傳資料）。

對於梅林，研究者之間的看法各異；有人認為他是住在森林裡的野人，也有人認為他是預言者、通曉動植物的賢者，或是森林之神。或許也可以說，他就是基督教傳入以前，民間信仰的神明。西元九三〇年左右，用卡姆利語寫成的《阿爾梅斯・布利坦（不列顛預言）》中，梅林被描繪成統御所有預言者（第爾斯／德魯伊）的領袖。

除此之外，梅林還有被下毒變成狂人、和瓦利亞預言者塔利埃辛相會、在森林中渡過餘生的軼聞。狂人與森林的組合，其實也暗示著梅林原本的性格，就是野人或森林之神。

近代對德魯伊的印象，大多是來自於這樣的梅林，不過這和古代凱爾特人的正統德魯伊，完全是兩回事。接下來會看見的近代德魯伊，也一樣是不同的東西。當然，這也可以說是凱爾特文化，不過那就是把古今完全成對比的凱爾特，當成同樣的東西一概而論了。

在《卡艾爾威爾金黑書》中，有一篇用卡姆利語寫成的〈米爾汀與塔利埃辛對話〉，這應該是將之前的口傳收錄下來的產物。在布列斯語中也有提到「梅爾汀」，他的名字在九世紀的文獻（比方說《雷東文件集》）中可以確認。雖然沒有其他彙整相關故事的古書可供佐證，不過一四八八年法語版的《布列塔尼（不列顛）預言》也出版了。

十九世紀布列塔尼的拉維爾馬克，在他採集的歌集《巴爾薩斯・布列斯（布列塔尼詩歌集）》（*Barzaz Breiz*，一八三九年）中，曾經出現「吟遊詩人梅爾汀」的名字。據他的解說，梅爾汀是「六世紀初實際存在，與布列塔尼王同時代的詩人」。

只是，要說這首詩歌是從九世紀開始便透過口傳不斷流傳下來，並且在一千年後被書寫成文字，怎麼想都不太可能。故此，把它想成是受到梅爾汀曾經登場、於十五世紀末出版的《不列顛預言》，或是據推斷同樣於十五世紀寫成的《聖女諾娜傳》之類作品影響而成為詩歌，並被拉維爾馬克採集下來，這樣或許比較合理。

◎預言者斯科朗（阿斯科朗）

在布列斯語中，也有一部推斷成書於一四五〇年左右的《布列斯人之王阿爾蘇爾（亞瑟）

與昆格拉夫的對話》。這本書預言世界末日之前，亞瑟王將再次回歸。書中的昆格拉夫（庫溫布蘭）被記載為一位「森林中的野人預言者」，因此他很有可能是梅林的變形、或者是別名。

昆格拉夫之後也在布列塔尼的傳說中登場，但作為預言者，更有名的則是斯科朗。《斯科朗之歌》是十九世紀以降布列塔尼民俗學者很喜歡採集的敘事詩歌，到現在共有二十種左右不同的版本被發掘出來。事實上這首歌在前述的卡姆利語古文獻《卡艾爾威爾金黑書》中，也以「阿斯科朗」的名號被記載下來，所以它的起源據推定，至少可以回溯到十世紀左右。

這個故事的起頭，是從一個殺害姪子、理應前往陰間的男人從陰間回來，向母親請求寬赦自己罪行開始。在卡姆利語的詩歌裡，男人說：「我在教會放火、奪取修道院的母牛、還將神聖的書籍丟入河裡；我非作出重大的贖罪不可。」在斯科朗的故事裡，也有同樣的描述。另一方面，阿斯科朗被描寫成「騎著黑色的馬、披著黑色的斗篷、不只頭是黑的、全身也是一片漆黑」，而斯科朗也被吟詠成「騎著黑馬，全身都是黑色」。

這個兒子被母親寬赦後，為了接受懲罰，在冰凍的異界不斷懺悔；當他被上天赦免後，便乘著白馬，全身雪白地離開了異界。在斯科朗故事裡，則是天國的道路為他敞開。雖然是基督教式的懺悔故事，不過所謂冰凍異界，基本上是以從前的異教世界為背景而寫成。除此之外，前面已經提過白色代表聖性，作為對比，黑色則是惡的表徵。

在《斯科朗之歌》中，將斯科朗的名字分解成「苂斯．科倫．韋恩」，其意為「白鴿」；而在傳說中，梅林的三位告解神父之一，正是有著「白鴿」異名的海伯尼亞聖人——聖高隆邦。

無論如何，這首威爾斯與布列塔尼共有的詩歌，在相隔七百年以上的歲月後，被寫成文字流傳下來。對此，我們可以作出這樣的解釋：這是十二世紀威爾斯的文獻，在之後的某個時代被帶到布列塔尼，然後以此為基礎，變成廣泛流傳的民間故事。

以共同的傳承為背景，將這個「從陰間歸還」的故事，當成是這些故事群之一來看待；透過這樣的解釋，我們就可以理解《斯科朗之歌》，為什麼會在布列斯．伊賽爾（布列塔尼半島的西半部）廣為流傳了——畢竟，從非基督教的信仰被邊陲地區繼承來思考的話，民間故事正可說是最適合這種傳承的場所了。

1 因為原書直接採用日文假名音譯，並未附上該詩作的布列斯語原文，故此處用羅馬拼音轉寫原書中的日文音譯。

第八章

潛入地下的凱爾特文化水脈

被稱為「最後一位女巫」的女性　住在內陸羅什福爾村的女性——娜亞（Naïa la sorcière），在二十世紀初成為明信片與新聞報導的話題。引自 *Croyances et superstitions en Bretagne*。

法蘭西化的布列塔尼

◎安茹帝國的瓦解

一二〇三年，隨著未成年的亞瑟（阿爾蒂爾）一世之死　金雀花王朝對布列塔尼的支配遂告一段落。法國卡佩王朝的腓力．奧古斯都親自出馬，將布列塔尼納入掌中；一二〇六年，他成為史上第一位冠上布列塔尼公爵頭銜的法王。一二一三年，他將布列塔尼交給親近卡佩家的圖阿爾家（Thouars）當家莫克雷爾（Mauclerc）統治。之後一直到十六世紀的女公爵安妮為止，公爵之位一直是由圖阿爾（莫克雷爾）家所繼承。

隨著安茹帝國這個龐大王國的瓦解，英法兩王國遂走上各自不同的道路，而海島凱爾特語不列顛島系的文化，也喪失了其一體性。橫跨不列顛島與大陸、講述著以亞瑟王傳說為首的卡姆利、布列斯語故事的宮廷，已經不復存在。布列塔尼與不列顛島在政治上的關係完全被切斷，轉而與法國王室關係趨於密切；而知識分子之間，對於不列顛尼亞的一體性、以及身為布立吞人的意識，也急速地減退。

但另一方面，亞瑟王傳說卻透過法語普及到西歐全境，並且成為宮廷文化的一部分。就像十三至十四世紀的英王愛德華一世與三世活用圓桌傳說一樣，國王們為了提高自己的權威，對亞瑟王大加利用。布立吞語文化仍然如同地下水脈般暗自流動，偶爾在檯面上驚鴻一現。

◎書寫文化的確立

這個時代，西歐的知識分子階層正式開始成形，布列塔尼也不例外。法語文化在十一世紀已經滲入當地貴族階層，並在政治開始統合的十三世紀，擴散到知識分子當中。法語的權威以橫掃之勢席捲了西歐貴族階層，到了十三世紀時，不只是英格蘭，日耳曼和法蘭德斯的宮廷也都說起了法語。十二世紀末，德意志人阿爾哈特將托馬的崔斯坦故事翻成法語時，毫無任何問題可言。

巴黎在十二世紀中葉開始出現學校，布列塔尼出身的神學家阿貝拉托斯（Abaelardus，阿伯拉〔Abelard〕）也在巴黎講課。到了十三世紀中葉，大學的體制也完善了；十四世紀初時，巴黎為布列塔尼出身的知識分子設立了四間寄宿舍（collège），每年約有六十名左右的學生前往巴黎鑽研學問。

在大學體制完善的同時，官僚機構與公文的架構也確立了。宮廷自十三世紀初起，開始建立制度，有系統地保存國王命令等文件。在布列塔尼，公文從一二一三年以後捨棄拉丁語，改用法語書寫；十三世紀末時，宮廷所使用的語言就只剩下法語而已。

從國王的識字能力來看，英法的國王到十一世紀為止，幾乎是不讀書的；十二到十三世紀只能閱讀，到了十四至十五世紀，才終於具備書寫能力。布列塔尼公爵也是一樣，確認有閱讀能力的，要到十四世紀的布盧瓦伯爵夏爾（查理）。在公文上署名的第一位公爵，則是繼他之後的約翰四世。

◎百年戰爭期間的布列塔尼

一三四一年，圖阿爾家直系的布列塔尼公爵約翰三世過世，沒有留下子嗣，英法兩國王室為此掀起了布列塔尼公爵繼承戰爭。當時正值百年戰爭（一三三七～一四五三年），兩國之間的齟齬因為此事愈形惡化。

這場戰爭最後在形式上以法國王室勝利作收。親英格蘭、出身圖阿爾家旁系蒙福爾家的約翰向法王宣誓忠誠，並由他的兒子出任布列塔尼公爵，是為約翰四世。

約翰四世之後在一三七二年反叛法王查理五世，投靠英王愛德華三世陣營；不過他在和

布列塔尼歷代王公在位年

諾米諾耶（內維諾耶）	848～851
艾利斯波耶	851～857
所羅門（薩拉恩）	857～874
基爾凡	874～877
朱迪卡艾爾	877～888
阿朗一世（大阿朗）	（877）888～907
朱艾爾・貝朗熱	930～937
阿朗二世	937～952
柯南一世	（958）968～992
喬布洛瓦（夏布里斯）	992～（1008）1009
阿朗三世	1008～40
柯南二世	1040～66
奧爾	1066～84
阿朗四世	1084～1112
柯南三世	1112～48
貝爾特（女公爵）	1148～56
柯南四世	1156～66
康絲坦絲（康絲坦莎）（女公爵）	1166～81
喬布洛瓦（夏布里斯）	1181～86
阿爾蒂爾（亞瑟）一世	1186～1203
腓力・奧古斯都	1206～13
皮埃爾・莫克雷爾（大法官）	1213～37
約翰（讓）一世	1237～86
約翰（讓）二世	1286～1305
阿爾蒂爾二世	1305～12
約翰（讓）三世	1312～41
夏爾（布盧瓦伯爵）	1341～64
約翰（蒙福爾伯爵）	1341～45
約翰（讓）四世	(1345) 1364～99
約翰（讓）五世	1399～1442
弗蘭索瓦（弗朗西斯）一世	1442～50
皮埃爾（佩爾）二世	1450～57
阿爾蒂爾三世	1457～58
弗蘭索瓦（弗朗西斯）二世	1458～88
安妮（安娜）（女公爵）	1488～1514
克洛德（克拉奧塔）（女公爵）	1514～24
弗蘭索瓦（弗朗西斯）三世	1524～47

法國的戰爭中敗北，一時被迫流亡到英國。但當查理五世逝世後，約翰也得到赦免，並於一三八一年與新任法王查理六世締結和約。

下一任公爵約翰五世或許是看穿了法國的國力低落，當一四二二年查理七世即位的時候，他不採取跪坐、脫劍的服從姿勢，僅是直立、佩刀與國王握手，闡述一番從屬的話語而已。相較於法國國土的徹底荒廢凋零，布列塔尼的經濟已經回復，在政治上也更有影響力。

這種直立、佩刀宣誓從屬的姿態，一直承繼到十五世紀後半的弗蘭索瓦二世。布列塔尼後代的史家因此指出，在公爵領內，公爵就等同於國王。在這個時代，布列塔尼甚至可稱為完全獨立的王國。在它的港口內，有許多外國人頻繁出入；在因百年戰爭而陷入持續混亂的西歐中，它作為貿易要衝，繁榮一時。

◎和法國合併

但是在弗蘭索瓦二世的時代，這種繁榮已經開始蒙上了陰影。當時，法王路易十一世構築了一個強權的支配體制；他將勃艮第、安茹、普羅旺斯等大諸侯領加以合併，穩固了大王國的基礎。

路易的兒子查理八世於一四八八年，在聖奧班迪科爾米耶㉟（Saint-Aubin-du-Cormier）戰役中，擊敗了弗蘭索瓦二世，並締結條約，占領了一部分的布列塔尼公爵領。

接下來登場的女公爵——布列塔尼的安妮，對法國擺出抵抗的姿態，於是戰鬥在一四八九年再次展開；布列塔尼從英格蘭、日耳曼、西班牙等地招攬傭兵，頑強抗戰到底。哈布斯堡家族的神聖羅馬帝國皇帝馬克西米連也向安妮求婚，希望能夠兩面夾擊法王。一四九〇年十二月，安妮向哈布斯堡的代理人遞交了結婚誓約書，但是戰局漸趨不利；這時法王也向安妮提出求婚，安妮迫不得已，只好接受。一四九一年十二月，安妮和查理八世舉行婚禮，布列塔尼公爵領開始納入法蘭西王國。不過，這時候雙方都還保持著對公爵領的繼承權利。

接下來，等待著安妮的是更嚴酷的試煉。一四九八年查理八世逝世，第二年，安妮與次任法王路易十二世再婚。此時的布列塔尼公爵領並未交給法國王室的長男，而是由次男繼承；之所以將國王和公爵分開，正是因為擔心領地被編入法國之故。安妮在兩度婚姻中共生下了八名子女，但長大成人的，只有和路易十二世所生的兩個女兒而已。

安妮於一五一四年一月去世，長女克洛德則在同年五月，與下任國王——昂古萊姆伯爵弗蘭索瓦結婚。路易十二世在次年一月去世，弗蘭索瓦遂即位為法王弗蘭索瓦一世，而公爵領也由克洛德以贈與的形式交給了他。一五二四年克洛德過世後，由王子弗蘭索瓦三世繼承公爵領，公位也變得有名無實。一五三二年，布列塔尼三級議會承認與法蘭西王國的聯合，至此布列塔尼遂在形式上完全納入法國。之後雖然公位在名義上還保持著，不過到了一五四七年，布列塔尼公爵亨利二世即位為法王，於是公位也隨之取消了。

布列塔尼的安妮　2002年，南特市布列塔尼公爵城堡改建時樹立的銅像。

◎布列塔尼的黃金時代

儘管布列塔尼隨著十六世紀前半和法國的合併，喪失了政治的獨立性，但經濟和文化依然持續繁榮——說得更精確一點，從喪失獨立的十六世紀後半到十七世紀，反而是布列塔尼的黃金時代。十六世紀的法國一片欣欣向榮，但到了世紀末，因為宗教戰爭（胡格諾戰爭）的爆發又陷於停滯，這種狀況一直持續到十七世紀。然而，布列塔尼幾乎不曾受到宗教戰爭的影響，一直到一六六〇年代為止，發展都十分順遂；特別是在貿易上，透過將帆布、小麥、鹽等物資出口到英國、荷蘭、伊比利半島等地，經常保持獲利狀態。

在人口方面，布列塔尼的人口在十五世紀末大約是一百四十萬人，但到了十七世紀末已經增長到兩百萬人，兩個世紀間足足增加了五成。之後的兩世紀間，這個數字又再增加了五成，到了十九世紀末，人口已經超過了三百萬人。在十七世紀工業革命以前，這樣的人口增加是相當值得注目的。在這當中累積的財富，多半被用在教會建築之上；今天我們在布列塔尼各地所見到的傳統教會，大部分都是在這個時代興建起來的。

不過，邁入一六六〇年代之後，布列塔尼在政治和經濟上都面臨了衰退期。之所以如此，原因之一是路易十四的即位，另一個則是一六七五年，人稱「印紙稅之亂」（Revolt of the papier timbré，又稱紅帽黨之亂）的農民叛亂。當時國王為了榨取戰費，發布命令要徵收新稅——印紙稅，結果以下布列塔尼的內陸地區為中心，掀起了叛亂的風暴。

起義的農民集團頒布了稱為「農民綱領」的民主共同體規約，情勢彷彿一世紀後法國大革命的預演；但是在國王軍直接出動下，這場亂事僅僅半年就被鎮壓下去。在事件發端之際，國王派遣了由王直接任命、具有警察權的地方長官（intendant）前去，自此中央對布列塔尼的支配遂愈發強化。

一七二〇年，以布列塔尼的貴族階層為中心，策劃了一場顛覆王政的陰謀，但在實行前便被發覺，首謀者也遭到逮捕處死。這場留名歷史的陰謀，依其核心人物命名，被稱為「蓬卡雷克男爵陰謀」（Pontcallec conspiracy），之後，它被編成歌謠反覆傳唱下去，並以民族抵抗的前史形式，烙印在當地民眾的記憶當中。

英國與島嶼文化圈

◎英國支配下的愛爾蘭

在愛爾蘭，五世紀時所建立的五大家族支配（cóiced）、從中選出上王（ard-ri）的制度，並沒有隨著北方之民的襲擊瓦解，而是一直持續到十一世紀。愛爾蘭語的書寫也同樣維持下去，並在十一到十二世紀，邁入文學、文化百花齊放的時代。到了十二世紀，隨著羅馬教會——特別是熙篤會（Cistercians）——規律的引進，海伯尼亞獨有的教會制度也產生了很大的變化。

這個時代在政治上，也是變化的時代。一一七一年，英王亨利二世攻打海伯尼亞，征服了島嶼東部和南部。一一七五年，公認最後的上王盧阿斯里・歐康哈爾（Ruaidhrí Ó Conchobhair，羅瑞・歐康納〔Rory O'Connor〕）向英王亨利二世行臣服禮，在名義上納入英國的支配之下。這是英國對這座島嶼征服的開始。

儘管如此，在文化層面上，十三世紀以降，操愛爾蘭語的詩歌吟唱者、演奏家、手抄本製作者、聖職者的地位還是很高，而當地的語言文化也一直維持下去。因此，前來征服的撒克遜人和諾曼人，反而有很多被同化；他們不只在語言文化上，就連姓名也都愛爾蘭化了。就跟攻進高盧的法蘭克人一樣，他們也被威望較高的地方文化給同化了。

十四世紀，愛爾蘭島和大陸一樣處於荒涼疲憊的狀態。一三四八年黑死病的流行，讓整座島失去了三分之一以上的人口。王室的權力也隨之衰弱，其控制力僅於都柏林周邊、稱為「The Pale」的區域而已。

一五〇九年，英王亨利八世成為愛爾蘭（海伯尼亞）領主，一五四一年並自封為愛爾蘭王，不過這種權力要落實下去，還需要半世紀的時間。一五五六年，不列顛島開始進行移民，並在十七世紀中葉以後正式化。一六一三年，愛爾蘭北部的德里（Derry）被讓渡給倫敦的公司，自此倫敦德里（Londonderry）地區遂成為英格蘭移民移居的中心。移居者多半是英國國教徒和蘇格蘭長老教會信徒，而這也成了現代北愛爾蘭問題的原點。一七〇三年時，儘管愛爾蘭原有的天主教徒占了當地人口九成，但他們所保有的土地，卻只有全島的七分之一。雖然在島上居於支配地位的新教殖民者當中，也有人希望追求自治，但在一八〇〇年，隨著《聯合法》的成立，愛爾蘭還是被併入了英國王室的領土當中。

◎威爾斯的英國化與「創氏改名」

在威爾斯，由於各地領主的互相抗衡，因此經常處於小國分立的狀態。不過在一二五八年，盧埃林・格溫內斯・埃普・格里弗斯成功稱霸威爾斯，並且自封為威爾斯（瓦利亞）大公（Prince of Wales）；一二六七年，他獲得國王亨利三世的認可，成為威爾斯人的宗主。但是在次任英王愛德華一世統治下的一二八四年，威爾斯便被納入英國王室領地，從此為自立的歷史劃下句點。一三〇一年，愛德華一世賦予長男威爾斯大公（親王）的頭銜，從此「Prince of Wales」便成為英國王室繼承人的稱號。

一四〇〇年，歐文・埃普・格里弗斯（歐文・格林杜爾〔Owen Glendower〕）統合了威爾斯的領主，宣布就任威爾斯大公。一四一五年，這場叛亂終究被鎮壓下去，但是格林杜爾以保護巴爾德（吟遊詩人）等傳統文化而著稱，對於卡姆利語文化也有很大的貢獻。

薔薇戰爭結束的一四八五年，出身威爾斯家系的亨利七世成為英王，開啟了都鐸王朝。他的次子也是繼承者亨利八世，則以完成威爾斯合併而留名歷史。一五三六到四一年間，包括將英格蘭法律適用於威爾斯在內，英國通過了一連串的聯合法；同時，當地人的卡姆利語姓名也被改為英語。王室的這項政策有教會作為後盾，直到現今，威爾斯人的正式姓名，仍然需要登錄在教會的戶籍簿上。

雖然是件容易被遺漏的歷史事實，不過日本曾在朝鮮嘗試實施的「創氏改名」，在威爾斯早於邁入近代之初就已完成。威爾斯人的姓名直到今天，都還是徹徹底底的英語化，這是在布列塔尼和愛爾蘭所不曾達到的程度，即使十九世紀後半民族主義開始興盛，也沒人提起名字的問題；之所以如此，大概就是因為這種組織性改名實施太早的緣故吧。

由於英國國教會（聖公會）的成立與威爾斯合併在時間上相互重疊，因此英國法律和英國國教會，乃是同時流入威爾斯。儘管如此，一五八八年時，教會為了盡早將教旨傳播出去，於是把聖經翻譯成卡姆利語，這件事在之後的卡姆利語復興中，扮演了重要的角色。

時序邁入十八世紀後，在威爾斯興起了人稱「循理派大復興」（methodist revival）的教育改革運動；以鍾斯（Griffith Jones）為中心，主日學校開始在各地誕生。在這些學校當中，使用的都是卡姆利語，於是遂成為語言文化保存的核心，被人深刻記憶下來。

◎抵抗英國王室的蘇格蘭

如前所述，蘇格蘭自十一世紀後半的馬爾科姆三世時代起，便顯著地盎格魯撒克遜化；不過當一一五三年大衛・馬克麥爾（Dauíd mac Maíl Choluim，大衛一世）去世後，王室的組織型態便以諾曼王朝為範本進行了重編；教會方面，海伯尼亞教會的影響也幾乎消失無蹤，整個趨向於羅馬化。只是阿爾巴傳統的氏族制度「clan」依然維持著，透過巴爾德繼承下來的傳承歌謠與樂器（豎琴與風笛），也在氏族當中獲得了保留。

一二九六年，英王愛德華一世趁著蘇格蘭的王位之爭，將蘇格蘭併入領土。不過，威廉・華勒斯旋即率兵起而反抗。一三〇六年，羅伯・布魯斯（羅伯一世）宣布就任蘇格蘭王；在他死後，斯圖亞特家繼承了他的地位，和英國王室繼續展開反覆的敵對與聯合。

一五六〇年，蘇格蘭議會通過了喀爾文的弟子約翰・諾克斯起草的《蘇格蘭宗教法》，從此長老教會（Presbyterian Church）遂成為支配蘇格蘭的宗派。光榮革命後的一六九〇年，蘇格蘭長老教會且成為了當地的國教。

一六〇三年，英國女王伊莉莎白一世逝世；因為伊莉莎白並無子嗣，所以便由有血緣關係的蘇格蘭王詹姆士六世即位為英王詹姆士一世。詹姆士的次子查理一世，因為在蘇格蘭強制推行英國國教而遭致反彈，於是在一六四〇年召開議會，結果反而導致了清教徒革命。

查理一世深獲蘇格蘭高地地區的支持，當他的兒子詹姆士二世於一六八八年，因光榮革命流亡法國後，當地的支持者（因詹姆士的拉丁語名 jacob，而被稱為「詹姆士黨人」〔Jacobites〕）在路易十四的援助下企圖東山再起，卻慘遭敗北。一七〇七年，英格蘭與蘇格蘭形成聯合王國。結果，蘇格蘭在法律與教會制度上都維持了獨立性，也沒有遭到同化，但在語言文化上，到十七世紀時，蓋爾（阿爾巴）語的使用，就僅限於高地地區以及赫布里底群島的民眾階層了。

◎曼島與康瓦爾

在曼島，諾爾斯人的「曼島暨各島王國」於十三世紀中葉瓦解，被納入英國王室的支配下，不過持續且長期的支配，則要等到一三四六年以後。一四〇五年，英王亨利四世將曼島的支配權委讓給約翰．斯坦利；他的子孫被封為德比伯爵，此後德比家支配當地，持續達

「曼島之腳」的旗幟　曼島政府發行的郵票上，繪有這種設計的旗幟。

三百年之久。曼島的旗幟「曼之腳」（三曲腿圖）原本是古代（大概是用來表現太陽運行）的象徵，此時也被德比家採用為家徽。

一四二二年，自十世紀延續下來的自治議會（Tinvaal），發表了《曼島憲法》，宣示議會的權利與義務。

到十六世紀為止，曼島的宗教文件一直是採用拉丁語，不過聖職者都是用曼語講道。一六〇四年，從威爾斯前往當地傳教的國教會派主教約翰·菲利普斯將英語的祈禱書翻譯成曼語。一六九九年，這本祈禱書正式出版。

一七三六年，德比伯爵對曼島的支配告一段落，一七六五年曼島被英國王室買下，開始了直接統治。雖然英語的文化壓力甚強，不過一七五五年曼語的全本聖經還是出版了；此後兩世紀間，他們一直保持著文化上的活力。

康諾威伊在一三三六年成為英國王室領地，語言文化也開始英語化。和其他凱爾特語有著顯著差異的是，一五三三年英國國教會成立，一五四七年國王下令教會必須使用英語，凱爾諾語在宗教上的使用地位遭到剝奪，於是遂走向衰退之道。一七七七年，最後一位說凱爾諾語的人過世，從此它便成為海島凱爾特語中唯一死亡的語言。

異教性的殘存與基督教

◎堂區的確立

儘管布列塔尼的九個教區在西元一千年左右便已確立，不過民眾一般會前往的教會、也就是堂區（parish）的確立，據推斷則是要到十三世紀前後。關於這點，最明顯的證據便是「Tro Breizh（布列斯巡禮）」，也就是阿莫里卡創始七聖人巡禮的開始。這種巡禮自十四世紀起大為普及，到了十五世紀，沿線道路也都進行了修整。由此可見以聖人信仰為中心的基督教，已經滲透到一般民眾的生活當中。

最後一位說凱爾諾語者的紀念碑　位於康瓦爾的彭贊斯（Penzance）近郊，十九世紀中葉建立。

雖然法蘭西王國開始整理蒐集文件是在十三世紀，但布列塔尼的教會開始從事類似工作，最早也要等到十五世紀。在南特，自一四〇六年開始對洗禮記錄進行文件保管。到了一五三九年，有名的《維萊科特雷法令》首次規定洗禮記錄的保管必須以法語為之，不過上布列塔尼的五個教區，在十六世紀中葉才開始使用法語。至於下布列塔尼，則是到十六世紀才有記錄，使用法語更是要等到十七世紀以後了。之所以如此，大概是因為居民不太使用法語，用拉丁語反而較無障礙的緣故。

十六世紀特別是下半葉，法國天主教會因為經歷和胡格諾派（新教徒）的抗爭——也就是所謂胡格諾戰爭，而處於相當困難的時局；但在布列塔尼，幾乎沒有受到這種抗爭的影響，教會也依舊持續繁榮。特別是在西部地區，從一五七〇到九〇年代，由民眾捐獻的鐘樓相當之多。十七世紀初期，雷翁地方的堂區，平均約有十到二十人的聖職者，是法國其他地方的兩倍左右。聖職者與居民在精神的距離上，也相當地貼近。

◎聖人與奇蹟治癒

儘管海伯尼亞的三大守護聖人——聖派翠克、聖布里吉德、聖寇姆奇爾——的傳記早在七世紀便已編成，不過直到十二世紀編纂的聖人傳記，為數還有一百篇之多。在這些聖人傳記裡，必定會有關於奇蹟的描述；沒有奇蹟，就不能稱得上是聖人傳記。現代的研究者將這些聖人稱為「神聖的魔法師」，並和之後女巫等的「黑魔術」相對，稱之為「白魔術」。當然，這並不是海伯尼亞聖人所獨有的特徵；打從聖經的《創世記》開始，實行奇蹟在基督教中，便是證明聖性不可或缺的要素，特別是對傳教初期的聖人來說更是重要。

根據海伯尼亞研究者指出，初期聖人所展現的奇蹟，主要以自然界的奇蹟（降雨、平息風暴）、民俗方面的奇蹟（能與動物對話等）、天界的奇蹟（與天使溝通、天啟等）之類為多，治病或是驅魔之類與人類或善惡有關的軼聞，反而出乎意料的少。從這裡可以得出推論，傳進海伯尼亞的基督教，或許並不太強調惡魔的存在。

就阿莫里卡的渡海聖人來看，確實與惡魔有關的聖人傳相當之少，就這個層面來說，或許和海伯尼亞是類似的。但是就如第一章所見，在布列塔尼，惡魔和妖精是貼近人們的存在，視情況也會變成容易親近的角色。

而治療疾病對布列塔尼的初期聖人來說，也是相當重要的，這一點也是和愛爾蘭不太相同之處。有可能是因為中世紀以降，疾病問題變得很重要，所以後來寫成的聖人傳都會強調這方面。不管怎麼說，治癒疾病對於所有宗教的擴張，都是不可或缺的普遍超自然要素。

在布列塔尼，除了像聖安娜或聖母瑪利亞之類，不管什麼疾病都有辦法應對的一般醫療聖人以外，還有非常多專治某種疾病、而且限定某個地區的專門醫療聖人。這些專門醫療聖人，在生病的時候特別值得信賴，比方說聖路邦專治風濕、聖馬梅爾治腹痛、聖里維坦治頭痛、聖尤貝爾治狗咬、聖曼恩治瘋狂、聖瓦爾尼歐在恐懼的時候特別靈驗等等，但這些全都是限定在蒙孔圖爾鎮㉒一帶而已。

聖科涅利治家畜疾病、聖馬丘朗治瘋狂，就算是頭痛之類關於頭的問題，也有聖梅里亞迪克負責，同時他也是治聽力障礙的專家。這種專門醫療的性質在聖人傳記中，變成了許多軼聞的源頭。

奇蹟治癒也會在聖母瑪利亞顯聖地等

治療疾病的聖人　蒙孔圖爾鎮㉒一帶的聖人們。右起為瓦爾尼歐、里維坦、尤貝爾、曼恩、馬梅爾、路邦。因為遭遇盜竊，所以雕像現已不存。引自 *Une Bretagne si étrange*。

特殊場所，發揮出限定的力量。在這方面的代表是南法的盧爾德，不過在布列塔尼，也有一六二五年以聖安娜顯聖而聞名的聖迪斯·安那·維內托村(56)。至於泉水的奇蹟治癒，正如第一章所見，很有可能是基督教流入以前的聖域崇拜流傳下來的結果。

◎聖遺物崇拜

中世紀的基督教，最後演變成所謂的聖遺物崇拜；對神與聖人、以及具有神聖力量事物的崇拜，成為了普遍的信條。他們希望透過這樣的媒介，能夠將靈力移轉到自己身上。

中世紀相當重視聖遺物的來歷，因此那些曾經遭到異教徒襲擊、竊盜事件、或是從東方歷經漫長旅途到來的聖遺物特別尊貴。在十字軍——特別是十三世紀初的第四次十字軍——占領君士坦丁堡之後，包含舊約聖經諸聖人在內、出自東方的無數聖遺物，便以氾濫的規模流入西歐。不只聖遺物商人在地下十分活躍，在聖遺物爭奪戰中，捏造或改變來歷，也是家常便飯之事。以保存的聖遺物數量、以及聖人數目為傲的教會和修道院也出現了，而這也和教會權威的上昇息息相關。

地方各教會的情況也差不多，十七世紀初，克溫貢鎮(22)的弗朗西斯修道院，就收藏有聖弗蘭索瓦（弗朗西斯）的部分衣帶、聖克雷亞的部分衣物、聖撒加利的手臂、聖凡桑的牙齒等等。在聖朱爾比斯・拉弗雷村㉟的修道院，則以收藏五十六位聖人的聖遺物而自豪。

這些聖遺物在治癒疾病功效方面的紀錄也相當重要，弗朗科艾德村㉒的聖母教會，就保持有一百件奇蹟治癒的紀錄，而聖迪斯・安那・維內托教會，則在半世紀間產生了超過一千件奇蹟。

◎與死亡相伴

在醫療體制不發達的前近代社會中，「死」是無時無刻貼近身邊的存在。故此，人們有必要明白身邊的何種特徵象徵著死亡，於是正如第一章所述，象徵死亡體現的「安寇」扮演的角色就非常重要。不過以骸骨之姿手持大鐮，這種死神的印象乃是老生常談，因此未必就能回溯到基督教以前的時代。

在基督教中，死者要在教會周圍的墓地進行土葬乃是基本。在下布列塔尼地區，所有的信徒毫無例外皆是土葬。因為墓地很快就會爆滿，所以需要定期移葬，也就是蒐集遺骨、將之轉往集合墓。這時候，只有頭蓋骨會另外收納到納骨堂中。雖然這樣的習俗在別的地方也可以見到，不過下布列塔尼的特徵是，如果是特殊知名之士的話，會將他們的頭骨收入刻有姓名的頭蓋骨箱中。

在下布列塔尼的各個地方，每當十一月一日到二日的夜晚，人們便會聚集在教會，圍著火堆跳舞直到天明。一日是萬聖節、二日則是死者之日（萬靈節）。死者之日是教會仿照萬聖節創造出來的節日，而萬聖節本身，一般則認為是基督教以前的死者祭典基督教化之後的產物。

日本也有死於非命的人會回到陽間，成為危害現世人們怨靈的概念，這和基督教的思考方式是類似的。在基督教中，也存在著被視為異端的輪迴思想，同時也有死者的魂靈甦醒、變成吸血鬼（vampire）的事例產生。死者會因為某種緣故回到陽世，這樣的想法是人類素樸情感的體現，也可說是普世的民間信仰。

村中的納骨堂　頭蓋骨並排林立的諾亞爾．蓬迪村⑯景象。現已不存。引自 *Une Bretagne si étrange*。

在下布列塔尼民間故事中登場的亡靈，多半是尚未盡到倫理義務便已亡故，回來請求赦免的人們，前面介紹的《斯科朗之歌》可為代表。

也有回到這個世界的亡靈，對人間展開惡作劇的故事。根據十七世紀初的傳教士威爾朱斯的報告，曾有祖父或者是近親的靈魂襲擊家畜，導致家畜生病。村裡的神父為了驅離這種惡靈，必須進行九次彌撒，而村民們為了確實把惡靈請走，也必須付出比平常更多的供品。

◎魔法師與女巫

十六世紀中葉以降到一六四〇年代，西歐開始展開大規模獵巫行動；不過在布列塔尼，這樣的情況並不多見，只限於聖職者等從書籍得到知識的文化人而已。至於一般民眾的情況，因為他們多半是在無知、愚直下，做出犯罪或脫軌的行為，所以總是能免除火刑。

在洛林、巴斯克、法蘭琪—康堤等地區，一般民眾只要做出些許脫軌行為，就難逃火刑伺候，但在布列塔尼卻沒有這種現象，這是為什麼呢？雖然這是個很難的問題，不過布列塔尼近代史研究者亞蘭・克洛瓦（Alain Croix），為我們提供了以下兩個理論。

第一是，進行獵巫的人士，因為和其他地方相比，和地方文化的親近程度較高，所以對於民眾的輕信抱持著同情的態度。接下來會看到的傳教士代表莫諾瓦爾，大概就是屬於這一類型。另一項則是，打從一開始，在布列塔尼告發女巫的數量就少之又少。女巫審判大半都是從告發開始，可是在這裡並不多。之所以如此，據分析，應該是有很多想告發的人，本身也曾經不只一次崇信過這類民間信仰，所以到最後即使想告發也沒辦法，就只能這樣放過了。從這裡也可以看出，民間信仰在當地人心中有多根深蒂固。更進一步說，因為他們深信不疑，所以迷信才能長存，而正統的基督教也無法將根紮進這麼深的地方。

妖術（sorcellerie）是十七世紀開始使用的用語，泛指一般的迷信；這是為了一掃迷信的天主教會，刻意創造出來的辭彙。一六一八年圭內特（瓦訥）教區的神父指導手冊中，就針對「魔法師和占卜師……使用異端和魔法書籍、結繩等魔法，或是咒語來治病」大加抨擊。

同一時刻出版、用布列斯語寫成的《基督信徒的教義》中則說，「崇拜鬼（惡魔）等怪物、占卜未來、為了得到金銀而僱用惡魔者、嘗試學習魔法者及獲得此類書籍者、以不正當方式累積財富者、為了竊盜而拜託占卜師者、用牌、骰子、篩子、鑰匙等進行占卜，以找出竊盜犯人者、為了治療自己或是家畜疾病，而去拜託魔法師、妖術師、咒術師之類人物者」，都該加以定罪。

在教會當中對鬼和惡魔的描寫特多，也是布列塔尼的特徵；這點在接下來會看到的警世圖中，也可以明確得知。

◎布列塔尼的反宗教改革

為了對抗新教的攻勢，十六世紀中葉，天主教在特倫托召開了宗教會議，結果催生了天主教的改革，亦即所謂「反宗教改革」。不過在法國因為胡格諾戰爭的影響，實際著手進行改革要等到十七世紀。

改革的方向很明確，就是要以所有人為對象，從零開始重新出發。為了發揚基督教真正的信仰——天主教的教義，必須要把異教、迷信，以及最惡質的異端——新教（胡格諾派）一掃而空。儘管如此，胡格諾派在布列塔尼的勢力並不大，所以傳教士也並沒有把一掃異端宗派當成是首要目標；他們最大的目標還是如前所述，是和迷信進行戰鬥。換句話說，他們到了這個時代，終於開始以所有人為目標，進行基督教的傳播與教化。

改革的第一步，是從重整聖職者本身開始。首先是修道會的組織化；十六世紀末到一六七五年間，布列塔尼共建設了一百二十三間修道院。男子修道院以方濟嘉布遣會（Ordo

Fratrum Minorum Capuccinorum）為主流，其他包括耶穌會、托缽修道會等共四十七所，女子修道會則以烏蘇拉會最多、占了半數，其他則有加爾默羅會、本篤會等，共七十六所。

一六六〇年代，天主教也開始在神學院中培育聖職者。一六七〇年開設的雷恩神學院，每年會進行兩次三個月的研修。一六八一年開設的蘭德雷蓋爾神學院，研修期間則是一年。為一般信徒設立的合宿研修會，也從這時候開始起步。一六六一年，在後面會提到的范桑・尤比指導下設立的圭內特研修所，由四名耶穌會士進行指導，為期八天，每次有三百人進行研修。一六七五年，在圭內特也開設了女性專用的研修所。

◎傳教與傳教士

在耶穌會士莫諾瓦爾等人的領導下，天主教的傳教（mission）工作，以下布列塔尼地區為中心展開。傳教通常會持續一個月，在這段期間中，他們會停留在某個村莊，進行彌撒、祈禱和講道，同時透過教義問答（catechism）進行教育。若是跟隨這個月的傳教，就可以得到教皇頒布的贖罪券（特倫托宗教會議中規定贖罪券不得以金錢買賣，但是並未禁止贖罪券的發行）。雖然贖罪券從新教誕生之際就是攻擊的標靶，但對於信徒還是相當有吸引力。傳教的最後，會以信徒遊行（procession）作為收尾；附近村落的信徒，在這時也會一同來共襄盛舉。一六七五年遣使會在普盧孔瓦斯村㉒舉辦的遊行，就有一萬兩千人參加。一六六八年莫諾瓦爾在朗代韋吉歐村㉙的傳教，為了領聖體儀式需要，足足準備了三萬個聖體（hostia，象徵基督身體的無發酵餅）。

根據亞蘭．克洛瓦對莫諾瓦爾以及遣使會的調查，到一六八三年莫諾瓦爾過世為止，四十年間共進行了五百四十七回傳教，累計有十萬人參加。至於傳教最後的大遊行，因為會有附近的村落一起參與，所以參加的人數是平常的四到五倍，總計約達四十至五十萬人。

◎與迷信戰鬥

星期五不能剪指甲；在田裡擺張三腳椅子，狼就不會來襲擊家畜；稍微改變一下詠唱聖經〈詩篇〉的方式，就可以找到遺失物；向冠上神名的釘子求助，就可以治療牙痛；將清洗過的小麥種子壓在手腳疼痛的地方，就可以治癒痛楚。

以上這些都是再普通不過的民間迷信，但是十七世紀初的天主教會，對這種民間迷信的態度卻是一律禁止。之所以如此，是因為神聖的事物或聖經的語言，是絕不可隨意對待的。

以上述的例子來說，星期五是基督處刑的日子，三腳則和三位一體共通；換言之，這些民間迷信都是對神聖事物的亂用，非得戒慎不可，而且它們都可說是基督教流入以後，人云亦云下產生的迷信。只是，最後一項「清洗過的小麥種子」也被列入禁令當中，這個標準就有點微妙了。

於反宗教改革初期的一六〇八年進入布列塔尼傳教，堪稱先驅者的米歇爾．路諾布雷（Michel Le Nobletz），他的傳記作者寫了這樣一段話：「無知蒙昧支配一切。人們雖然向上主祈禱，但是對於祈禱和信仰多少有一點理解的人，卻找不到幾個……在下布列塔尼的很多地方，比起教導基督教教義，讓基督教先落地生根還比較重要些。」

路諾布雷從自己出身的雷翁地方開始，特別是以島嶼地區和港口為中心展開傳教。伊爾德桑島在這個時候還沒有神父。一六四〇年，在烏薩島㉙問島民「神有幾個」，島民幾乎都不知道怎麼回答才好。一六四六年在米爾村㉒（Mûr），當地甚至連有名望的人都不理解三位一體，還說「我們也不知道三個神叫什麼名字」。

告解神父的解說手冊與教區規章開始針對迷信進行解說，是在一六一〇到二〇年代。同樣在一六二〇年代，問答形式的教義解說書《教義問答》（*Catechism*）在布列塔尼全境獲得使用，因此我們可以說，天主教直到這時候，才終於開始和迷信對抗，也才真正開始傳教。

路諾布雷經常用來驅魔的，是經過聖別式加持的念珠。念珠能夠「把邪惡之物從有德的身體裡趕出去，讓鬼坦白懺悔，具有相當強力的德行。」不只如此，它在面對「火、熱、黑死病、海上的狂風暴雨、身體與心靈的疾病時，都能發揮效力」。作為手段而借重特定事物，這點比較容易理解，但算不算正統基督教，這就難說了。

至於莫諾瓦爾，他則是不重視有形之物，而是以行為為重。好比說談到驅魔，他在編輯的《教義問答》裡有著以下的說明：鬼通常有著人類的模樣，但是在說話方式上有所不同，腳也是動物的腳。要驅逐這種鬼，「必須要使用三種武器：第一是用真誠的信仰畫十字，第二是吟詠耶穌、瑪莉亞、約瑟、聖卡林登（科倫坦）的名字，期望他們聞聲拯救，第三則是吟詠對主的祈禱。」

對積極提倡教義問答教育的莫諾瓦爾來說，基本的祈禱、戒律、在七大聖禮[1]中大聲吟唱等，都是教育的開端。但是這些行為要學習還是有困難，因此莫諾瓦爾直到晚年的一六五九年，還在反覆強調「畫十字」教育的重要性。

闡述行為的重要性，也是倫理教育的一環。舉例來說，他會要求信徒不可用手觸碰聖遺物、嚴守節日、禁止在星期天跳舞、以及在晚上聚會。

◎傳教的手段

莫諾瓦爾對於教誨方式的改善相當熱心，除了編纂《教義問答》以外，也將歌曲和戲劇導入其中。「頌歌」原本是新教開始傳唱的歌曲，但莫諾瓦爾卻把這種形式也帶進了教義問答教育中。布列斯語版的《頌歌集》在一六四二年出版後，三十年間再版了十來次，這在當時可說是非比尋常的版數。

聖史劇現存最早的劇本在十五世紀便已完成，因此毫無疑問是反宗教改革期之前的傳統，而莫諾瓦爾也將它納入了教育當中。這種戲劇據說會在傳教的最後一週——也就是第四週，在信徒面前上演。

傳教的另一種新方式是警世圖。雖然佛教從很早以前就開始使用這種方式，但在基督教傳教中有組織的使用，則是前所

莫諾瓦爾使用警世圖傳教 使用心型圖傳教的景象。米爾村教會的彩繪玻璃。

未見之事。首先開始系統性使用警世圖的是路諾布雷，他用布列斯語，稱之為「唐雷諾（圖畫）」。圖畫的內容包括連接天國與地獄之道、向主祈禱的意義、以及有關信徒道德及誘惑的解說。他所使用的羊皮紙圖畫據說有數十幅之多，其中的十二幅，現在還保存在肯佩爾（坎佩爾）的教區檔案館中。

這種圖畫的使用，後來被一六七〇年代圭內特教區的耶穌會傳教士所繼承。其中最主要的人物就是尤比，他曾經為了說明大罪，設計了十二張的連續圖案。這十二張圖當中，有八張被稱為「心型圖」，象徵意味很濃厚，在布列塔尼一直到二十世紀前半都還在使用。

現在的資料證明，這種警世圖在遠渡海外的傳教士間也在使用。路諾布雷的圖畫被應用到加拿大，尤比連續圖的一部分，則遠傳到馬達加斯加和上海，以及明治時代的日本（長崎市外海）。

從這點來看，以莫諾瓦爾為首的當時傳教士，似乎是理性主義近代教育的先驅，但事實並非如此。在傳記作家筆下，莫諾瓦爾曾經好幾次行使降雨或天晴的奇蹟，而在他的日記中，也有描寫道和惡魔作戰的艱難，這點是特別不能忽視的。

高盧與凱爾特的發現

◎《高盧戰記》的翻譯

若是扣除查理大帝的加洛林文藝復興之類先驅者的功業不提，在西歐大體來說，主要是在十二世紀隨著大學的誕生，開始形成知識分子階層，以及文件的蒐集整理，並在十三世紀普遍化，這點我在前面已經提及過。

在宮廷中傳述的娛樂故事，演變成類似亞瑟王傳說群的書寫文學，也正是在這個時代背景下發生的事。不過要說有關古代的知識也在這個時代形成，比方說中世紀的人們是否知道凱撒的《高盧戰記》，答案則是否定的。這本書最早翻譯成法語（節譯）是在十三世紀初，不過主要部分的翻譯，則要等到十四世紀

活祭圖　描繪凱撒所寫的德魯伊儀式。1676 年《畫說古代不列顛尼亞》（*Britannia Antiqua Illustrata*）的插畫。

中葉。到十五世紀末，它才以《高盧戰記》的名稱，正式翻譯出版。

十五世紀整體來說，是對古典與古代重新發現的時代；隨著當時風行的人文主義（humanism）思潮，歷史的概念為之一新，原本對聖經中大洪水以及特洛伊起源一面倒的史觀，也開始重新獲得思考。塔西佗的《日耳曼尼亞志》在德意志的修道院倉庫中被「發現」，是一四五五年的事。德意志從十六世紀初起，捨棄了法蘭克族的特洛伊起源說，轉而強調日耳曼本身的獨特性。

在法國，自十六世紀以降，隨著維特伯的安尼烏斯（Annius of Vitero）的《古代史》（一四九八年），以及盧梅爾．德．貝爾吉（Lemaire de Belges）的《對高盧的顯揚與特洛伊的英傑》（一五一一至一二年）等作品問世，高盧人乃是來自特洛伊、換言之是比希臘羅馬更早的存在，同時也是法蘭西的起源，這樣的思想遂被建構起來。

十六世紀是專制國家基礎穩固的時代，對於民族的獨特性也相當重視。作為國家認同的象徵，他們開始主張國語和自身的歷史。一五三九年的《維萊科特雷法令》，規定法語乃是王國文件唯一獨占的語言，這無疑也宣示了法國作為國家的自主性，以及民族的一體性。

活字印刷的發明也產生了很大影響。人文主義、古代史、國語，以及後面會提到的宗教書籍，拜此之賜得以急速擴展開來。

十六世紀還有另一個重要的地方，那就是天主教喪失了歐洲規模的普遍性；這點在前面已經提及，此處就不多提了。

◎被視為法蘭西起源的凱爾特

十六世紀後半，作為民族起源論爭的一環，有關語言起源的論戰開始興起。在這當中，古代使用的「凱爾特」這一概念再次復活。第一本以凱爾特為標題的重要書籍，是皮卡爾．德．托托利（Jean Picard de Toutry）的《關於古代凱爾特學》（*De prisca Celtopaedia : libri quinque*，一五五六年）；這是一本論述「高盧語乃是希臘語根源」的作品，也就是說，它已經將高盧的別名稱為「凱爾特」。法蘭西對於高盧抱持著重要的關心，而凱爾特在這裡也作為同義語登場。

關於高盧人的論述，在十六世紀中葉吉約姆．波斯提爾（Guillaume Postel）的論述中被推到極限；他認為，高盧人乃是世界最初的民族，因此法蘭西與人類的起源可說息息相關。實際上在這個時代，荷蘭和德意志也同樣有人主張，自己的語言乃是人類最初的語言。因此接下去會看到的凱爾特迷們，認為自己的凱爾特語和人類起源息息相關，其實不過是照搬前人的論述罷了。

在討論古代凱爾特真實面貌的時候，不可避免的也曾談到德魯伊。在國王顧問官克洛德・德・賽西爾的《法蘭西的王國》（一五一九年）中，就明言德魯伊乃是基督教傳來之前的聖職者。這些議論的著力點在於高盧文化凌駕希臘的優越性，以及被基督教所承繼的宗教延續性。讓・勒菲弗爾的《高盧之花與古代——名為德魯伊的古代高盧哲學者考》（一五三二年），是近代第一本正式探討德魯伊的論著。

諾耶爾・達尤皮耶（Noël Taillepied）認為，從高盧到法蘭克，其間的政治傳統並沒有斷絕，而是被繼承下來。更重要的是，他主張德魯伊的活祭思想，絕非違反基督教的概念。「以人為犧牲獻祭的思考方式，乃是承繼猶太人與先知的思想而來……就像是耶穌基督以自己的死與受難，將身體獻給天父一樣。」（《國家史與德魯伊的共和國》，一五八五年）在這裡，德魯伊被銜接上基督教的軌跡。他甚至說：「沙特爾主教座堂，也是德魯伊為了崇敬聖母瑪利亞而建造的。」在這種觀點下，德魯伊的所作所為，完全不是異教野蠻的習俗。

◎布列塔尼的歷史意識

作者不詳，於一四〇〇年左右成書，獻給布列塔尼公爵的《聖布里奧克年代紀》，是第一本讚頌布列塔尼過往光榮的書籍。十五世紀的皮耶爾・路波，十六世紀的阿朗・布希夏爾（Alain Bouchart）、貝特朗・達爾尚特（Bertrand d'Argentré）等人，都是附屬於宮廷的重要歷史家。

這些初期的宮廷史家，相當重視全歐洲的起源乃是特洛伊、以及不列顛島的起源乃是布魯圖斯等傳說，同時也對作為不列顛島移居起源的柯南傳說大書特書。不過達爾尚特則是獨樹一幟，接受了法蘭西當地流傳的高盧優越論，主張布列塔尼的起源並非來自不列顛島居民移居，而是高盧的布立吞人。他認為，不列顛島的凱爾特系語言原本是來自高盧語，而布列斯語是這種語言的直系，因此不列顛島不過是高盧人的殖民地罷了。

高盧容或確實是法蘭西的起源，但在語言上則是由布列塔尼繼承。這種高盧語＝原始語＝凱爾特語＝布列斯語的觀念，直接聯繫到後來凱爾特迷的思想。

十七至十八世紀布列塔尼代表性的史家，分別是本篤會士羅比諾（Dom Guy Alexis Lobineau），以及莫里斯。羅比諾和達爾尚特一樣，從高盧／凱爾特是布列塔尼的起源來發展論述，不過他更重視時代往後的建國者，也就是九世紀的諾米諾耶的事蹟；他的論點，後來成為了十九世紀以降布列塔尼民族主義熱中談論的英雄傳說出發點。另一方面，莫里斯則無視達爾尚特與羅比諾，再次拾起柯南傳說，重視布立吞人的移居在布列塔尼起源上的意義；他的想法也有部分一直延續到十九世紀。

◎凱爾特迷

在十七世紀的西歐民族起源論中，獲得熱烈討論的是斯基泰人起源論。雖然凱爾特與斯基泰的重疊，早在古希臘的希羅多德與古羅馬的斯特拉波就已經討論過，不過這時候則是有種傾向，要將凱爾特人與日耳曼人當成同一民族看待。這派的主要提倡者是荷蘭人波克斯霍爾尼烏斯，以及以數學家聞名的萊布尼茲；特別是在日耳曼語圈中，支持這種說法的知識分子相當多。

在十八世紀的布列塔尼，主張凱爾特語乃是人類原始的語言，而它的直系繼承者正是布列斯語，這樣的人也陸陸續續出現。因為這種想法實在有點偏執，所以到了十九世紀，人們便用有點輕蔑的語氣，稱呼這些人為「凱爾特迷」（Celt-mania）。

最早被認定為「凱爾特迷」的，是一位叫做保羅．培松（Paul Perzon）的教士。他的論述出發點，是立基於當時流行的斯基泰起源論，但是他把斯基泰人和凱爾特人的關係加以逆轉，認為凱爾特語是先行的語言。他的新主張還有，高盧的直系繼承者並非法蘭西王國，而是布列塔尼語威爾斯。在聖經中「大洪水」（創世記）後登場的雅弗之子歌篾，他所使用的語言正是直接繼承希伯來語的凱爾特語；此後隨著這個民族的留存，它的純粹子孫遂演化成布列斯語和卡姆利語。因此，布立吞人正是歐洲人的起源，而且如同聖經所說的一樣，是人類全體的起源。因為他這樣牽強附會的解釋，所以才被揶揄為「凱爾特迷」。不只如此，他還把亞瑟王傳說的光榮歷史，也全都歸給了布立吞人。

另一位西蒙．貝爾迪耶（Simon Pelloutier），則認為愛爾蘭人也是源自布立吞人，也是把凱爾特人、高盧人這個所謂的「原生民族」，範圍擴大到凱爾特語圈的全境。布列塔尼出身的傑克．盧布利剛（Jacques Le Brigant），則是將這種推論發展到極限，認為人類始祖亞當和夏娃使用的語言，已經是布列斯語。

但是到了十九世紀，隨著比較語言學、考古學在學術上的獨立，這種論點頓時失去公信力，從檯面上消失；留下的只剩兩個辭彙，那就是「立石」和「支石墓」。這是一位凱爾特迷——出身布列塔尼的拉托爾．多瓦尼耶所提倡，並被法國大革命時期的史家路克朗．托吉所採用，從此成為正式的考古學用語。

儘管布立吞人的這種新榮耀只持續了一個世紀不到，但在學術上，凱爾特語學卻在德意志人祖斯（Johann Kaspar Zeuss）的引領下，於十九世紀後半起逐漸紮下了根基。

◎新德魯伊信仰

在英國，十六世紀中葉時，約翰·貝爾率先引進安尼烏斯等人的歐陸思想，也就是雅弗之子薩摩提斯乃是凱爾特人、布立吞人之祖這種說法；接著在他之後，一五六八年，劍橋大學的約翰·蓋烏斯也明確指出，不列顛島的原住民就是凱爾特人。蘇格蘭的喬治·布坎南乃是語言分類論的先驅，他在一五八二年出版的《斯科細亞事物史》（斯科細亞為蘇格蘭古稱）中，將歐洲的語言分類為拉丁語、日耳曼語、高盧語，然後高盧語下又細分為比爾及語、不列顛語、凱爾特語。

到了十七世紀，萊布尼茲的凱爾特／斯基泰起源論也輸入英國，然後在十八世紀初，培松的論點——凱爾特語乃是卡姆利語和布列斯語的起源，也是「大洪水」時代的「祖語」——也被介紹進來了。威爾斯出身的牛津大學圖書館管理員愛德華·路伊德（Edward

Lhuyd），是第一位將海島凱爾特語分為戈伊德爾語和布立吞語的人，被視為凱爾特語言學之祖，這點在第九章會再詳述。於是，在這種凱爾特論蓬勃發展的背景下，開始出現了復興古代德魯伊精神的運動。現代研究者稱這樣的運動為「新德魯伊信仰」（Neo-druidism）；一直到現在，它仍然作為一個流派持續存在著。

在十六世紀對凱爾特／高盧的發現當中，有一派認為古代凱爾特的德魯伊是基督教的預演，也是聖職者的原型。但是新德魯伊運動卻完全相反，它以和基督教的對抗精神為本，屬於和共濟會平行展開的神祕主義運動之流；至於其內涵，則是對於當時流行的理性主義以及啟蒙思想的反彈。共濟會（Freemasonry），是一群紳士參考了石匠（mason）工會為團結成員而創造的入會儀式後，設立而成的交友團體。之後，他們在西歐知識分子之間，隱然形成一股不小的勢力；而該會的草創期，則與新德魯伊運動完全重疊。

共濟會與新德魯伊運動兩方的生身之父，都是約翰·托蘭德（John Toland）。托蘭德是出身北愛爾蘭的知識分子，當他在牛津時，遇見了德魯伊研究者約翰·奧布里，從此便對古代凱爾特醉心不已。他雖然在宗教上屬於天主教，但對新教自由主義派、英國國教會派，乃至於種種基督教內部的對立感到厭惡，於是歷經泛神論、自然宗教的轉變，最後皈依於共濟會和德魯伊等事物，也就是某種神祕主義之中。共濟會對當時的資產階級教養階層來說，具有超越宗教喧囂、結合人群、提供知性交流的團體機能在。亨利．羅倫茲將德魯伊的活祭，以及他們的寶座和巨石文化的誕生相結合，從而成為新德魯伊運動的理論支柱。

一七一七年六月，在倫敦的一家酒吧裡，共濟會英格蘭分部，成立了第一個總會所（grand lodge）。這是現今作為國際祕密結社的共濟會，值得紀念的頭號大事。同年九月，就在這間酒吧不遠處的另一間酒吧裡，「古代德魯伊團」也以托蘭德為中心組成了，新德魯伊運動遂由此展開。參加這個團體的包括英格蘭、愛爾蘭、布列塔尼的代表，交流範圍涵蓋不列顛與凱爾特語文化圈。

重新復興的德魯伊團，屬於一種資產階級的紳士社交俱樂部，和古代的德魯伊當然完全是兩回事。一七八一年成立的「德魯伊古代團」，說起來算是一種互助會、或者說是現代保險機構性質的團體。一七九二年，威爾斯的莫爾加努格（愛德華．威廉斯）設立了「不列顛島巴爾德．寇爾賽斯」這個文哲團體；它可說是十九世紀陸續誕生的各種學術團體的先驅。

寇爾賽斯是卡姆利語「王座」的意思，從而被用來指稱德魯伊的儀式，之後更進一步，成為上述團體的別名。在威爾斯，巴爾德（吟遊詩人）的祭典被稱為「愛斯提斯沃特」（eisteddfod）；這種祭典在中世末期的一四五〇年左右曾一度復活，之後在一七八九年又重新興起。在十九世紀間，它成長為吟詩、歌謠的國際性慶典；在這當中，寇爾賽斯扮演了很重要的角色。一八一九以後，這個團體會對詩歌的優勝者進行類似聖別式的儀式，從而確立了他們在祭典方面的權威。寇爾賽斯的位階，以「德魯伊」（賢者、白衣）為頂點，以下則是「巴爾德」（擅長詩歌者、藍衣）、「歐瓦特」（智者、擅長藥草等知識者、綠衣），宗教色彩較為淡薄。

一八六一年，在威爾斯首次舉辦了集結全境代表的競技會「全卡姆利愛斯提沃斯特」（Eisteddfod Genedlaethol Cymru）。即使在現代，它仍然是威爾斯最具文化活力也最盛大的慶典；這個慶典從頭到尾都以卡姆利語執行，所以也是語言文化的集大成。

布列塔尼的新德魯伊信仰 1906年地區主義聯合大會上的德魯伊儀式。摘自《小報》（*Le Petit Journal*）。

在布列塔尼，一九〇〇年以威爾斯分部的形式，成立了「布列塔尼．巴爾德團寇爾賽斯」。和威爾斯不同，它和一八九八年成立的「布列塔尼地區主義聯合」關係密切，因此從一開始就與政治密不可分。第一次世界大戰後參與布列塔尼自治運動的人士，很多都是這個德魯伊團體的成員。他們的儀式較傾向基督教以前的異教性，充滿異國情趣，而他們所參與的地區主義聯合大會，在外觀上也呈現出一派民俗祭典的氣象。但是，天主教會對他們這種異教性格並不寬容，因此最後他們並沒有像威爾斯這樣，贏得很高的人氣。直到現在，仍然有很多標榜德魯伊的神祕主義結社，但是他們的範圍，大多不出業餘同好會的領域。

---

1 指基督教的七件重要聖事：洗禮、堅信禮、聖餐、神職受任禮、懺悔禮、病者塗油、婚禮。

第九章

凱爾特的再生

高盧人雕像　頭戴高盧頭盔，典型的高盧人形象。一八八五年左右由拉波特（Émile Laporte）所作。克勒蒙費朗美術館藏。

民俗學與凱爾特學的誕生

◎凱爾特學會

隨著法國大革命的爆發，布列塔尼的地區特權也遭到徹底剝奪。全區被分成五個省，在政治上完全喪失了地區的整體性。自此布列塔尼的獨特性，只能透過語言文化背景以及過去的記憶，在知識分子之間藉由學術文化活動來加以主張，並在十九世紀後半起，與民族主義政治運動的發展相互結合。

十九世紀初期，隨著拿破崙帝國設立凱爾特學會，凱爾特遂再次受到矚目。這個學會於一八〇五年三月在巴黎成立，基本上是革命派文化財調查保存運動的延伸。一八〇七年，他們發行了凱爾特年報第一卷，當中共發表了關於習俗、習慣、迷信、儀式、傳統行事等五十一項民俗學的調查表；簡單說，他們的研究即是以民俗學為中心。

布列塔尼出身的人員，在學會中也大為活躍。據說地方會員的三分之一是布列塔尼人，其中畫家佩朗（Olivier Perrin）的《阿莫里卡布立吞人的習俗、慣習：衣裝描寫集》（*Galerie des mœurs, usages et costumes des Bretons de l'Armorique*，一八〇八年），被二十世紀法國代表性的民俗學者范．吉納普盛讚為民俗學上「最優秀的描寫」。然而，這個學會也和拿破崙興衰與共，一八一四年之後，就幾乎再也沒有活動了。

◎民謠採集與浪漫主義

歐洲的民俗學，是從民眾歌謠的採集開始的。在這當中，凱爾特語圈的採集家尤其扮演了模範的角色，而其先鋒則是蘇格蘭的麥克弗森（James Macpherson）。他在一七六〇年出版了《古詩斷章：蒐集自蘇格蘭高地，由卡立克（蓋爾）亦即愛爾賽語翻譯而成》，內容是三世紀蘇格蘭的芬加爾王，及其子莪相的英雄詩篇。在序文中，他不只主張「這是古蘇格蘭詩歌的純粹殘存物」，還說「在這當中完全沒有提及基督教或其信仰」，也就是強調它的傳承古老、足以回溯到當地接受基督教以前。這正可說是十九世紀民族主義的泉源——浪漫主義思想，對民俗學提出的一種學術邀請。

幾乎在同一時期，北歐和德意志也都興起了發掘基督教之前詩歌的運動，也就是說，這種對獨特性的追求，乃是以全歐洲的規模在展開。比方說，一七五六年的《凱爾特人、特別是昔日斯堪地那維亞人的神話與詩歌紀念碑》（波爾安利．馬雷〔Paul Henri Mallet〕）就是代表之一。馬雷站在前面介紹過的立場，認為日耳曼人與凱爾特人是同一民族，而斯堪地那維亞人也是凱爾特人的末裔。

這當中特別值得注目的是，杜爾哥和迪德羅等百科全書派，著手將《古詩斷章》譯為法語一事。這也就是說，在十八世紀末，作為實學之集大成、同時也是啟蒙象徵的百科全書，和在基督教以前的異教性質中探索人類本質的民俗學，已經產生了結合。民俗學乃是探究庶民的實學，並從中發掘出民族的本質，這種取向也是在誕生的時候，就已蘊含其中了。

麥克弗森在這之後繼續投注心力進行調查，一七七三年出版了集大成的《莪相作品集》。這部作品不只翻譯成法語、更陸續被翻譯成義語和德語，歌德和拿破崙也是這些詩歌的崇拜者。在這當中，日耳曼的赫德（Johann Gottfried Herder）尤其重要。一七六四年，赫德以二十歲的弱冠之齡，便開始翻譯《古詩斷章》。一七七七年，他說：「所有不曾文明化的民族，都會唱歌跳舞……他們的歌，正是民族的記錄庫，也是學問、信仰、神統記、始源論的寶庫。」（《論中世紀英語和德語詩歌之類似性》）一七七八至七九年，他率先集結各民族的詩歌，出版了《民謠集》（*Folk Songs*）。在浪漫主義和民俗學的融合上，赫德可說是相當純熟的一人。

◎歷史教育與對古代的印象

儘管法國自從大革命以來，便已經展開普通教育，但實際的學制改革，則是從十九世紀開始，共分為三期。第一期是一八三〇年代，在地方村鎮開始廣設小學。第二期是第二帝國時期的一八五〇年代，天主教的活動大幅緩和；透過他們之手，中小學校得以普及到全國。這個時代也是工業革命發展的時代，隨著鐵路網鋪設到全國，巴黎和地方的距離一口氣縮短許多。第三期則是第三共和時期的一八八〇年代，由茹費理所推行的著名教育改革，從此開始了國民義務教育。

一八三〇年代為了因應教育改革的必要性，一般民眾取向的法國史也開始問世了。代表性的作品為米什萊（Jules Michelet）的《法蘭西史》（*Histoire de France*，第一卷發行於一八三三年），從此「我們的祖先高盧人」這種表現手法遂普及開來。在身為「法國人」的意識上，貴族階層乃是出自法蘭克人、民眾則是出自高盧人系統，這樣的意識至今仍然存在；這是十八世紀前半布蘭維利耶伯爵所提出的看法。故此，米什萊所說的「我們的祖先高盧人」，其實就意味著民眾的法國，才是真正的法國。

另一方面，十九世紀前半，布列塔尼出身的最著名作家夏多布里昂（Chateaubriand），則在《殉教者》（*Les Martyrs*，一八〇九年）中，描繪了一位古代的高盧女德魯伊「瓦蕾塔」。她是拒絕和理性的法蘭西同化、神秘野性智慧的象徵，同時也是布列塔尼反法民族主義的原點。史家阿美德・蒂埃里（Amédée Simon Dominique Thierry）的《高盧人的歷史》（*Histoire des Gaulois*，一八二八年）、亨利・馬丹（Henri Martin）的《法蘭西史》（*Histoire de France*，第一卷發行於一八三三年），都將「德魯伊在支石墓上進行活人獻祭」的形象，廣泛傳播到民眾心中。

女德魯伊　向高盧民眾陳訴的瓦蕾塔。《殉教者》（1851年版）的插圖。

同一時間，地方上的民間學術團體也陸續設立。歷史學和考古學等對地方獨立認同的形成頗有助益的學術蔚為主流，在布列塔尼，對卡爾奈克列石群的學術調查，也是從這時候正式展開的。

◎布列塔尼的民謠採集

在布列塔尼，對民謠的採集也相當盛行；當時在蒐集民謠的過程中，已經採用了民俗學的手法。一八二三年報告的《凱爾拉斯的女繼承人》這首歌，經證實就是在歌詠一場一五七五年左右實際發生的結婚悲劇。（布盧瓦著《十六世紀布列塔尼的羅曼史——凱爾拉斯的女繼承人》）這種將專有名詞放入歌中的敘事歌，在布列斯語裡稱作「格威爾斯」。就這樣，敘事歌被認為是可以和歷史文件相匹敵、值得蒐集的歌謠，而被大家爭相探尋。比方說在一八三七年發表的歌曲《克溫貢包圍戰》（弗利曼威爾作），據推定便是以一四八九年女公爵安娜和法國的戰爭、或是一五九一年宗教戰爭之際，克溫貢城㉒包圍戰為題材而寫成。

一八三九年，布列塔尼民謠蒐集的決定版《巴爾薩斯・布列斯（布列塔尼詩歌集）》由拉維爾馬克正式刊行。法國的浪漫主義作家喬治桑，盛讚此作乃是「凌駕荷馬伊利亞德之上的作品」。隨後它也出版了德語、英語版本，在歐洲各地廣受好評。它的英文譯者寫下了這樣一段話：

在（英國的）坎布里亞、德文、康瓦爾，隨著和近鄰民族的融合，除了地名和極少數的普通名詞以外，凱爾特的民族特徵已幾近消失殆盡。在威爾斯，也是從好幾世紀以前便開始同化，但在布列塔尼，則一直要到法國大革命才開始……威爾斯的循道宗教會、愛爾蘭的宗教民族戰爭，都妨礙了凱爾特詩歌的開花結果，但在布列塔尼，它則是得到了自由的解放，並化為詩歌綻放而出。十世紀、十二世紀、十四世紀被吟詠的敘事歌與頌歌，透過口傳，在農民、乞丐、乃至於代替昔日巴爾德的街頭藝人當中，父傳子、子傳孫，一代代地傳頌下來。

雖然這段話對凱爾特的民族意識形容的有點誇張，不過確實也展現了「在其他凱爾特語圈理應消滅的傳承，只有在布列塔尼仍然殘存」這樣的看法。而從十九世紀下布列塔尼農村的狀況來看，這種想法或許並沒有錯。

拉維爾馬克的見解中相當重要的一點是，德魯伊信仰等凱爾特文化，並沒有隨著基督教化遭到破壞，而是作為一種文化傳統被繼承下來。雖然就像前面所建，這種思想在十六世紀便已存在，不過把「具有凱爾特文化背景的基督教」當成自己的認同看待，則是布列塔尼的民族派基督教徒不可或缺的論述依據。

拉維爾馬克在《巴爾薩斯．布列斯》的解說部分中，寫下了這樣一段話：「就這樣，（德魯伊的）儀式，與守護聖人的祭禮融合，結果以聖人信仰的形式殘存下來。比方說聖羅南隱居修行的場所，乃是位在半山腰的內維特森林裡；在這裡每六年就會舉行一次遊行，然而它其實是德魯伊的遺跡。」這就是第一章所提到的「洛克倫的德洛梅尼祭禮」，也就是原本為異教、民間信仰的活動，經基督教化後變形而成的產物。簡言之，自十九世紀中葉起，人們對於布列塔尼的基督教，乃是融合異教的特殊產物一事，已有了充分的認知。

◎圓桌武士傳說的起源論爭

在法蘭西，亞瑟王自從十六世紀以後，便幾乎從一般民眾的話題中消失了。在十七至十八世紀的民眾讀物《藍本叢書》（*La Bibliothèque bleue*）中，亞瑟王傳說幾乎完全不曾被提及。直到十九世紀，它才在各個層面上重新登場。

一八二七年，圓桌武士故事的經典——魏斯的《盧之傳奇》（*Roman de Rou*）（一一六〇年左右）獲得校訂出版。隨著這種騎士故事的重新包裝上市，以觀光為目的的「遺跡」確認行動也跟著展開了。比方說，像魔法師梅林最後被封印的「梅林的墓石」、以及梅林與妖精薇薇安初次會面的「帕蘭頓之泉」等，在一八三〇年代，其所在地都獲得了確認。據傳是女巫摩根勒菲幽禁戀人的「不歸谷」，在一八三〇年代曾經一度決定地點，不過後來又加以變更。其他像是「布勞賽良德森林」，在十九世紀後半也以觀光勝地之姿被確定下來。一八六七年的觀光指南《喬安娜指南》中，就將雷恩近郊的潘蓬森林介紹成布勞賽良德森林，同時也提到了梅林。

受到已經蔚為話題的高盧—凱爾特關係影響，十九世紀的法國，不斷就「騎士文學究竟是起源於不列顛島還是歐陸」這個問題產生爭論。拉維馬爾克就主張，傑弗里在《諸王史》中記載的「不列顛尼亞語」指的是布列斯語，因此騎士故事應該是始於布列塔尼、也就是歐陸這邊。

梅林之墓　位於潘蓬森林。有解說板和停車場，不過沒有商店。作者攝影。

一八五二年，法國大學中最具權威的法蘭西公學院（Collège de France），開設了中古法語文學講座。負責這門課程的教授波朗・帕里斯（Paulin Paris），在一八六三年的講義裡，認可了拉維爾馬克的主張，也就是阿莫里卡民間傳承的重要性；但在第二年的講義當中，他則是主張亞瑟王傳說乃是起源自不列顛島。研究中世紀英雄史詩的專家哥提耶（Pierre Jules Théophile Gautier），也是站在不列顛島起源派一邊（《法蘭西的英雄史詩》，一八六五年）。結果，最後的結論並沒有哪方勝利，而是將它認定為匯總了兩方要素、從布立吞文化圈傳承中誕生的產物。

◎人類學與凱爾特人

在十九世紀中葉確立學術地位的人類學中，凱爾特人也引起形形色色的話題。一八三九年在巴黎設立第一個民族學會的愛德華茲（William Frédéric Edwards），就是凱爾特語的專家。雖然他的學會最後並沒有持續太久，但對凱爾特的分析，仍然在十九世紀擁有相當的影響力。他將凱爾特人分成大陸出身的卡爾人、與不列顛島的基姆利斯人兩種（《凱爾特諸語研究》，一八三二年發表，一八四四年出版）。卡爾即是高盧，是法蘭西人的起源。基姆利斯則是卡姆利，亦即布立吞人，同時也是移居布列塔尼西部的布立吞人起源。

一八五九年設立巴黎人類學會的布羅卡（Pierre Paul Broca），既是「布羅卡區」

（Broca's area，運動性語言中樞）的命名由來，也是十九世紀法國最有名的人類學者，而他同時也是一位凱爾特人專家。和愛德華茲一樣，他也認為法蘭西人的起源是高盧人，不過他認為高盧人乃是凱撒時代自不列顛島渡海而來的基姆利斯（比爾及）人，和原本的卡爾（凱爾特）人混合的人種。阿莫里卡人或許在語言上仍留有基姆利斯（卡姆利）語的影子，但在民族上則和其他法蘭西人一樣，是凱爾特人的一部分。

一八六七年，在巴黎近郊的聖日耳曼昂萊，開設了古代史博物館；這是拿破崙三世為了彰顯高盧時代而指示建設的博物館。他不只執筆撰寫凱撒傳記，還在高盧武將維欽及托列克斯與凱撒戰鬥的「阿萊西亞之戰」故地，親自指揮了大規模的發掘調查。進入十九世紀之後，繪有維欽及托列克斯肖像的錢幣陸續被發現，而他也被當成「我們的祖先高盧人」代表性的象徵，為了彰顯他的偉業，在各地建起了銅像等紀念物。包括一八六七年由米勒製作的巨大塑像在內，到了十九世紀末，頭戴左右飾有「勝利之翼」的「高盧式頭盔」雕像，遂成為民眾心目中「高盧人」的固定形象。

一八六五年，在瑞士的紐沙特，舉行了「第一屆人類學史前考古學國際大會」。瑞士是拉坦諾遺跡的所在地，它的發掘是始自一八五八年。奧地利的哈爾施塔特發掘則是始於一八四六年，於是有關古代凱爾特遺跡意義的檢討，遂成為大會的中心話題。

但是在一八六七年於巴黎舉辦的第二次大會上，凱爾特便已經喪失了話題的中心性。據主流派的見解，巨石群之類的事物，並非屬於德魯伊祭壇之類的凱爾特遺跡，而是石器時代的產物。首先提倡將史前時代劃分為石器時代、青銅器時代、鐵器時代，並排除凱爾特這種分類的，是十九世紀初期丹麥的魏德爾·西蒙森；而到了這個時候，這種分期即使在法國學者之間，也已經成為普遍認可的方法。

◎凱爾特學的確立

至於語言學方面，在祖斯極具先驅性的文法研究（第一卷發行於一八五一年）影響下，德意志遂成為凱爾特研究的中心。一八七一年萊比錫大學的溫迪施（Ernst Windisch），與一八七八年柏林大學的祖瑪，都開設了凱爾特諸語的課程。柏林於一八九七年創辦《凱爾特語言研究誌》，自此成為凱爾特語言學研究的中心。

在英國，一八七五年於威爾斯的亞伯立斯威大學，首先開設了凱爾特學講座。一八七四年在牛津大學，約翰·利斯（John Rhys）也開設了凱爾特語文學講座。

至於法國，法蘭西公學院於一八八二年開設了凱爾特語文學講座，由文學研究者朱邦維爾（Henri D'Arbois de Jubainville）擔任教授。一八八三年，約瑟夫・洛特（Joseph Loth）在布列塔尼的雷恩大學，開始教授凱爾特語。一八八五年，《凱爾特雜誌》在巴黎創刊；此後一直到現在，它都是法國最具權威的凱爾特研究刊物。

就這樣，自一八七〇年代至八〇年代，在英德法各國，以語言學和文學為中心的凱爾特學開始起步，並且一路發展至今。

近代的凱爾特語文化圈

◎文化的維持與衰退

威爾斯的人口在一八〇一年只有六十萬人，但到了一九一一年已經超過兩百四十萬人。之所以如此，是因為南部煤礦地區的鋼鐵業發達，使得大量勞動者從英格蘭、愛爾蘭湧入當地謀求生計之故，社會階層的對立，也與宗教及語言文化的關係彼此重合；威爾斯的資產階級，基本上已經與英國國教會派的英格蘭文化同化，但民眾階層則仍保持著以非國教徒為主流的卡姆利語文化。

一八六〇年，前述的全區域統合祭典「愛斯提斯沃特」開始舉行，也維持了卡姆利語文化的活力。一九一一年，在威爾斯約有將近一百萬人說卡姆利語，占全體的百分之四十四。一八八六年，在威爾斯出現了稱為「Cymru Fydd」（未來威爾斯）的青年民族主義運動，不過並沒有像愛爾蘭一樣發展成以獨立為目標的民族主義。這大概是因為當地政治自十六世紀起已經統合，同化進展較早的緣故。

在蘇格蘭，保持凱爾特語的高地地區，經濟則是急遽衰退；為此，他們在語言文化上的衰退幅度也很大。在政治上，一八八八年蘇格蘭工黨成立，並且打出了蘇格蘭自治的綱領。然而到了一八九二年，他們改組為「獨立工黨」、成為英國全國性政黨，從而喪失了地區主義的取向。另一方面，因為以低地為主的地區經濟持續繁榮，所以當地也沒有演變成像愛爾蘭這樣的激進獨立運動。

愛爾蘭隨著一八〇一年實施的《聯合法》，地區特權被剝奪殆盡，徹底化為英國殖民地。一八四五到四九年間的大饑荒，讓島上原本九百萬的人口，到了五一年劇減到六百五十萬人；共有一百五十萬人餓死，另外一百萬人則是移民到美國。說愛爾蘭語的人口，在十九世紀中葉還有兩百萬人，但到二十世紀初只剩六十萬人。

一八九三年，以獨立為目標的民族主義團體「蓋爾同盟」誕生，並於一九〇五年組成獨立派政黨「新芬黨」（Sinn Féin，為「我們」之意）。它與一九一六年，人稱「復活節起義」的獨立戰爭有著密切關係。

康瓦爾在一八〇一年大約有二十萬人口，到一八六一年達到三十七萬人的頂點，其後在一九一四年又衰退到三十二萬人。當地著名的錫礦雖然一直持續生產，但並沒有其他值得注目的產業，因此人口也隨之停滯。

凱爾諾語隨著一七七七年最後一位使用者的過世，從此便成了死亡的語言。一世紀以後的一九〇一年，成立了所謂的「凱爾特—凱爾諾協會」。但是和布列塔尼以及威爾斯不同，因為它在行政上屬於英格蘭，所以幾乎沒有什麼政治上的自治運動產生。

曼島在一七二一年有一萬四千人，一八〇〇年則增加到四萬人；不過，自從一九〇一年達到五萬五千人後，當地的人口便陷入停滯。和康瓦爾一樣，當地只有農漁業和若干礦產，十九世紀後半以來，在經濟動向上也是乏善可陳。

因為有聖經（全譯本於一七七五年出版）等曼語宗教書籍的出版，當地語言文化的狀況比起凱爾諾語要好一些，但在十九世紀，說曼語的人數還是急遽減退。十八世紀還有九成以上的居民說曼語，但到了一九〇一年，說曼語的人已經降到四千六百五十七人，一九一一年更降低到二千三百八十二人。不過從十九世紀末開始，當地也興起了復興運動，一八九九年並設立了「曼島蓋爾語協會」。

◎愛爾蘭的獨立

二十世紀凱爾特語文化圈最大的事件，莫過於愛爾蘭獨立了。「英格蘭的危機，就是愛爾蘭的好機會」；第一次世界大戰中的一九一六年四月、復活節假期將近尾聲的星期一，民族主義者襲擊了都柏林的中央郵局，宣布成立臨時政府。雖然這場起義僅僅一週就遭到鎮壓，不過戰爭之後的一九一八年十二月，獨立派在大選中獲勝；他們拒絕加入英國議會，並在一九一九年一月成立革命議會，發表共和國成立宣言、並集結義勇軍（愛爾蘭共和軍），與英軍展開巷戰。一九二〇年十二月，南部二十六州與北部六州分離，簽訂協定並獲得自治。

不承認這種妥協的獨立派，與英軍及妥協派持續進行內戰將近一年，不過在一九二一年十二月，只有二十六州的「愛爾蘭自由國」決定獨立，並在第二年正式建國。一九三七年，他們公布新憲法，將自由國改名為「愛爾蘭共和國」。在這當中，問題仍有待解決的北愛爾蘭地區，人口比約占三分之一的天主教徒，直到現在仍然處於相當不利的境地。

作為凱爾特語文化圈唯一的獨立國，愛爾蘭為了擁護自己的認同，屢屢打出凱爾特這張牌；畢竟要鮮明展現出自己在語言文化上和盎格魯撒克遜／英國的不同，這是最直截了當的手段。一九三七年憲法規定愛爾蘭語為國語兼第一公用語，英語則被降為第二公用語。可是就算這樣做，愛爾蘭語也沒那麼簡單復興；說得更精確一點，獨立之後，狀況反而更惡化了。能做到的，只有保護愛爾蘭語使用地區（Ghaeltacht），在初等教育中將愛爾蘭語列為必修科目等事項罷了。之所以如此，恐怕是因為成為獨立國之後，反而無法在文化領域上開銷太大的緣故吧！

不過到了二十一世紀，這種狀況有了重大的轉變。愛爾蘭近年的經濟發展突飛猛進，被譽為「凱爾特之虎」（Celtic Tiger）；隨著這樣的發展，他們也開始重視文化上的投資。二〇〇四年，他們制定了英愛兩語平等使用的新語言法，二〇〇七年一月，更成功讓愛爾蘭語躋身歐盟通用語之林。愛爾蘭語文化的振興，於是出現了前所未見的強力發展。

◎語言復興的凱爾特語圈

那麼，其他的凱爾特語地區，在二十世紀又是怎樣的呢？威爾斯在戰間期，因為煤礦業的不振而陷入經濟危機，這種不景氣一直持續到第二次世界大戰後，不過卡姆利語人口並沒有劇減太多。在一九一一年，它占了總人口的百分之四十，但到了一九五一年，還占有百分之二十八。之所以如此，很大原因是因為儘管它被排斥在學校教育之外，但在宗教層面還能有效維持之故。另一方面，自十九世紀以來，威爾斯並沒有經歷到像愛爾蘭這樣的經濟危機，因此過激的民族主義也無法滲透底層。儘管一九二五年民族政黨「威爾斯黨」（Plaid Cymru）已經成立，但到一九六〇為止，它也不過就是個泡沫政黨罷了。自治主義反而被包含在工黨的主張當中；經過一九九九年的公民投票，威爾斯自治議會於焉誕生。

自治的獲得對語言文化也有很大助益。卡姆利語在一九六七年，已經獲得語言法承認，能夠和英語享有同等的使用權；在一九八八年施行的教育法、一九九三年施行的新語言法中，又規定它在公共團體中，有義務和英語同等使用。

就這樣，卡姆利語在各方面逐漸恢復了權力。在一九九一年的人口普查中，卡姆利語的減少已經獲得遏止，二〇〇一年更是不減反增。從各個指標來看，這種傾向毫無疑問都在持續發展；在凱爾特語圈中，威爾斯已經居於語言復興的主導地位。

蘇格蘭在經濟上，與威爾斯並無太大差異。但是從語言文化來看，使用阿爾巴語（蘇格蘭蓋爾語）的人口，一九〇一年約為百分之六點八、二十三萬人；但到了一九五一年則劇減到百分之一點八、人數也只剩下九萬人。在政治上，他們的民族意識也沒有比威爾斯高。一九二七年，當地誕生了最初的民族蘇格蘭黨，並在一九三四年，出現了延續至今的蘇格蘭民族黨，但民族黨的首位國會議員，一直要等到二次世界大戰後才誕生。

二戰後，英國的地方分權運動，呈現出被蘇格蘭牽著鼻子走的狀態。特別是在一九九七年的公民投票中，當地居民以壓倒性多數通過贊成設立自治議會，並於九九年起展開議會活動。新的蘇格蘭議會相當重視語言文化的復興，二〇〇五年制定了新的語言法。他們在語言危機的狀況上和愛爾蘭差不多，再活性化的時期也大致相同。

在康瓦爾，一九二八年仿效布列塔尼的新德魯伊團體，成立了「寇爾賽斯」。雖然布列塔尼的德魯伊團體很快泡沫化，但康瓦爾卻因此成為語言復興的中心。一九三四年，只有「寇爾賽斯」的八位成員會講凱爾諾語，但二戰後運動逐漸廣泛，到了二〇〇〇年，會說凱爾諾語的大約有三千人，當中能流利對話溝通的，估計約有三百人。雖然英國政府到現在還沒正式承認凱爾諾語，有關語言人口也沒有一個官方數值，不過二〇〇二年，當英國政府批准《歐洲地區少數語言憲章》的時候，凱爾諾語也被列入對象之一，這是它首度被官方所認可。

曼語在進入二十世紀後，減少的趨勢也沒有停止，一九二一年，全人口僅有百分之一，也就是九百人在說曼語。一九七四年，最後一位以曼語作為第一語言的人士過世後，語言學斷定曼語為死亡語言；但是島上的語言復興運動自十九世紀末已經開始，到了二〇〇一年的人口普查中，還有一千六百八十九人被認為具有讀寫這種語言的能力。

◎二十世紀的凱爾特學

自十九世紀前半的蒂埃里、馬丹起，便與法蘭西民族主義結合的高盧論，即使在二十世紀也依然活躍；其中貢獻最大者，則非《高盧史》（*Histoire de la Gaule*，全八卷，一九〇七至二六年）的作者卡繆・朱里安（Camille Julien）莫屬。這套書乃是至當時為止研究的集大成，包括高盧與希臘的關係等內容在內，其中有許多資訊，到今天依然相當有用。

在語言學方面，則是以約瑟夫・房德里耶斯（Joseph Vendryes）的功績為大。他作為比較語言學的泰斗，在文化論述層面上留下了相當重要的足跡。他指出在印歐語當中，一方是印度與伊朗、另一方則是義大利與高盧，兩方在祭祀階層（或者人脈）上所產生的共通性。重要的是，他將古代凱爾特與中世以降的海島凱爾特，在比較上加以系統化。這點雖然和凱爾特文化研究的學術體系化密切相關，但從今日的後見之明來看，或許是功過各半吧。

比較語言學者雖然設定了「原始語（祖語）」這種單一起源，但並沒有將它和文化或人種的起源相結合。然而，有一部分的凱爾特學者卻跨過了這條界線，轉而抱持起種族主義的傾向。德意志的凱爾特學在二十世紀初期，已經在柏林等五所大學擁有凱爾特學講座、居於研究的領先地位，但柏林大學的凱爾特學講座教授穆爾豪森卻採取了種族主義的立場，認為凱爾特人和日耳曼人一樣，都是「真正的亞利安人」。不只如此，他還加入了納粹黨衛隊主辦的研究教育振興會「祖先的遺產」（Ahnenerbe），成為其中的一員。就這樣，納粹意識形態與凱爾特學相結合，從而導致一八九七年創刊的權威刊物——柏林大學的《凱爾特語言研究誌》，在二次大戰後不得不休刊十年。

二十世紀前半法國最優秀的凱爾特學者是亨利·休伯特（Henri Hubert）。他身為宗教社會學者，是社會學、人類學者馬瑟·牟斯（Marcel Maus）最親密的夥伴。休伯特從印歐語比較研究推進到凱爾特人全體，對鐵器時代到中世愛爾蘭的社會、宗教進行比較研究，從而主張有所謂的「凱爾特性」或者「泛凱爾特性」，亦即凱爾特社會共有的文化存在。他的證據就是德魯伊，他認為德魯伊正是所謂的「泛凱爾特祭祀團」。不過他那兩本堪稱紀念碑等級的作品《凱爾特人與拉坦諾期為止凱爾特文化的擴大》（*Les Celtes et l'expansion celtique jusqu'à l'époque de La Tène*）、《拉坦諾期以後的凱爾特人與凱爾特文明》（*Les Celtes depuis l'époque de la Tène et la civilisation celtique*）（皆出版於一九三二年）要獲到得等到一九七〇年代以後了。

除此之外特別有貢獻的，則是杜梅齊爾（Georges Dumézil）的比較神話學。杜梅齊爾在解說所謂「三機能假說」，也就是印歐語族社會共有的社會及神話構造（祭司、戰士、生產者三種結構）時，特別舉了高盧做例子。也就是說，高盧可以分成作為戰士集團的「艾克提斯」、作為生產者的平民，以及展現咒術與法律權威的德魯伊。

但是在高盧，並沒有像在羅馬或印度那樣，發現足以代表三種機能的神明記述；因此，杜梅齊爾便引用了接受基督教以前的愛爾蘭及威爾斯神話來配合。他認為，既然海島凱爾特語圈在語言上和高盧是共通的，那麼在文化上也應該彼此相通才對。從他以後，包括波爾馬利．杜瓦爾，讓．多布里斯等現代具代表性的凱爾特宗教學、神話學者，對於將愛爾蘭、威爾斯傳說的神明與古代高盧結合論述，都毫無任何疑問。

儘管如此，將相隔一千年以上時空的文化等同看待，至少在史學上是說不過去的。以這樣的疑問為基礎，自一九九〇年代起，展開了對凱爾特文化的解構以及重新質問。大英博物館研究員賽門．詹姆斯（Simon James）、以及義大利考古學者約翰．柯里斯，便在英國考古學雜誌《古代》（*Antiquity*）上力陳，「凱爾特這個概念對於古代不列顛島，乃是根本不必要的東西」。

進入二〇〇〇年代後，法國考古學者尚路易・布魯諾（Jean-Louis Brunaux）發表了一系列著作。他的《高盧人》（*Les Gaulois*，二〇〇五年）、《德魯伊》（*Les Druides*，二〇〇六年）不只彙整了最近的考古學成果，同時也透過對古代文獻的重新解讀，試圖解答這些疑問。本書關於德魯伊的記述，有很多都是拜他的見解所賜。

尾聲

結果，凱爾特到底是什麼？

十九世紀德魯伊的形象　在支石墓聖域，進行活人獻祭儀式的德魯伊。《法蘭西民眾史》（1870 年）的插圖。

◎「凱爾特」的三個區分

關於凱爾特人，以及凱爾特文化究竟是什麼，我想在這裡做個彙整。首先，凱爾特人從時代上來說，可以劃分為三個大階段。

首先是古代凱爾特。對於這個時代的描寫始自前五世紀希羅多德的敘述，接著直到西元一至二世紀的塔西佗，乃至於當成過往記憶描述的七世紀學者——塞維爾的（聖）依西多祿，都有相關的記錄。關於他們的起源，在近代研究者的研究下產生了大幅的擴張，從包含哈爾施塔特前期在內的整個鐵器時代，到青銅器時代，甚至還有人主張早在新石器時代晚期，就已經有凱爾特人萌芽的痕跡。可是，這種主張乃是為了賦予「凱爾特文化很偉大」的印象而做的概念擴張，並不能稱得上是學術。

古代凱爾特文化已經消滅了，但並不是遭到羅馬人所抹殺，也不是遭到驅逐。它是和羅馬文化同化，從而喪失了自己的獨特性；簡言之，就是遭到權威更高的文化所吸收。

話雖如此，在四世紀的阿莫里卡，就像他們同時祭祀羅馬的神與當地的神一樣，雖然有同化，卻沒有完全失去自己的認同。他們在被納入羅馬文化框架的同時，仍然保持著自己的地方意識。這點也很重要，因為在這個例子中，文化落差並沒有那麼的大。從德魯伊的例子也可以理解，凱爾特文化其實有受到希臘等地中海文化影響，因此它本身的獨特性，並沒有大家所想的那麼搶眼。

儘管如此，在羅馬支配所不及的不列顛尼亞島北部與西部，乃至於羅馬完全不曾踏足的海伯尼亞島，仍有讓羅馬征服前的文化殘存下來的餘地。這些地區的人們說著類似於古代凱爾特的語言，迄今為止，這些人以及文化，一直都被認為是未被古代羅馬文化同化、殘存下來的凱爾特文化遺留。

但是，他們真的能被稱為「凱爾特」嗎？關於這點，到現在仍有爭論。經過文獻學的詳細檢討，在古代並沒有明確的證據，足以證明凱爾特人曾經居住在不列顛群島。斯特拉波將凱爾特人與布立吞人作出區別，凱撒也說內陸不列顛尼亞居住的是當地原住民，只有海岸地區有大陸移居過來的比爾及人。故此，對他來說，不列顛島的凱爾特人不過是邊陲的存在罷了。若是如此，那他們在歷史學上，就只能稱為「古代布立吞人」和「古代海伯尼亞人」了。

第二是免於受古代羅馬同化，將傳統古代凱爾特文化繼承下來的中世紀凱爾特。只是本書在談論這個時代時，幾乎不使用「凱爾特」這個稱呼方式。之所以如此，是因為採用了近年文獻學研究的成果。之後一直到十六世紀，我頂多就是在談及不列顛島居民的祖先時，說他們是凱爾特人罷了。

本書的不同之處在於，以過去民間的信仰文化，如何在基督教流入之下產生改變為敘述中心。比方說第一章所述的種種異教事物，迄今為止一直被當成是布列塔尼「凱爾特獨特性」的象徵來大書特書，但本書卻反其道而行，將它看作是民間信仰、以及人類文化當中普遍的現象來看待，從而並不強調它的凱爾特性質。討論這些文化事項在基督教當中的逸脫，與指出它們的凱爾特性質並無絕對關聯，而是站在人類普遍可見的文化立場去看待它們。

第三便是伴隨著近代民族主義的興盛，被廣為談論的凱爾特。自十五至十六世紀的「發現高盧」開始，到十八世紀的凱爾特迷、十九世紀後半凱爾特學的誕生，不論何者都主張古代凱爾特乃是自己文化的起源，並透過這種對凱爾特的探究，來主張自己的認同。

隨著凱爾特學研究的進展，對古代凱爾特的印象也陸陸續續更新，變得更加鮮明且具體；可是我們有必要清楚認知，以此為背景的現代凱爾特文化，和過去的凱爾特完全是兩回事。當然對當事人來說，有很多時候確實能感受到自古代綿延下來的文化連續性，而要從外部否定這種直覺感受，乃是毫無意義的。但是，自四世紀到十六世紀末，這個稱呼的使用足足相隔了一千年以上的空白時間，因此要將其內容視為同一事物，明顯是很沒道理的。

即使是古希臘和現代希臘、古羅馬和現代義大利，這種地點一致、語言系統也公認有連續性的情況，兩者之間的文化還是有很大的隔閡；更何況凱爾特，就連地點的連續性也沒有呢！古代凱爾特以歐陸為主，現代凱爾特卻以不列顛群島為中心。故此，本書只能在這種時間空間距離的認知上，盡量進行統合性的敘述而已。

◎關於德魯伊

關於德魯伊也是一樣，其內含意義隨著時代而有變遷。這種變遷和凱爾特概念的改變差不多能相互對應，但仍有微妙的差異。

第一種德魯伊是，作為古代凱爾特人知識階層集團的德魯伊。他們是在受到希臘畢達哥拉斯派的影響下，於前五世紀在高盧中北部形成的團體。這是一個需要體系性學問培養的集團，社會地位也很高。雖然屬於政治領導階層，但並沒有擴散到高盧以外的形跡。在前一世紀初期，高盧社會上層被羅馬文化吸收的過程中，這個集團開始瓦解；到了前一世紀中葉，也就是凱撒發動高盧戰爭之際，這個集團已經瀕臨消滅了。

第二則是凱撒時代開始描寫的薩滿式德魯伊。《高盧戰記》中並沒有將它和第一種德魯伊加以區別，但是兩者的形象明顯有異。首先是女巫、也就是女性德魯伊的首次登場。再來是他們偏向咒術師、預言家、祭祀者，看不見那種有體系知識集團的痕跡。就像內尼厄斯的《不列顛人史》一樣，有時候他們也不被稱為德魯伊，而被稱為「Magos」（魔法師、占卜師）；從這裡看來，他們應該是和大規模國家成立以前，廣布世界各地的薩滿屬於同一類型。

在中世紀前期海伯尼亞（愛爾蘭）和瓦利亞（威爾斯）的記述中，對這些基督教流入以前的薩滿，再次用「德魯伊」來加以稱呼。現代凱爾特學研究甚至一直到最近為止，都還是把這種海伯尼亞和瓦利亞對德魯伊的描寫，大剌剌地當成和古代德魯伊同樣的東西來看待。對這種論點正式提出糾正，不過是二〇〇〇年代以來的事而已。

第三是十八世紀以降「新德魯伊信仰」底下的德魯伊。雖然它的目標是要復興一種包含了第一、第二類德魯伊的形象，但在這當中特別強調的是非基督教性質，以及找回基督教成立以前的精神性，換言之即是一種神祕主義。他們重視冥想，療癒成為重要的關鍵字。共濟會式的密教性與祕密結社的封閉性，更助長了這種神祕主義。但是他們完全不曾主張古代德魯伊那種在數學和天文學上的體系性學術、或是社會階層優越性，以及政治領導力等。因此，這當然不是古代凱爾特德魯伊的復活，但是他們試圖喚醒人們內心、找尋近代歐洲在理性與體系生產性下所喪失精神的貢獻，仍是不容抹滅的。

◎「復興」的凱爾特文化

二十世紀初，隨著泛凱爾特大會的組織，凱爾特認同的復活也成為議論焦點。一八九八年，當威爾斯舉行民族文化祭「愛斯提斯沃特」的時候，凱爾特語圈的民族主義黨派代表也共同會商，決定召開泛凱爾特大會。正如愛斯提斯沃特是汲取了十八世紀以來新德魯伊運動思維的產物，泛凱爾特主義（Pan-Celticism）也是出自於對古代凱爾特憧憬的神祕聯繫感。十九世紀以降，以民族主義為背景的運動，最主要的就是根基於語言同族性的團結運動，因此泛凱爾特運動，是個可以和泛日耳曼、泛斯拉夫主義相比較，令人感興趣的運動。

一九〇〇年在愛爾蘭的都柏林，以「協助凱爾特研究、促進整體凱爾特人在語言和民族特徵等各

泛凱爾特大會　1902 年，於威爾斯邦戈召開的「全卡姆利愛斯提沃斯特」參加者。

方面相互友好」為宗旨的雜誌《凱爾迪亞》創刊了;第二年(一九〇一年),同樣在都柏林,第一屆泛凱爾特大會也召開了。但是大會在第三屆(一九〇七年,愛丁堡)後就休止,雜誌也在第二年(一九〇八年)休刊。

在愛爾蘭,以凱爾特認同為基礎的民族主義日益高漲,但另一方面,在威爾斯和布列塔尼,卻看不見政治上的民族主義增長。這種隔閡也遏制了團結運動的發展。在戰間期,布列塔尼和威爾斯雖然展開了以凱爾特團結為目標的政治運動,特別是在布列塔尼,受到德意志流凱爾特學的影響,產生了人種上的選民思想,但作為政治運動,它們仍舊是以泡沫化作結。

取而代之活躍的是,伴隨民俗印象而來的凱爾特文化運動。

一九七一年開始的「凱爾特文化交流祭」(布列塔尼,安·諾里昂(洛里昂)市),是結合了凱爾特文化圈各地區——蘇格蘭、威爾斯、曼島、康瓦爾、愛爾蘭、乃至西班牙的加利西亞與阿斯圖里亞斯——共襄盛舉,堪稱現代凱爾特團結象徵的祭典。它在每年八月的第一週舉行,一週間有五千名音樂家參加,觀眾也達到四十萬人,是個相當巨大的音樂盛會。象徵蘇格蘭民族衣裝的格子裙、風笛演奏的民族音樂、愛爾蘭舞蹈、布列塔尼的比尼烏(biniou,一種當地的風笛)與蓬巴爾德(bombarde,一種凱爾特音樂專有的喇叭)……這些衣裝和音樂,正是現代典型的凱爾特印象。

在布列塔尼，這種民俗層面的凱爾特印象，乃是形成於十九世紀末。當中最具象徵的，是一八九五年於巴黎出道的歌手波特雷爾（Théodore Boetrl）。他穿著出身地蓬納巴特㉙的民族衣裝，演唱以布列塔尼為題材的歌曲，風靡一時。

觀光取向、民俗色彩濃厚的祭典也在各地誕生。「金荊豆祭」（阿旺橋㉙，一九〇五年開始）、「青網祭」（孔凱爾內㉙，一九〇五年）、「寇奴艾尤女王祭」（肯佩爾㉙，一九二三年）等持續至今的祭典，都是在二十世紀前半誕生的。

在這些祭典上表演民族舞蹈，對於創造地方認同深具貢獻者，乃是民族舞蹈保存會「Celtic circle」。他們最初是在一次世界大戰下的巴黎組成，不過後來不只都市，在農村地帶也廣布其組織網；今天，他們在布列塔尼各地共有兩百多個團體，以及一萬名會員。靠著這個團體的後援，布列塔尼以觀光客集中的夏季為中心，在「凱爾特文化交流祭」等四十個地方，都有民俗祭典的組織。

一九七〇年代以後，以阿蘭・斯蒂夫（Alan Stivell）為代表，結合傳統音樂與現代風編曲的「民族」音樂，成為世界矚目的焦點，而斯蒂夫也被評為現代布列塔尼凱爾特音樂

波特雷爾歌集的唱片　第二次世界大戰後發行。

的旗手。

愛爾蘭與蘇格蘭的情況也幾乎一樣，都是以民族音樂為基礎，在文化上呈現出凱爾特。

◎布列塔尼的基督教是什麼？

正如本書第一章開宗明義指出的，正統基督教在布列塔尼，一直沒有落地生根。序章與第一章中展示的凱爾特印象，多半是具有凱爾特色彩的基督教，可是它們卻以民俗的面貌，在現代凱爾特語圈中，與凱爾特的印象直接相連。

故此，這種「凱爾特」的意味，從新凱爾特運動喚起的古代凱爾特一面來看，包括妖精與魔法師的強烈印象、中世紀亞瑟王傳說的要素、乃至於安寇和守護聖人等，表面上是附隨著基督教，實際上卻夾雜了很多基督教之前的異教感，以及民間信仰意象。本書試著用整合的方式，來描繪出這些龐雜的印象。

基督教在不列顛島聖人的移居（及其神話），中世教區的誕生（冠以聖人名諱的教會設立）這個形式上，乃是布列塔尼不動的存在。但是要徹底滲透到民眾的心性中，則需要更長的時間，因此一直到十七世紀天主教的反宗教改革，他們才終於確立了意識層面上的支配權。二十世紀後半，也就是一九五〇年代以降，隨著世界趨勢的脫宗教化，當地也開始逐漸遠離教會；因此若從這個角度來思考，天主教的全盛期不過是兩百到三百年而已。

如果從民俗學層面來思量，這些異教、或者被認為是基督教以前的民俗信仰還能殘存到現在，就代表純粹且正統的基督教信仰，或許直到最後都沒有在當地生根。只是話又說回來，真的存在所謂「純正的基督教」嗎？不管在何地，或多或少都會有一些當地的風俗留存下來，因此純正的基督教，或許並不存在吧！

這些或多或少存在的當地風俗，其實是人類文化中普遍且共通的事物，對於這一點，我們必須要有清楚的認識。唯有當地獨特的風俗，與普遍事物的交織，才能形成一個文化。

學術文庫版後記

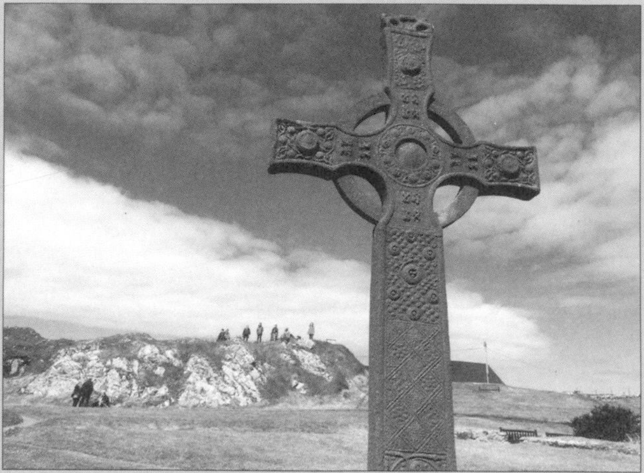

凱爾特十字（Celtic cross）

本書採取的書寫方法，與一般的歷史書略為相異。正如第一章、第二章可以看見的，本書最重要的，就是透過民俗學的手法，來展開對古代痕跡的探索。二〇〇七年刊行的本書原本，雖然得到好幾位研究者撰寫書評加以評論，不過或許因為論者都是歷史學界出身的緣故，對於這點評價並不高，這讓筆者不禁感到有點遺憾。畢竟若以今日的思潮來看，我所採取的正可說是文化史的方法論。

值此文庫版出版之際，我將書評會還有各方指出的謬誤，以及不正確之處加以訂正。由於本書的內容橫跨史前時代到現代，範圍相當廣泛，因此需要訂正的地方也相當繁雜。在此雖然無法一一舉出各位的姓名，不過還是對提出指教的諸位，致上最由衷的謝意。

自本書出版以來，我所獲得與本書相關的書籍當中，有三本書是我認為特別重要的（且都沒有日譯）；這三本書都是有關史前時代的作品，其中兩冊是有關印歐諸語的生成時期。

我在本書中提到，一直以來的看法都認為，印歐語系的生成是在西元前三千年左右，然而隨著考古學的進展，以及遺傳學研究的急速發展，歐洲新石器時代的開始，據推斷可以達到西元前七千到前六千年間，換言之可以再往前回溯四千年左右。

斯蒂芬．奧本海默（Stephen Oppenheimer）所著《英國人的起源》（*The Origins of the British*，二〇〇六年），正是一部遺傳研究專家以不列顛島為中心彙整資料，並在英國掀起品。這本書透過遺傳學的調查指出，現今八成不列顛人的基因庫是由中石器時代（大約一萬年前後）的住民一脈相傳而來，同時在語言方面，也以慎重的態度進行了討論。就書中的觀點來看，人的遷徙或許大幅帶動語言的流動，但即使沒有遷徙，語言也會流動（亦即透過文化融合，被占有優勢的語言所同化）；而就算有物質文化的流動，也未必會伴隨著語言的流動（換言之，即使遺跡的出土物有同樣的傾向，也未必就會展現在語言的同化上）。

奧本海默在印歐語系的起源上，採取了將遺傳學者的最新說法與傳統說法兩者並陳的方式，也就是同時介紹前七千年至前六千年、以及前四千年到前三千年這兩種觀點。接著，他又介紹了德國比較語言學者費納曼的論點，以闡明自己的中間立場。據這種說法，印歐語是在前五千五百年入侵東歐，並在前四千年進入中歐及斯堪地那維亞。另一方面，非印歐語的「大西洋」語，則是在前四千年，從地中海經直布羅陀海峽，抵達不列顛島與斯堪地那維亞。從巨石文化的關係，以及不列顛島北部皮克特語中殘留的非印歐語痕跡，或許都能明顯看出這點。

大衛・安東尼（David Anthony）所著的《馬・車輪・語言》（*The Horse, the Wheel, and Language*，二〇〇七年），則是從考古人類學者的角度出發，對遺傳學研究提出反駁，也是一本在比較語言學會中引起廣泛議論的書籍。雖然奧本海默等遺傳專家也有指出，不過遺傳研究所能判明的範圍頂多是以千年為單位的移動，對於數百年單位的移動則力有未逮，因此有可能產生一、兩千年的誤差。是故，關於前四千年左右的狀況，必須要對照考古學資料加以分析才行。安東尼在這裡著眼的是，有關車輪的考古學證據，和印歐諸語中關於「車輪」語彙的關係，並由此推斷原始印歐語形成的年代。根據他的看法，原始印歐語最初的分歧（西臺語的生成）大約是西元前四千五百到三千五百年間，這和傳統對原始印歐語的認定年代，幾乎沒有什麼改變。本書也援用他的看法，畢竟往前回溯兩千年的新說，並沒有足以證實這兩千年間（前六千年～前四千年）相關推移的考古學佐證可言。

貝瑞．康利夫（Barry Cunliffe）、約翰．科霍編著的《來自西方的凱爾特語》（*Celtic from the West*，二〇一〇年），是由凱爾特考古學界的重要權威康利夫，與引領最新研究的亞伯立斯威大學（Aberystwyth University）教授科霍為中心，統合遺傳研究等最近成果而成的作品，本書也多有採取這本文集撰稿者的見解。只是，關於以下兩點，本書中並未提及，故在此加以介紹。

第一是，凱爾特語的基礎形成與巨石文化是否有關係？正如本書所述，儘管巨石陣曾有被凱爾特人利用來祭祀的形跡，但迄今為止普遍認為，巨石文化本身與凱爾特人並無關係。但是，科霍、康利夫依據奧本海默等人的見解，認為從有關印歐諸語起源的線狀紋粗陶文化（西元前五千五百～前四千五百年，從匈牙利附近擴及法蘭西、波蘭），到公認由其發展出來的漏斗狀燒杯文化（前四千三百年～前兩千八百年）、以及在大西洋沿岸形成地區性文化的海洋鐘狀燒杯文化（前兩千八百年～前兩千四百年），或是堆石－墓道古墳文化（前五千五百年～前三千八百年間），其所使用的交易語言，很有可能是凱爾特語。考慮到這些都是大西洋沿岸巨石文化的主要核心，那麼它很有可能是伊比利半島流入不列顛群島的文化。

另一點是本書中曾經提到，在伊比利半島上有一種被認為是傳說中語言的塔爾提索斯語。雖然從以前就有蒐集到用腓尼基文字寫成的碑文，而碑文上的地名也幾乎都可以認定為凱爾特語，不過科霍經過分析之後，認為這種語言確實就是凱爾特語。於是一般承認的最古老凱爾特語，就是這種可以回溯到西元前七世紀的塔爾提索斯語，而伊比利半島西部也是凱爾特文化的起點；這就是這本書的主旨，《來自西方的凱爾特語》。不只如此，雖然本書沒有提及，不過他們也認為，海伯尼亞的起源傳說——《侵略之書》，正是起自伊比利半島，而這也與傳承彼此吻合。儘管關於這兩點見解，專家多抱持著否定的態度，但作為讓人相當感興趣的非主流說法，筆者還是在這裡加以提及。

另一方面，關於原本的凱爾特文化，在與柯立斯等學者的「凱爾特懷疑派」論述並行的情況下，自一九九〇年代末起，將凱爾特學體系化的嘗試開始有所進展。由前述科霍教授所主導的計畫「關於凱爾特諸語及文化認同的學界總合研究」，已經陸續出版了《凱爾特文化歷史事典》（全五卷，二〇〇六年）、《凱爾特學歷史地圖》（二〇〇七年）等成果。這正證明了凱爾特學研究已經邁向學術體系化的時代，而本書在個別研究的階段，也對其中的成果多所擷取。順道一提，《凱爾特文化歷史事典》，已經在二〇一二年出版了簡略版（雖然還是兩卷的大部頭著作）。

二〇一六年 十月　　原 聖

• Kinvig, R.H., *The Isle of Man,* Liverpool U.P., 1975.
• Laing, Lloyd and Jennifer, *Celtic Britain and Ireland*, Lond, BCA, 1995.
• Lebec, Éric(ed.), *Miracles et sabbats. Journal du Père Maunior*, Paris, Ed. de Paris, 1997.
• Loomis, Roger Sherman (ed.), *Arthurian Literature in the Middle Ages*, Oxford, University Press, 1959.
• Merdrignac, Bernard; Mérienne, Patrick, *Le monde au moyen âge,* Rennes, Ouest-France, 2003.
• Morse, Michael A., *How the Celts came to Britain,* Stroud, Tempus, 2005.
• Omnès, Roparz, et al., *La Galice,* Rennes, Institut Culturel de Bretagne, 1985.
• Ó Murchú, Mártin, *The Irish Language,* Dublin, Bord na Gaelige, 1985.
• Paul, Jacques, *Le christianisme occidental au Moyen Âge, IVe-Xve siècle,* Paris, A. Colin, 2004.
• Priziac, Michel, *Bretagne des Saints et des croyances,* Grâces-Guingamp, Kidour, 2002.
• Richard, Nathalie; Pallier, Yveline(eds.), *Cent ans de tourisme en Bretagne, 1840-1940,* Rennes, Apogée, 1996.
• Royer, Eugène; Bigot, Joël, *Saints en Bretagne, glanes de légendes,* Paris, Gisserot, 2004.
• Tanguy, Geneviève-Morgane, *Sur les pas d'Anne de Bretagne*, Rennes, Ouest-France, 2003.
• Wolfram, Herwig et al., *Les France, ou la genèse des nations,* Dossiers d' archélogie, no. 223, 1997.

◎與學術文庫版後記相關的文獻

• Anthony, David W., *The Horse, the Wheel and Language*, Princeton and Oxford, Princeton University Press, 2007.
• Cunliffe, Barry; Koch, John T. (eds.), *Celtic from the West,* Oxford, Oxbow Books, 2010.
• Koch, John T. (ed.), *Celtic Culture. A Historical Encyclopedia,* Santa Barbara, California, ABC-Clio, 5 vols., 2006.
• Koch, John T. in collaboration with Raimund Karl et al., *An Atlas for Celtic Studies,* Oxford, Oxbow Books, 2007.
• Koch, John T. (General Editor) and Antone Minard (Editor), *The Celts, History, Life and Culture,* Santa Barbara, California, ABC-Clio, 2 vols., 2012.
• Oppenheimer, Stephen, *The Origins of the British,* London, Robinson, 2006.
• Vennemann, Theo, *Europa Vasconica-Europa Semitica,* Berlin, Mouton de Gruyter, 2003.

プログラム「グローバル化時代の多元的人文学の拠点形成」）第二回報告書 1 2004 年
- アンヌ・ベルトゥロ《アーサー王伝説》松村剛監修／村上伸子譯 創元社　1997 年
- 盛節子《アイルランドの宗教と文化》日本基督教団出版局 1991 年
- Alcock, Leslie, *Arthur's Britain,* Harmondsworth, Penguin Books, 1971.
- Beaulieu, François de, *Chapelles de Bretagne, Histoire et légendes*, Rennes, Ouest-France, 2007.
- Béranger-Menand, Brigitte et al., *Arts de Bretagne, XIVe-XXe siècle,* Rennes, Association des Conservateurs de Musées de Bretagne, 1990.
- Bouët, Alexandre; Perrin, Olivier, *Breiz-Izel, ou, La vie des Bretons de l'Armorique*, 1844, reprint, Paris, Tchou, 1970.
- Bourouiller, Paul et al., *L'Etat Breton, de 1341 à 1532*. Morlaix, Skol Verizh, 1987.
- Bromwich, Rachel; Jarman, A.O.H.; Roberts, Brynley F. (eds.), *The Arthur of the Welsh,* Cardiff, Univ. of Wales Press, 1991.
- Brown, Michelle, *Anglo-Saxon Manuscripts, London,* The British Library, 1991.
- Brunel, Christain et al., *La Bretagne au XIXe siècle (1780-1914)*, Morlaix, Skol Vreizh, 1989.
- Cartwright, Jane(ed.), *Celtic hagiography and saints' cults,* Cardiff, University of Wales Press, 2003.
- Cassard, Jean Christophe, *Vikings en Bretagne*, Morlaix, Skol Vreizh, 1986.
- Castleden, Rodney, *King Arthur. The truth behind the legend,* London, Routledge, 2000.
- Chardonnet, Joseph, *Le livre d'or des saints de Bretafne*, Spézet, Coop Breizh, 1995.
- Clancy, Thomas Owen; Markus, Gilbert, *Iona. The Earliest Poetry of a Celtic Monastery,* Edinburgh U.P., 1995.
- Corix, Alain, *L'âge d'or de la Bretagne 1532-1675*, Rennes, Ouest-France, 1993.
- Dantec, Ronan; Éveillard, James, *Les Bretons dans la presse populaire illustrée,* Rennes, Ouest-France, 2001.
- Darrah, John, *Paganism in Arthurian Romance*, Woodbridge, Boydell Press, 1994.
- Edwards, Hywel Teifi, *Yr Eisteddfod*, Llandysul, Gomer, 1976.
- Ellis, Peter Berresford, *Celt and Saxon*, London, Constable, 1993.
- Genet, Jean-Philippe, *Les Îles Britanniques au Moyen Âge,* Paris, Hachette, 2005.
- Gestin, Jean-Pierre et al., *Landévennec: aux origins de la Bretagne*, XVe centenaire de la fondation de l'Abbaye de Landévennec, Daoulas, 1985.
- Giot, Pierre-Roland; Guigon, Philippe; Merdrignac, Bernard, *Les premiers Bretons d'Armorique*, Rennes, P.U. de Rennes, 2003.
- Grall, P. et al., *La Bretagne Province.* Morlaix, Skol Vreizh, 1986.
- Hamel, Christopher de, *A history of illuminated manuscripts*, London, BCA, 1994.

France, 2006.
- Giot, Pierre-Roland; L'Helgouac'h, Jean; Monnier, Jean-Laurent, *Préhistoire de la Bretagne,* Rennes, Ouest-France, 1979.
- Giot, Pierre-Roland; Briard, Jacques; Pape, Louis, *Prohistoire de la Gaule,* Rennes, Ouest-France, 1979.
- Goudineau, Christian(ed.), *L'année terrible. L'insurrection de la Gaule*, L'Archéologue, hors série, n.1, 1998.
- Grimaud, Renée, *Nos ancêtres les Gaulois,* Rennes, Ouest-France, 2001.
- Guichard, Vincent ed al., *Le druides*, L'Archéologue, hors série n.2, 2000.
- Kruta, Venceslas, *Les Celtes. Histoire ed dictionnaire*, Paris, Laffont, 2000.
- Lamézec, Annick, *Le diable en Bretagne dans la tradition populaire*, Morlaix, Skol Verizh, 1993.
- Le Stum, Philippe, *Fées, Korrigans et autres créatures fantastiques de Bretagne*, Rennes, Ouest-France, 2001.
- Louboutin, Catherine, *Au Néolithique. Les premiers paysans du monde*, Paris, Gallimard, 1990.
- Ménez, Yves et al., *Mémoire d'*âme*(s)*, Catalogue de l'exposition présentée au Châtrau de la Roche Jagu, mai 1999-avril 2000.
- Meuleau, Maurice, *Les Celtes en Europe*, Rennes, Ouest-France, 2004.
- Mohen, Jean-Pierre; Eluêre, Chrisriane, *L'Europe à l'*âge *du bronze.* Paris, Gallimard, 1999.
- Moscati, Sabarini et al., *Les Celtes,* Milano, Bompiani, 1991.
- Pape, Louis, *La Bretagne romaine*, Raine, Ouest-France, 1995.
- Pion, Patrick, *Celtes et Gaulois*, Paris, Fleurus, 2006.
- Raftery, Barry et al., *L'art celtique*, Paris, Unesco/Flammarion, 1990.
- Riskine, Anne-Elisabeth, *Carnac, l'armée de Pierres*, Paris, Imprimerie Nationale, 1992.
- Royer, Eugène, *Fontaines sacrées et saints guérisseurs*, Paris, Editions Gisserot, 1994.
- Vendryes, Joseph, *La religion des Celtes.* Spézet, Coop Breizh, 1997.

◎第五至九章相關文獻

- 青山吉信《グラストンベリ修道院　歴史と伝説》山川出版社 1992 年
- アンドレ・カリウ等監修《ブルターニュの海と空》讀賣新聞社 2001 年
- 《狐物語》鈴木覺、福本直之、原野昇譯 岩波文庫 2002 年
- スタン・ナイト《西洋書体の歴史》高宮利行譯 慶應義塾大學出版會 2001 年
- ダニエル・バッジオーニ《ヨーロッパの言語と国民》今井勉譯 筑摩書房 2006 年
- 原聖〈ケルト概念再考問題〉《人文知の新たな総合に向けて》（21 世紀 COE

◎第一至四章相關文獻

- 《ケルト美術展》東京都美術館 朝日新聞社 1998 年
- アーサー・コットレル《世界の神話百科》松村一男等譯 原書房 1999 年
- クリス・スカー《ローマ皇帝歴代誌》青柳正規監修／月村澄枝譯 創元社 1998 年
- 鶴岡真弓《ケルト／装飾的思考》筑摩書房 1989 年
- 中沢新一、鶴岡真弓、月川和雄《ケルトの宗教　ドルイディズム》岩波書店 1997 年
- スチュアート・ピゴット《ケルトの賢者「ドルイド」》鶴岡真弓譯 講談社 2000 年
- ヨラン・ブレンフルト編《石器時代の人々・上》（図説・人類の歴史 3）大貫良夫監譯／西秋良宏編譯 朝倉書店 2004 年
- フランソワーズ・ベック／エレーヌ・シュー《ケルト文明とローマ帝国》鶴岡真弓監修／遠藤ゆりか譯 創元社 2004 年
- 南川高志《海のかなたのローマ帝国》岩波書店 2003 年
- ジャンピエール・モエン《巨石文化の謎》蔵持不三也監修／後藤淳一、南條郁子譯 創元社 2000 年
- 弓削達編《ローマ帝国の栄光》（世界の大遺跡 6）講談社 1987 年
- カトリーヌ・ルブダン《ヨーロッパの始まり》大貫良夫監修／南條郁子譯 創元社 1994 年
- Batt, Michael et al., *Au pays des Mégalithes,* Chateaulin, Jos, 1990.
- Birkhan, Helmut, *Kelten, Bilder ihher Kultur,* Wien, Österreich Akademie der Wissenschaften, 1999.
- Brunaux, Jean-Louis, *Le Druides,* Paris, Seuil, 2006.
- Brunaux, Jean-Louis, *Les Gaulois*, Paris, Les Belles Lettres, 2005.
- Burl, Aubrey, *From Carnac to Callanish,* New Heaven and London, Yale U.P., 1993.
- Collis, John, *The Celts. Origins, Myths and Inventions,* Stroud, Tempus, 2003.
- Danzé, Jean, *Bretagne pré-cetique,* Spézet, Coop Breizh, 2001.
- Déceneux, Marc, *Bretagne celtique,* Brest, Le Télégramme, 2002.
- Dubois, Claude-Gilbert, *Celts et Gaulois au XVIe siècle,* Paris, Vrin, 1972.
- Duval, Alain et al., *Vercingétorix er Alésia*, Paris, Éd. De la Réunion de musées nationaux, 1994.
- Eluère, Christiane; Mohen, Jean-Pierre (eds.), *Ulysse. L'Europe à l'*âge *du Bronze.* Les Dossiers d' Archéologie, n.248, septembre, 1999.
- Éveillard, James; Huchet, Patrick, *Une Gretagne si* étrange*, 1900-1920*, Rennes, Ouest-France, 1999.
- Éveillard, James; Huchet, Patrick, *Croyances et superstitions en Bretagne,* Rennes, Ouest-France, 2004.
- Éveillard, James; Huchet, Patrick, *Croyances et rites populaires,* Rennes, Ouest-

參考文獻

以下謹列出筆者執筆之際的參考文獻中，重要性較高、時間較新的文獻。

◎與本書整體相關的文獻

- 青山吉信編《イギリス史 1　先史～中世》山川出版社 1991 年
- バリー・カンリフ《図説ケルト文化誌》蔵持不三也監譯 原書房 1998 年
- ミランダ・グリーン《ケルト神話・伝説事典》井村君江監譯 東京書籍 2006 年
- 柴田三千雄等編《フランス史 1 先史～ 15 世紀》山川出版社 1995 年
- 二宮宏之編《深層のヨーロッパ》（民族の世界史 9）山川出版社 1990 年
- 原聖《「民族起源」の精神史》岩波書店 2003 年
- ジョン・ヘイウッド《ケルト歴史地図》井村君江監譯／倉嶋雅人譯 東京書籍 2003 年
- ベルンハルト・マイヤー《ケルト事典》鶴岡真弓監修／平島直一郎譯 創元社 2001 年
- Balcou, Jean; Le Gallo, Yves (eds.), *Historie littéraire et culturelle de la Bretagne*, 3 vols., Paris, Slatkine, 1987.
- Croix, Alain (ed.), *Bretagne, images at histoire,* Rennes, Apogée / P. U. de Rennes, 1996.
- Croix, Alain; Veillard, Jean-Yves (eds.), *Dictionnarie du patrimoine breton,* Rennes, Apogée, 2001.
- Day, Brian, *Chronicle of Celtic Folk Customs,* London, Hamlyn, 2000.
- Elégoët, Louis, *Istor Breizh*, Roazhon, Tes, 1998.
- Gaucher, Jakez, *Histoire chronologique des pays celtiques,* Guérande, Association Keltica International, 1990.
- Le Scouëzec, Gwenc'hlan, *Le guide de la Bretagne*, Brasparts, Beltan, 1989.
- Monnier, Jean-Jacques; Cassard, Jean-Christophe (eds.), *Toute l'histoire de Bretagne,* Morlaix, Skol Vreizh, 2003.
- Sébillot. Paul, *Traditions es superstitions de la Haute-Bretagne*, Paris, Maisonneuve, 1882.
- Sébillot, Paul-Yves, *Le folklore de la Bretagne*, Paris, Maisonneuve et Larose, 1968.
- Sébillot, Paul, *Le folklore de la France*, Paris, Maisonneuve ed Larose, 1968.
- Van Gennep, Arnold, *Le folklore français,* 1943-48, Paris, Laffont, 1998.

溫迪施（Ernst Windisch，1844 ～ 1918）
以萊比錫大學為據點，首先在德意志開設凱爾特諸語課程（1871 年），同時也是一位東洋語言學家。

約翰・利斯（John Rhys，1840 ～ 1915）
威爾斯出身的凱爾特研究者。在牛津大學擔任凱爾特語文學講座教授（1877 年以降）。

朱邦維爾（Marie Henri D'Arbois de Jubainville，1827 ～ 1910）
法蘭西公學院的凱爾特語文學負責教授（1882 年以降）

約瑟夫・洛特（Joseph Loth，1847 ～ 1934）
布列塔尼雷恩大學的凱爾特語教授（1883 年以降）

卡繆・朱里安（Camille Jullian，1859 ～ 1933）
著有《高盧史》（*Histoire de la Gaule*，全八卷，1907 ～ 1926 年）、《近世法蘭西史學概觀》（讚井鐵男譯，白水社）等作品。

穆爾豪森（Ludwig Mühlhausen，1888 ～ 1956）
柏林大學凱爾特學講座教授，納粹種族主義研究的協助者，為戰後德國的凱爾特學研究留下禍根。

亨利・休伯特（Henri Hubert，1872 ～ 1927）
身為宗教社會學者，同時也是二十世紀前半法國最具權威的凱爾特學者。著作《凱爾特人》（兩卷，1932 年），於 1970 年代以後廣受好評。其他著作有《供犧》（與牟斯合著，小關藤一郎譯，法政大學出版局）等。

杜梅齊爾（Georges Dumézil，1898 ～ 1986）
比較神話學者，將印歐語社會共有的「三機能假說」應用到古代高盧人社會。《眾神的構造——印歐語族三分法的意識形態》（松村一男譯，國文社）等書，多有翻譯其著作內容。

波爾馬利・杜瓦爾（Paul-Marie Duval，1912 ～ 1997）
戰後法國代表性的古代凱爾特研究者。將古代高盧與不列顛島傳說中的眾神，不加區別地加以論述。著有《高盧的神明》（1976 年）等書。

麥克弗森（James Macpherson，1736 ～ 1796）
著有《古詩斷章：蒐集自蘇格蘭高地，由卡立克（蓋爾）亦即愛爾賽語翻譯而成》。之後發表了《莪相作品集》，在歐洲全境風靡一時。雖然是民俗學詩歌採集的先驅，但仍然擺脫不了偽作的嫌疑。代表作即為《莪相作品集》（塚田孝雄編，龍溪書舍）。

米什萊（Jules Michelet，1798 ～ 1874）
十九世紀法國代表性的史家。在《法蘭西史》（*Histoire de France*，第一卷，一八三三年）中，提出「我們的祖先高盧人」的概念，並普及於一般大眾之間。在《世界史入門——從維柯到年鑑學派》（大野一道譯，藤原書店）等著作中，多有翻譯其作品。

夏多布里昂（François René, Vicomte de Chateaubriand，1768 ～ 1848）
布列塔尼出身的浪漫主義作家。著有《阿達拉．勒內》（*Atala / René*，畠中敏郎譯，岩波書店）。

亨利．馬丹（Henri Martin，1810 ～ 1883）
著有《法蘭西史》（*Histoire de France*，第一卷，1833 年）、《法蘭西民眾史》（*Histoire de France populaire*，全七卷，1867 ～ 1875 年）等作品。強調法蘭西的起源乃是高盧人。

波朗．帕里斯（Alexis Paulin Paris，1800 ～ 1881）
法蘭西公學院的中世法語文學講座負責教授（1852 年以降）。其子加斯頓．帕里斯（Bruno Paulin Gaston Paris，1839 ～ 1903）也以中世文學研究者著稱，並繼承了父親在法蘭西公學院的講座。

愛德華茲（William F. Edwards，1777 ～ 1842）
牙買加出身，在比利時完成學業。在巴黎設立了第一個民族學會（1839 年）。將凱爾特人分為卡爾人（歐陸）與基姆利斯人（不列顛島）。

布羅卡（Paul Broca，1824 ～ 1880）
在巴黎設立了人類學會（1859 年），為十九世紀法國人類學的首席權威。

魏德爾．西蒙森（Lauritz Schebye Vedel Simonsen，1780 ～ 1858）
丹麥考古學者。捨棄凱爾特的時代概念，將史前時代劃分為石器、青銅器、鐵器三個時期。著有《最古的民族史》等作品。

貝特朗・達爾尚特（Bertrand d'Argentré，1519 ～ 1590）
著有《布列塔尼史》（1588 年）等作品。

羅比諾（Dom Guy Alexis Lobineau，1666 ～ 1727）
布列塔尼代表性的史家，著有《布列塔尼史》（1707 年）。

波克斯霍爾尼烏斯（Marcus Zuerius Boxhorn ／ Boxhornius，1602 ～ 1653）
荷蘭語言學家。著有《有關高盧人之起源》（1654 年，死後出版）。

保羅・培松（Paul〔-Yves〕Perzon，1639 ／ 40 ～ 1706）
著有《凱爾特人、又名高盧人的民族與語言所處之古代》（*Antiquité de la nation et de la langue des Celtes, autrement appellez Gaulois*，1703 年），被認為是凱爾特愛好者的始祖。主張凱爾特語是歐洲最早的語言。

西蒙・貝爾迪耶（Simon Pelloutier，1694 ～ 1757）
著有《凱爾特人的歷史》（1740 ～ 50 年，兩卷）。

傑克・盧布利剛（Jacques Le Brigant，1720 ～ 1804）
著有《凱爾特・戈梅爾人亦即布立吞人的語言之基礎》（1779 年），在書中主張布列斯語乃是人類的起源語。

祖斯（Johann Kaspar Zeuss，1806 ～ 1856）
著有《凱爾特語文法》（1851 ～ 1853 年），是開創凱爾特語言學的德意志人。

喬治・布坎南（George Buchanan，1506 ～ 1582）
蘇格蘭知識分子，語言分類論的先驅者，著有《斯科細亞事物史》（1582 年）。

約翰・托蘭德（John Toland，1670 ～ 1722）
北愛爾蘭出身的知識分子，「古代德魯伊團」首任會長。

亨利・羅倫茲（Henry Rowlands，1655 ～ 1723）
著有《關於古代莫娜島復興、英國德魯伊古代王座、安格爾西島昔日自然與歷史的考古學論》（1723 年），為新德魯伊信仰的理論支柱。

佩朗（Olivier Perrin，1761 ～ 1832）
布列塔尼畫家，也是法國第一位以民俗學為主題的畫家。著有《阿莫里卡布立吞人的習俗、慣習：衣裝描寫集》（1808 年）。

艾森巴哈的沃弗蘭（Wolfram von Eschenbach，約 1168 ／ 80 ～ 1217 ／ 20）
將《帕西法爾》等亞瑟王系統的故事，引進德語世界的推手之一。

亞維的哈特曼（Hartmann von Aue，1160 ／ 65 左右～ 1205 ／ 10）
在《哈特曼作品集》（平尾浩三等譯，郁文堂）中，收錄有他翻譯的《艾利克》和《伊凡》等作品。

史特拉斯堡的戈弗雷（Gorrfried von Strasburg，約 1165 ～ 1210 ／ 15）
其作品《崔斯坦與伊索德》，後來成為華格納歌劇的原本。

第八、九章

安尼烏斯（Annio da Viterbo / Annius，1432 ～ 1502）
在《古代史》（拉丁語，1498 年）中自稱發現了古代羅馬的史書（後來證明是偽書）。種村季弘《偽書作家列傳》（學研 M 文庫）中，有一章專門討論安尼烏斯。

盧梅爾・德・貝爾吉（Lemaire de Belges，1473 ～ 1525 左右）
《對高盧的顯揚與特洛伊的英傑》（1511/12 年）作者。法蘭西起源自高盧論的始祖。

皮卡爾・德・托托利（Jean Picard de Toutry，生卒年不詳）
其著作《關於古代凱爾特學》（*De prisca Celtopaedia : libri quinque*，1556 年），是近代法蘭西第一步以「凱爾特」為題的著作。

吉約姆・（德・）波斯提爾（Guillaume de Postel，1510 ～ 1566）
十六世紀法國代表性的知識分子。著有《值得記憶的歷史：大洪水以降，高盧人——亦即法蘭西人，從法蘭西到亞細亞進行的探險》（1552 年）等許多著作。渡邊一夫在《法蘭西文藝復興的人們》（岩波文庫）中，曾經介紹身為東洋學者的波斯提爾。

諾耶爾・達尤皮耶（Noël Taillepied，1540 ～ 1589）
著有《國家史與德魯伊的共和國》（1585 年），是促使法蘭西重新對德魯伊評價的功臣。

阿朗・布希夏爾（Alain Bouchart，～ 1531 左右）
侍奉布列塔尼公爵的史家。著有《布列塔尼大年代紀》（1514 年）等作品。

皮耶爾・路波（Pierre Le Baud，1450 左右～ 1505）
布列塔尼的宮廷史家。著有《布立吞人史年代紀》（*La Compillation des cronicques et ystoires des Bretons*，1480 年）。

普羅科匹厄斯（Procopios，500 左右～ 560）
六世紀的拜占庭史家，著有《戰史》（*History of the Wars*）全八卷。

基爾達斯（Gildas，504 左右～ 570）
瓦利亞的布立吞修道士，著有《不列顛尼亞的破壞與征服》（*De Excidio et Conquestu Britanniae*，560 年左右）。留有關於亞瑟王原型的武將記述。

額我略（Gregorius Turonensis，約 538 ～ 594）
西法蘭克（法蘭西）都爾的史家。著有《法蘭克人史》、《歷史十卷（法蘭克史）》（兼岩正夫、台幸夫譯註，東海大學出版會）。

伯拉糾（Pelagius，約 350 ／ 354 ～ 418 ／ 425）
不列顛尼亞群島出身的第一位基督教傳教士。在《奧古斯丁著作集》（教文館）第十卷中，有〈駁伯拉糾派論集〉。

威爾斯的傑拉德（Giraldus Kambrensis，1146 左右～ 1223）
瓦利亞的聖職者，著有《坎布里亞素描》（1188 年）。日譯有《愛爾蘭地誌》（有光秀行譯，青土社）。

傑弗里，蓋馬爾（Geffrei Gaimar，生卒年不詳）
盎格魯撒克遜知識分子，其著作《英吉利人史》，是第一部拉丁語以外（諾曼法語）有關亞瑟王傳說記述的作品。

洛貝爾・魏斯（Robert Wace，約 1100 ～ 1174）
《布立吞人頌詩》（布魯特傳奇，1155 年）的作者。首次出現布立吞人渴望亞瑟王歸還的內容。

特魯瓦的克雷蒂安（Chrétian de Troyes，約 1135 ～ 1185）
法蘭西作家。在《法蘭西中世文學集 2》（新倉俊一等譯，白水社）中，收錄有他所寫成、和亞瑟王有關的〈囚車騎士蘭斯洛〉、〈帕西法爾與聖杯〉等作品。

托馬斯・馬洛禮（Thomas Malory，1405 左右～ 1471）
以《亞瑟之死》聞名（一四六九年執筆，一四八四年出版），日譯本由筑摩文庫出版（廚川文夫等譯）。

畢達哥拉斯（Pythagoras，約前 570 ～ 496）
以畢氏定理聞名的古希臘哲學家，組織了一個類似教團的學派。參見錢特羅尼（Bruno Centrone）《畢達哥拉斯派——生命與哲學》（齋藤憲譯，岩波書店）。

房德里耶斯（Joseph Vendryes，1875 ～ 1960）
凱爾特語言學者，也撰有《凱爾特人的宗教》（1948 年）等文化論著。著有《語言學概論　語言研究與歷史》（藤岡勝二譯，刀江書院），以一般語言學理論家的身分廣受好評。

蘇托埃尼烏斯（Gaius Suetonius Tranquillus，約 69 ／ 70 ～ 125 ／ 140）
羅馬文人，著有《羅馬皇帝傳》（國原吉之助譯，岩波文庫）。

維欽及托列克斯（Vercingetorix，前 72 ～前 46）
阿維爾尼人的最高權力者，在「阿萊西亞之戰」（前 52 年）中敗給凱撒。十九世紀隨著法蘭西民族主義高漲，獲得相當高的評價。

艾德華．盧伊德（Edward Lluyd，1660 ～ 1709）
語言學者。在《不列顛尼亞考古學》(1707 年) 中，對所有海島凱爾特語進行了考察，被視為凱爾特語言學之祖；同時也是位有名的植物學家。

烏爾比安（Domitius Ulpianus，170 左右～ 228）
羅馬法學家。日譯有《羅馬法範暨羅馬法總評、十二表法全文、新敕法兩篇》（末松謙澄譯，帝國學士院）。

第五至七章

克洛維一世（Clovis，465 ／ 466 左右～ 511）
法蘭克王國墨洛溫王朝初代國王，也是一位受基督教洗禮的國王。

弗雷迪卡留斯（Fredegarius，584 ～ 642）
《法蘭克年代紀》（七世紀）的作者。

弗羅利歐（Léon Fleuriot，1923 ～ 1987）
歷史語言學家。著有《布列塔尼的起源》（1980 年）等書。主張在布列斯語的西北部方言中，可以發現高盧語的殘留。

波利比烏斯（Polybios，約前 201 ～前 120）
羅馬史家。著有《世界史》（竹島俊之譯，龍溪書舍）、《歷史》（城江良和譯，京都大學學術出版會）等作品。

克勞狄烏斯·托勒密（Klaudios Ptolemaios，86 ～ 165）
亞歷山卓的天文、地理學者。著有《地理學》。

凱撒（Gaius Julius Caesar，前 100 ～前 44）
羅馬的軍人、政治家，留有關於高盧人的詳細記述。著有《高盧戰記》（近山金次譯，岩波文庫）（國原吉之助譯，講談社學術文庫）。

（聖）希多尼烏斯·阿波黎納里斯（Sidonius Apollinaris，430 左右～ 479）
高盧的詩人。著有〈歌章第十八〉（收錄於《對物的追求》，澀澤龍彥編，河出書房新社）。

本都的赫拉克雷迪斯（Herakleides Pontikos，約前 390 ～前 310）
哲學家。奧利金曾著有《赫拉克雷迪斯對話錄》（小高毅譯，創文社）。

普魯塔克（Plutarchos，約 46 ／ 48 ～ 120）
希臘作家。著有《卡米路斯傳》（*Life of Camillus*）、《希臘羅馬名人傳》（*Parallel Lives*）等書。

狄奧多羅斯（Diodoros，前 60 左右～後 30）
生於西西里島的古希臘史家。著有《歷史叢書》（*Bibliotheca historica*）、《神代地誌》（收入《歷史叢書》前六卷；飯尾都人譯，龍溪書舍）等書。

李維（Titus Livius，前 59 ～後 17）
羅馬史家。著有《羅馬史》（*Ab Urbe Condita Libri*，鈴木一舟譯，岩波文庫）。

阿巴馬的波希多尼（Poseidonios，前 135 左右～前 51）
希臘斯多噶派哲學家、史家。雖然被稱為與亞里斯多德並列的作家，但至今只剩斷簡殘篇留存。

阿美德·蒂埃里（Amédée Thierry，1797 ～ 1873）
高盧史家。在著作《高盧人的歷史》（*Histoire des Gaulois*）中，強調高盧人乃是法蘭西人的祖先。

勒布萊斯（Anatole Le Braz，1859 ～ 1926）
民俗學者。著有《下布列塔尼的死亡傳說》（*La Légende de la mort en Basse-Bretagne*，1893 年）、《地方上的守護聖人祭》（*Au Pays des Pardons*，1894 年）等作品，為布列塔尼地區主義運動的先驅。

拉托爾・多瓦尼耶（Théophile de la Tour d'Auvergne，1743 ～ 1800）
布列塔尼的軍人，兼熱心的凱爾特迷。認為布列斯語乃是最原始的語言。

喬治桑（George Sand，1804 ～ 1876）
十九世紀法國代表性的民俗文學家。著有《愛的妖精》（岩波文庫）、《法蘭西田園傳說集》（岩波文庫）等作品。

詹姆斯・米倫（James Miln，1819 ～ 1881）
1870 年代定居於布列塔尼的卡爾奈克，進行調查的蘇格蘭人。

薩克利・勒魯吉克（Zacharie Le Rousic，1864 ～ 1939）
十九世紀末至第二次世界大戰間，對於卡爾奈克的考古調查幾乎無役不與的地方研究者。

約翰・奧布里（John Aubrey，1626 ～ 1697）
首位在英格蘭埃夫伯里的巨石陣進行研究的學者，指出此巨石陣為觀測太陽的設施。著有《不列顛尼亞的遺跡》（*Monumenta Britannia*，遺稿）。

第三、四章

拉姆紹爾（Johann Georg Ramsauer，1795 ～ 1874）
奧地利考古學家，發現了哈爾施塔特遺跡。

斯特拉波（Strabõn，約前 64 ～後 21）
希臘地理學家，著有《希臘羅馬世界地理誌》（飯尾都人譯，龍溪書舍）。

米利都的赫卡塔埃烏斯（Hekataios，約前 550 ／ 548 ～前 475）
希臘歷史、地理學家。在 CD《世界史地圖・圖解集》（世界史地圖・圖解軟體開發研究會編）中，有收錄「赫卡塔埃烏斯的世界地圖」。

埃福羅斯（Ephoros，約前 405 ～前 330）
希臘歷史、地理學家。

主要人物一覽

以下謹以與「凱爾特文化」及布列塔尼歷史有關，進行記錄、研究的主要人物及著作為中心，按照在本書中的登場順序一一介紹。

第一、二章

保羅·賽比略（Paul Sébillot，1843 ～ 1918）
民俗學者，設立了「民間傳承學會」(1885 年)。著有《上布列塔尼地區的口承文藝》(1881 年）、《上布列塔尼地區的傳統與迷信》(1882 年) 等作品。柳田國男從他這裡，引進了「口承文藝」的概念。特別重視海與動植物等自然事物與習俗之間的關聯。

波伊夫·賽比略（Paul-Yves Sébillot，1885 ～ 1971）
民俗學者，保羅·賽比略之子。著有《布列塔尼民俗》(1950 年）等書。

傑克·康布雷（Jacques Cambry，1749 ～ 1807）
法國大革命期間布列塔尼的知識分子，在民俗學上以《菲尼斯泰爾遊記》而著名。

弗雷澤（Sir James George Frazer，1854 ～ 1941）
英國民族學者。日譯作品有《金枝》（全五卷，永橋卓介譯，岩波文庫），《初版金枝》（上、下，筑摩書房）等。

普林尼（老普林尼；Gaius Plinius Secundus，23 左右～ 79）
羅馬的博物學家。日譯有《博物誌》（中野定雄等譯，雄山閣初版）等作品。

喬治·勞倫斯·戈梅（George Lawrence Gomme，1853 ～ 1916）
1878 年於英國設立「民俗學協會」；對柳田國男產生影響的民俗學者之一。

拉維爾馬克（Hersart de La Villemarqué，1815 ～ 1895）
十九世紀布列塔尼代表性的民謠採集者，以《巴爾薩斯·布列斯》（布列塔尼詩歌集，1839 年）著稱。

西元	凱爾特文化圈相關事件	世界其他地方
1899	「曼島蓋爾語協會」（曼語復興運動）成立	
1900	「布列塔尼．巴爾德團寇爾賽斯」成立	
1901	「凱爾特一凱爾諾協會」（凱爾諾語復活運動）成立 第一屆泛凱爾特大會在都柏林舉行	1905年，愛因斯坦發表相對論
1916	都柏林爆發復活節起義	1914年，第一次世界大戰（～18）
1922	大英國協自治領「愛爾蘭自由國」誕生	
1923	坎佩爾㉙開始舉行寇努愛尤女王祭	
1925	「Plaid Cymru」（威爾斯黨）成立	1929年，美國經濟大恐慌
1934	蘇格蘭民族黨成立	
1937	愛爾蘭公布新憲法，改國名為「愛爾蘭共和國」	1939年，第二次世界大戰（～45）
1967	卡姆利語言法（規定卡姆利語和英語具有同等地位）	
1969	北愛爾蘭紛爭開始	
1971	布列塔尼召開第一屆凱爾特文化交流祭	
1976	布列斯語自主教育運動「迪萬」展開	
1981	布列斯語獲得法國初中等教師養成課程認可	
1991	威尼斯的格拉西宮美術館，舉行了「最初的歐洲一凱爾特人」展覽	1989年，柏林圍牆崩塌
1993	卡姆利語言法通過（公共團體有義務使用卡姆利語）	1993年，歐盟創立
1998	北愛爾蘭和平協議	
1999	蘇格蘭與威爾斯自治議會成立	
2002	英國批准「歐洲地區少數語言憲章」	
2004	愛爾蘭語言法制定	
2005	蘇格蘭通過蓋爾（阿爾巴）語言法（英語和阿爾巴語具有法律平等地位） IRA（愛爾蘭共和軍）宣布放棄武裝鬥爭	
2007	愛爾蘭語成為歐盟通用語 蘇格蘭自治議會選舉，蘇格蘭民族黨（SNP）成為第一大黨	

西元	凱爾特文化圈相關事件	世界其他地方
1675	布列塔尼爆發印紙稅之亂	
1707	蘇格蘭與英格蘭成立聯合王國	
1717	托蘭德成立「古代德魯伊團」	
1720	「蓬卡雷克男爵陰謀」（布列塔尼貴族企圖顛覆王政的陰謀）	1725年，俄羅斯彼得大帝逝世
1773	麥克弗森《莪相作品集》出版	1762年，盧梭《社約論》出版
1775	曼語版全譯本聖經完成	
1777	最後一位以凱爾諾語為母語的人士逝世	
1789	威爾斯的巴爾德祭典「愛斯提斯沃特」重振	1789年，法國大革命開始
1792	莫爾加努格組成「不列顛島巴爾德・寇爾賽斯」	
1800	英愛聯合法成立	
1805	法國成立凱爾特學會（至1814年）	1804年，拿破崙即帝位
1839	拉維爾馬克《巴爾薩斯・布列斯》付梓 愛德華茲在巴黎設立「民族學會」	
1830年代	布列塔尼確定與亞瑟王有關的「帕蘭頓之泉」、「梅林的墓石」等地點	1837年，英國維多利亞女王即位
1845	愛爾蘭大飢荒（至1849年）	
1846	奧地利發現哈爾施塔特遺跡	
1856	瑞士發現拉坦諾遺跡	1853年，培里航抵浦賀
1859	布羅卡設立巴黎人類學會	
1861	「全卡姆利愛斯提沃斯特」開始舉行	1861年，美國南北戰爭(～65)
1865	瑞士召開第一屆人類學史前考古學國際大會	
1867	巴黎近郊的古代史博物館開館	
1871	德國萊比錫大學開始講授凱爾特諸語（1875年，威爾斯的亞伯立斯威大學開設凱爾特學講座。1882年，法蘭西公學院開設凱爾特語文學講座）	1877年，維多利亞女王即位為「印度女皇」
1886	威爾斯發起了「未來威爾斯」（青年民族主義）運動	
1888	蘇格蘭工黨成立	
1893	都柏林成立蓋爾同盟	1894年，日清戰爭（甲午戰爭）（～95）
1897	柏林大學創辦《凱爾特語言研究誌》	
1898	「布列塔尼地區主義聯合」成立	

西元	凱爾特文化圈相關事件	世界其他地方
1284	英王愛德華一世，將威爾斯納入英國王室領地	
1296	愛德華一世合併蘇格蘭	
1301	愛德華二世成為威爾斯大公（親王）（「威爾斯親王」自此成為王位繼承人的稱號）	1299年，鄂圖曼帝國成立
1306	羅伯·布魯斯自稱蘇格蘭王	
1330左右	伊凡內特·歐姆尼斯寫下最古老的布列斯語詩歌	1328年，法蘭西瓦洛亞王朝創始
1336	黑太子愛德華成為康瓦爾公爵（自此這一稱號為英國國王長男所擁有）	1338年，足利尊氏就任征夷大將軍
1341	布列塔尼公爵繼承戰爭開始（至1364年）	
1346	英國王室開始對曼島的持續支配	
1400	歐文·埃普·格里弗斯（歐文·格林杜爾）自稱威爾斯大公（格林杜爾叛亂，持續至1415年）	
1405	英王將曼島支配權委讓給德比家	
1422	曼島議會（Tinvaal）發表了曼島憲法宣言	
1450年左右	威爾斯的巴爾德（吟遊詩人）祭禮「愛斯提斯沃特」一度復活	1453年，君士坦丁堡陷落，拜占庭帝國滅亡
1485	亨利七世開創都鐸王朝（威爾斯出身的王室）	
1488	聖奧班迪科爾米耶之戰（法王查理八世擊敗布列塔尼公爵）	
1491	布列塔尼的安妮與法王查理八世結婚	
1498	安妮與路易十二世再婚	
1532	布列塔尼三級會議，承認布列塔尼編入法國	1517年，德意志開始宗教改革
1536	威爾斯和英格蘭王國合併	
1539	《維萊科特雷法令》（規定法律文件必須要以法語書寫）	
1541	英王亨利八世兼任愛爾蘭王（英語化的開始）	
1545	特倫托宗教會議（持續至1563年。天主教的反宗教改革開始）	1558年，英王伊莉莎白一世即位
1588	卡姆利語全譯本聖經完成	
1598	亨利四世頒布南特詔令，法國宗教戰爭結束	
1603	蘇格蘭王詹姆士六世即英國王位，是為英王詹姆士一世（兩國開始同奉一君）	1600年，英國東印度公司成立
1608	米歇爾·路諾布雷開始在布列塔尼傳教（布列塔尼開始反宗教改革）	
1649	克倫威爾入侵愛爾蘭（此後，英格蘭人大量殖民愛爾蘭）	1648年，《西發里亞條約》締結，三十年戰爭結束

西元	凱爾特文化圈相關事件	世界其他地方
9世紀末	布列塔尼創始七聖人傳編纂	
907	北方之民破壞朗代韋內克修道院	
927	埃塞爾斯坦成為第一位統一的英格蘭王	916年，耶律阿保機建立遼國
930左右	《阿爾梅斯·布利坦（不列顛預言）》以卡姆利語寫成	
933	諾曼人長劍威廉，自稱「布立吞人的公爵」	935年，平將門之亂
991	盎格魯撒克遜人支付「丹麥金」，換取丹麥人撤退	962年，神聖羅馬帝國成立
10世紀	地名「蘇格蘭」（非阿爾巴）、「布列塔尼」（非不列顛尼亞、阿莫里卡）、「法蘭西」（非西法蘭克）普及化	
1002	布里昂·波爾馬·馬可·凱涅迪克（布萊恩·博魯）成為海伯尼亞上王（1011年統一全島）	
1016	丹麥人克努特成為英格蘭王	
1040	馬克白塔德（馬克白）即位，是最後一位講蓋爾語的蘇格蘭王	
1066	諾曼第公爵威廉（吉約姆）成為英格蘭王（諾曼王朝成立）	1054年，基督教會東西分裂
1084	凱爾聶伯爵阿朗四世，成為布列塔尼公爵。（最後一位說布列斯語的公爵）	1096年，第一次十字軍
11世紀	「曼島暨各島王國」成立。（維持到十三世紀中葉）	
1106	《納·努德雷（東根）之書》完成（愛爾蘭語最早的文獻）	
1138左右	蒙茅斯的傑弗里撰寫《不列顛諸王史》	
1154	英格蘭王亨利二世，帝國金雀花王朝興起（安茹帝國）	
1165	亨利二世支配瓦利亞	
1166	亨利二世成為布列塔尼公爵（金雀花王朝的支配，一直持續到1203年）	
1171	亨利二世攻打海伯尼亞	
1175	海伯尼亞在名義上納入英國的支配	
1190左右	克萊斯頓貝里修道院宣布「發現亞瑟王遺骨」	1187年，薩拉丁奪回耶路撒冷
1206	卡佩王朝的腓力·奧古斯都，成為布列塔尼公爵（史上第一位兼任布列塔尼公爵的法王）	1206年，鐵木真統一蒙古
13世紀中葉	《卡艾爾威爾金黑書》（卡姆利語文件集）完成	
1258	盧埃林·格溫內斯·埃普·格里弗斯掌握威爾斯全境	1260年，蒙古忽必烈即汗位

西元	凱爾特文化圈相關事件	世界其他地方
557	聖桑松（初代多勒主教）出席法蘭克王主辦的宗教會議（阿莫里卡開始基督教化）	552年，突厥在中亞興起
563左右	聖寇姆奇爾在阿爾巴的愛奧納島建立修道院	
569	在加利西亞的宗教會議上，有「布立吞人教區」代表參加（直到675年為止都有布立吞人列名）	570年左右，穆罕默德誕生
585	聖高隆邦向法蘭西人傳教	
6世紀	布立吞人移居阿莫里卡（第2期，至7世紀初） 《阿內林之書》、《塔利埃辛之書》（卡姆利語詩歌）完成	618年，唐朝建立
6世紀末	《寇姆奇爾頌歌》（愛爾蘭語詩歌）完成	
664	威特比宗教會議，羅馬教會對海伯尼亞系教會獲得勝利	645年，日本開始大化革新
680年左右	裝飾手抄本《杜若之書》完成（海伯尼亞，杜若修道院）	
698年左右	《林迪斯法恩福音書》製作	
7世紀	不列顛尼亞的「七王國」日益基督教化	
700左右	塔拉胸針製作（1850年發現）	
710	最後的多姆諾尼亞王蓋倫，遭到威塞克斯王殺害	711年，伍麥亞王朝入侵伊比利半島
789（787）	北方之民襲擊不列顛尼亞島	
795	北方之民襲擊斯開島（阿爾巴）、拉斯林島（海伯尼亞）	794年，日本遷都平安京
800左右	內尼厄斯編纂《不列顛人史》	800年，查理大帝被加冕為羅馬皇帝
837	諾米諾耶成為阿莫里卡的「missi（委任統治者）」	
841	北方之民襲擊海伯尼亞	
842	「斯特拉斯堡誓言」	
843	基納艾德（凱尼斯）·馬克阿爾賓王，將皮克特人納入支配下，建立起阿爾巴（蘇格蘭）王國 南特44遭到北方之民襲擊	
845	阿莫里卡之王諾米諾耶，在「巴隆之戰」中擊敗西法蘭克王禿頭查理	
851	阿莫里卡之王艾利斯波耶，在「詹古朗德之戰」中再次擊敗禿頭查理	
856	羅德利·茂爾統一瓦利亞（威爾斯）	
865	丹麥人開始殖民不列顛尼亞島	
9世紀	《聖普林尼（布倫丹）遊記》	

西元	凱爾特文化圈相關事件	世界其他地方
前1世紀後半	海島凱爾特初次出現史料（拉丁文貨幣）	
後1世紀	羅馬帝國禁止偽德魯伊（薩滿）在境內活動	
43	羅馬軍開始正式入侵不列顛尼亞	
59	偽德魯伊的聖域莫娜島遭到羅馬軍襲擊	後57年，奴國國王向東漢遣使
61	愛西尼族女王布狄卡的叛亂遭到鎮壓	
78	阿古利可拉遠征蘇格蘭	79年，龐貝城遭火山掩埋
135	阿莫里卡的雷東內斯人，在首都開設城市參議會	
2世紀末	科里尼曆（法蘭西）編纂	
260	波斯圖穆斯建立「高盧帝國」（至276年）	239年，卑彌呼向魏國遣使
287	卡勞修斯的叛亂（在不列顛尼亞島自稱統帥）（至293年）	
3世紀	匈人侵略黑海北岸，日耳曼人開始遷徙	
3世紀中葉	斯科特人建立「達爾里阿達王國」（疆域達到海伯尼亞與阿爾巴，延續到5世紀）	
3世紀後半	阿莫里卡荒廢 盎格魯撒克遜人開始侵略不列顛尼亞島	
3世紀末	愛爾蘭語歐甘文字碑文（持續至八世紀中葉）	
400年左右	瓦利亞（威爾斯）處於小王國分立狀態	395年，羅馬帝國東西分裂
410	羅馬對不列顛尼亞的支配告終（霍諾留皇帝宣言）	
437	斯科特人建立「德韋達王國」（瓦利亞）	
451	匈人王阿提拉，在高盧南部遭到羅馬軍擊敗	
461左右	聖帕迪努斯在阿莫里卡召開教區會議	
476	西羅馬帝國瓦解	
490～500左右	阿爾托斯（亞瑟），在不列顛尼亞島的巴托尼克斯山擊破撒克遜人（傳說）	
496	克洛維一世受洗（法蘭克王國正式基督教化）	
5世紀	康諾威伊（康瓦爾）成立 「高多汀王國」建國（蘇格蘭南部的布立吞人王國，持續至6世紀） 海伯尼亞開始「cóiced」（五王）體制 曼島開始基督教化	5世紀左右，日本列島各地開始興建大型的前方後圓墳
5世紀中葉	希多尼烏斯．阿波黎納里斯稱呼阿莫里卡為「不列顛尼亞」 聖派翠克在海伯尼亞傳教	

西元	凱爾特文化圈相關事件	世界其他地方
500左右	迦太基航海家希米爾科，使用「伊艾爾聶」（海伯尼亞）與「阿爾比翁」（不列顛尼亞）的名稱	500年左右，波希戰爭（～449） 496年左右，畢達哥拉斯逝世
5世紀	凱爾特人在波希米亞聚居 高盧中北部形成德魯伊集團	
450左右	拉坦諾文化在多瑙河中上游展開 希羅多德記述「凱爾多」（「歷史的凱爾特」之始）	463年左右，佛陀誕生
4世紀末	馬薩利亞的皮西亞斯，記述了「不列塔尼卡」（不列顛尼亞）	399年，蘇格拉底遭到處死
387（390）	森農內斯人等高盧部族占領羅馬。拉坦諾文化在義大利擴大	
320～300	布列塔尼出現最古老的凱爾特語事例	323年，亞歷山大大帝逝世
3世紀	拉坦諾文化向多瑙河北部周邊擴大	
296	森農內斯人、伊特魯里亞人聯手向羅馬開戰	
280	凱爾特人入侵希臘	
268	森農內斯人被羅馬征服	272年，羅馬統一義大利半島
250年左右	加拉太定居地（寇伊農・加拉頓）的形成（於前25年成為羅馬行省）	
225	高盧軍與羅馬在德拉蒙（比薩與羅馬中間的地點）交戰，大敗	221年，秦始皇即位
2世紀初	高盧開始刻製貨幣	
190左右	羅馬征服靠義大利的高盧地區	146年，迦太基滅亡
109	日耳曼系的辛布里人入侵高盧南部	
2世紀末	阿莫里卡開始刻製貨幣 高盧開始建造要塞城市（至1世紀）	
100左右	凱爾特人社會出現女德魯伊（女巫）	
1世紀前半	拉丁文字凱爾特語，在潘諾尼亞（東歐）與高盧中東部使用	
58	凱撒展開高盧戰役	
55～54	凱撒軍在日耳曼尼亞與不列顛尼亞作戰	
52	維欽及托列克斯的高盧聯軍，在阿萊西亞敗於凱撒的羅馬軍	
1世紀中葉	德魯伊集團衰退（為羅馬文化所同化）	
27	「長髮高盧」（凱撒所征服的高盧地區），被劃分成阿奎坦尼亞、凱爾迪亞、比利時高盧三個地區分割統治	27年，羅馬開始施行帝政
26～25	凱爾特伊比利亞人被羅馬征服	

年表

西元	凱爾特文化圈相關事件	世界其他地方
前9000～5000	中石器時代到來	
7000～6000	奇貝倫半島56的特維艾克遺跡 歐洲出現印歐語	
5000	新石器時代開始	
4600	普魯埃佐克村29巴爾努涅斯的cairn（堆石墓）建立	
4000	不列顛群島等歐洲大西洋地區進入新石器時代 沙塞文化（擁有磨製石器、粗陶的農耕文化）開始	
3500	卡爾奈克鎮56的聖米歇爾墳墓建立 支石墓、環狀列石的建造開始（巨石文化）	
3300	立石群出現	
3200	愛爾蘭都柏林近郊的博因河谷裡，建立起紐格萊奇遺跡	前3100年左右，埃及第一王朝興起
3000～2000	阿爾卑斯以北進入銅器時代	3000年左右，愛琴海文明興起
2300～1800	阿爾卑斯以北進入青銅器時代	
2000	威塞克斯文化（不列顛島南部的青銅器文化） 布列塔尼銅器時代（鐘狀壺時代）	2000年左右，印度河文明興起
1800	巨石陣（英格蘭）、卡拉尼什（蘇格蘭）環狀巨石建立（原型建立於前3000年） 阿莫里卡文化（布列塔尼青銅器文化）	1600年左右，中國殷王朝興起 1500年左右，希臘邁錫尼文明興起
1200	骨灰甕文化（晚期青銅器時代）	
1000～800	阿爾卑斯以北進入鐵器時代	東地中海區域，腓尼基人開始活躍
800～750	哈爾施塔特文化開始	
7～6世紀	以中歐為中心，開始了國王墳丘時代	
540左右	希臘人建設馬薩利亞（馬賽）	551年左右，孔子誕生
6世紀	戈拉塞卡（雷蓬特）文化、伊特魯里亞文字凱爾特語 凱爾特人在伊比利聚居	

興亡的世界史 08

凱爾特・最初的歐洲

被羅馬與基督教覆蓋的文化水脈

ケルトの水脈

凱爾特・最初的歐洲：被羅馬與基督教覆蓋的文化水脈
原聖著／鄭天恩譯／
初版／新北市／八旗文化出版／
遠足文化發行／二〇一九年六月
譯自：ケルトの水脈
ISBN 978-957-8654-65-5（精裝）

一、歐洲史 二、歐洲民族

740.1
108006700

作者 原聖
日文版編輯委員 青柳正規、陣內秀信、杉山正明、福井憲彥
譯者 鄭天恩

總編輯 富察
責任編輯 穆通安、張乃文
企劃 蔡慧華

封面設計 莊謹銘
排版設計 宸遠彩藝
彩頁地圖繪製 青刊社地圖工作室（黃清琦）

社長 郭重興
發行人兼出版總監 曾大福

出版發行 八旗文化／遠足文化事業股份有限公司
地址 新北市新店區民權路 108-2 號 9 樓
電話 〇二～二二一八～一四一七
傳真 〇二～八六六七～一〇六五
客服專線 〇八〇〇～二二一～〇二九
信箱 gusa0601@gmail.com
臉書 facebook.com/gusapublishing
部落格 gusapublishing.blogspot.com

法律顧問 華洋法律事務所／蘇文生律師
印刷 成陽印刷股份有限公司

出版日期 二〇一九年六月（初版一刷）
二〇二〇年二月（初版五刷）
定價 五五〇元整